Histoire de l'Assemblée Constituante

Alexandre Théodore Victor de Lameth

The BiblioLife Network

This project was made possible in part by the BiblioLife Network (BLN), a project aimed at addressing some of the huge challenges facing book preservationists around the world. The BLN includes libraries, library networks, archives, subject matter experts, online communities and library service providers. We believe every book ever published should be available as a high-quality print reproduction; printed on- demand anywhere in the world. This insures the ongoing accessibility of the content and helps generate sustainable revenue for the libraries and organizations that work to preserve these important materials.

The following book is in the "public domain" and represents an authentic reproduction of the text as printed by the original publisher. While we have attempted to accurately maintain the integrity of the original work, there are sometimes problems with the original book or micro-film from which the books were digitized. This can result in minor errors in reproduction. Possible imperfections include missing and blurred pages, poor pictures, markings and other reproduction issues beyond our control. Because this work is culturally important, we have made it available as part of our commitment to protecting, preserving, and promoting the world's literature.

GUIDE TO FOLD-OUTS, MAPS and OVERSIZED IMAGES

In an online database, page images do not need to conform to the size restrictions found in a printed book. When converting these images back into a printed bound book, the page sizes are standardized in ways that maintain the detail of the original. For large images, such as fold-out maps, the original page image is split into two or more pages.

Guidelines used to determine the split of oversize pages:

• Some images are split vertically; large images require vertical and horizontal splits.
• For horizontal splits, the content is split left to right.
• For vertical splits, the content is split from top to bottom.
• For both vertical and horizontal splits, the image is processed from top left to bottom right.

HISTOIRE

DE

L'ASSEMBLÉE CONSTITUANTE.

———

TOME II.

PARIS, IMPRIMERIE DE GAULTIER-LAGUIONIE.

HISTOIRE

DE

L'ASSEMBLÉE CONSTITUANTE,

Par M. Alex. LAMETH,

LIEUTENANT-GÉNÉRAL, MEMBRE DE LA CHAMBRE DES DÉPUTÉS.

TOME SECOND.

PARIS,

MOUTARDIER, LIBRAIRE-ÉDITEUR,

RUE GÎT-LE-COEUR, N° 4.

1829.

HISTOIRE

DE

L'ASSEMBLÉE CONSTITUANTE.

ANNÉE 1790.—MARS.

Avant de rentrer dans la série des discussions législatives, et pour éviter autant que possible de les interrompre, il n'est pas sans utilité d'arrêter ses regards sur des considérations, sans doute appartenant d'une manière plus spéciale à l'époque que je décris, mais qui, toutefois, sont de nature à se représenter dans tous les tems, quoique sous des formes différentes. Les fautes de la cour et de l'aristocratie, l'influence des femmes sur la politique, et la conduite inconsidérée de l'émigration, ont joué, surtout dans les premières années de la révolution, un rôle trop important pour ne pas fixer l'attention de l'historien. Je ne m'occuperai en ce moment que des deux premiers objets; le troisième trouvera sa place dans le cours de cet ouvrage.

L'aristocratie n'étant plus assez forte pour résister à l'impulsion des intérêts généraux, elle aurait dû sentir cette vérité de fait, et s'unir aux communes dès 1789. Une transaction, faite à propos, en la plaçant, comme celle d'Angleterre, à la tête du mouvement, lui aurait obtenu des concessions, qui auraient pu prévenir les grands désordres dont nous avons été les témoins, et qu'on doit regarder comme une suite, peut-être inévitable, de sa résistance. On ne saurait le contester, une généreuse et habile résolution, adoptée alors par la noblesse et le clergé, les vouait à la reconnaissance publique, comme les fondateurs d'un système, qu'on eût pu prendre pour la liberté, en le comparant au régime arbitraire sous lequel on avait gémi pendant tant d'années. Grace à des sacrifices importans et dictés par une sage politique, une chambre des pairs, appelée par la force des choses, et composée de toutes les illustrations de la France, dans tous les genres, acquérait une considération immense. A la vérité la noblesse de province se trouvait presque entièrement exclue de ce premier corps de l'état; mais l'abandon de ses priviléges et son adhésion au nouveau régime, la plaçaient à la tête de la classe moyenne, portion toujours la plus influente des nations civilisées, et lui ouvraient, nécessairement, l'entrée de la chambre élective, concurremment avec les notabilités du tiers-état.

Il faut convenir cependant que ce système, pro-

pre à attribuer presque exclusivement à la noblesse toute la puissance politique, eût entraîné
avec lui de graves inconvéniens. Il laissait subsister une partie des institutions féodales, l'inégalité
des partages dans les successions, la concentration
des propriétés, et nous léguait ainsi l'avenir d'une
seconde révolution, pareille à celle qui attend infailliblement l'Angleterre, pour avoir conservé
tant d'élémens de féodalité dans son pacte social,
et concentré la presque totalité des propriétés
territoriales dans les mains de 25 mille individus. La conservation de l'antique aristocratie,
renaissante sous une forme nouvelle, et revêtue
d'une autorité légale, aurait maintenu ou fait
naître une multitude d'abus, en privant de
leurs organes et de leurs représentans naturels
les intérêts du commerce, de l'industrie et des
nombreuses professions qui concourent essentiellement à la prospérité publique; mais ces
justes considérations n'affaiblissent en rien la
conséquence de l'état des choses à l'aurore de
notre révolution; il n'en est que plus démontré,
au contraire, que la noblesse dut à de fausses
idées, à un entêtement déplacé, à son opposition
intempestive, la perte de son influence, que l'inconcevable erreur de l'émigration acheva de détruire pour toujours.

Les fautes de la cour ne furent pas moins graves. Si le roi s'était mis hautement à la tête de la

révolution, s'il avait exigé de la noblesse et du
clergé les sacrifices que nécessitaient les circonstances, et si, dans le cas de refus, il eût comprimé
leur opposition, il aurait acquis une popularité
qui l'eût bientôt investi d'une puissance telle que
probablement elle serait devenue funeste à la liberté dont elle eût arrêté l'essor. La vérité historique oblige aussi de dire que les représentans
de la nation ne furent point non plus exempts de
fautes, et que celles qu'ils commirent altérèrent
leur puissance et portèrent quelquefois de vives
atteintes aux intérêts publics.

Pendant tout le tems de son séjour à Versailles, l'assemblée s'était trouvée en face d'une
armée rivale. Elle n'avait pour elle que la force
de l'opinion; la force matérielle restait à ses ennemis, mais sa contenance, énergique et fière,
leur avait imposé, parce qu'ils apercevaient la
nation derrière les représentans. La liberté
avait remporté les victoires du 23 juin et du
14 juillet; l'assemblée était venue au secours
de l'autorité, compromise aux journées des
5 et 6 octobre, par l'imprudente manifestation
de ses vœux pour le rétablissement du pouvoir
arbitraire. La cour était vaincue, l'ancien régime
expirant; il se défiait de ses propres moyens, et
ne conservait d'espoir que dans les fautes de ses
adversaires.

C'est, en effet, une situation entourée de pé-

rils pour une assemblée représentative, que celle
où, se croyant victorieuse, les membres qui la
composent se livrent à des idées, à des calculs,
à des projets qui n'avaient point encore occupé
leur esprit. Tant que les dangers sont imminens,
l'assemblée reste compacte ; les combattans se
serrent les uns contre les autres, comme sur un
champ de bataille. On écoute les conseils de la
prudence ; on évite avec soin la moindre faute ;
on cherche à profiter du moindre avantage ; enfin il règne, parmi les amis de la même cause,
une réunion de volontés et de mouvemens, qui
donne la force et assure le succès ; mais à peine
est-il obtenu, qu'une imprudente confiance s'empare des esprits, et les calculs personnels, comprimés jusqu'alors par le besoin de la défense
commune, viennent reprendre leur funeste influence. Le pouvoir n'étant plus à d'autres, on
s'occupe de l'attirer à soi, et chacun pense à la
part qui pourrait lui convenir. Des idées ambitieuses fermentent dans les cœurs, sèment la division, et détruisent l'unité à laquelle on avait
dû ses triomphes.

Il n'en fut point tout-à-fait ainsi à l'époque que
je retrace ; le sentiment du bien public dominait
encore assez fortement pour que ces calculs intéressés n'eussent d'empire que sur un très-pe-
tit nombre de représentans de la nation, et encore n'osaient-ils se prononcer en face des nobles

sentimens qui dirigeaient l'immense majorité. Cependant il faut convenir qu'on put, dès-lors, reconnaître que les manœuvres du ministère ne resteraient pas entièrement sans effet, et prévoir que ces ambitions naissantes, se fortifiant avec le tems, parviendraient, si ce n'est à paralyser les généreux mouvemens de la grande masse des députés, du moins à les rendre plus incertains et plus irréguliers. A ces fâcheux symptômes se joignirent des influences du dehors qu'il convient de signaler ici.

La société avait changé l'ordre de ses habitudes et pris un aspect tout nouveau dans les dix dernières années antérieures à la révolution. Il était résulté de l'adoption d'une partie des mœurs anglaises un changement auquel on n'attribua pas d'abord une grande importance, mais qui devait hâter notre régénération, en dirigeant les idées vers les questions politiques. Bientôt l'établissement des clubs[1],

[1] Toutes les fois qu'on parle de clubs, on se persuade maintenant qu'il ne s'agit que de réunions délibérantes, et qui ont eu depuis la révolution une grande influence, souvent très-utile, quelquefois très-dangereuse. Quant aux clubs qui eurent lieu avant la révolution, ils n'étaient point de cette nature : leur caractère le plus remarquable était leur tendance vers les principes de l'égalité; car, dans tous, un des premiers articles du réglement, était d'y admettre l'élite de toutes les classes de citoyens ; c'était une fusion volontaire qui prépara la fusion légale qu'établit la première assemblée.

et l'habitude contractée par les hommes des classes supérieures de se réunir, pour traiter des objets de haute spéculation, et surtout des affaires
publiques, avaient singulièrement affaibli l'empire
des femmes. Cependant plusieurs d'entre elles
s'étaient aussi associées à ce nouveau mouvement
des esprits, et, comme on avait vu autrefois des
femmes célèbres accueillir la littérature et la philosophie dans leurs maisons, devenues le rendez-
vous de tous les hommes distingués, on vit aussi,
sous Louis XVI, des dames se hasarder dans la
carrière orageuse des discussions politiques, y
porter cette vivacité de sentimens qui leur est
propre, choisir leurs héros comme autrefois
elles avaient choisi leurs chevaliers, les appuyer,
les défendre, et prendre part à des querelles qui
n'avaient eu souvent d'autre cause que leur exaltation même.

C'est ainsi qu'on avait vu madame la maréchale
de Beauveau, la comtesse de Tessé, la princesse
de Bouillon[1], la princesse d'Hénin, la princesse
de Poix, se prononcer en faveur de M. Necker,
lui donner tout l'appui de leur position, pendant
son premier ministère, et, on doit le dire à leur
honneur, lui rester fidèles, lorsque des intrigues
de cour parvinrent à l'éloigner. Elles avaient

---

[1] Elle était sœur du prince régnant de Hesse-Rhinfeldt,
et du prince Charles de Hesse, qui a figuré, d'une manière si fâcheuse, dans les excès de 1793.

aussi contribué à le replacer au timon des affaires, à l'époque de la seconde assemblée des notables. Leurs démarches, dans cette circonstance, étaient entièrement d'accord avec l'opinion publique. Les états généraux une fois rassemblés, et M. Necker paraissant devoir en être l'arbitre, elles s'étaient trouvées naturellement entraînées dans le nouvel ordre de choses, soit par leurs propres affections, soit, aussi, par cet enthousiasme qui s'était emparé de toute la nation.

Des considérations plus personnelles semblaient avoir déterminé la conduite de plusieurs d'entre elles. La princesse d'Hénin avait été un moment la rivale, dans la faveur de la reine, de la comtesse Jules de Polignac, et le triomphe de cette dernière avait naturellement fait naître quelque irritation dans le cœur de la princesse. Madame la comtesse de Tessé avait été encore bien plus vivement blessée par le manque d'égards qu'on s'était permis envers son mari, en accordant, à son insu, au duc de Polignac, la survivance de la place de premier écuyer de la reine. C'était là un vrai délit de cour, d'autant plus grave, qu'il s'agissait d'une place qui devait, naturellement, venir accroître un jour l'immense part des Noailles dans le domaine de la faveur. D'ailleurs, toutes ces dames se rappelaient le rôle brillant, quoique éphémère, des princesse de Longueville, des duchesse de Chevreuse, et de

toutes les héroïnes de la fronde. Elles n'avaient
point oublié que, dans ce tems, la question
était d'occuper de soi la renommée, de se créer
une existence à part, de se faire craindre de la
cour, et que, par l'influence qu'on obtenait sur
les chefs de parti, on parvenait toujours à négocier une paix, sinon très-honorable, au moins
passablement avantageuse.

A côté de ces dames, justement soupçonnées
d'un peu d'ambition, quelques autres, à la tête
desquelles se trouvaient la duchesse d'Aiguillon,
les princesses d'Hohentzolern[1] et de Broglie, les
comtesses d'Escars, Charles de Lameth, de la Châ-
tre, les marquises de Coigny, de Gontaut, etc., etc.,
alors entièrement dévouées à la cause populaire,
se contentaient de former des vœux pour la régénération publique, et n'affectaient aucune influence dans les affaires. Il n'en était pas tout-à-
fait de même de la princesse d'Hénin, de la
comtesse de Tessé et de la comtesse de Simiane,
qui tenait le premier rang à la cour par sa jolie
figure, ses graces et son élégance. Quoique profondément blessées par les coups portés à l'aristocratie féodale dans la nuit du 4 août, ces dames
étaient restées attachées à un parti qu'il leur eût

---

[1] La princesse d'Hohentzolern était sœur du prince
régnant de Salm-Kirbourg, qui était commandant de bataillon dans la garde-nationale parisienne, et qui a péri
en 1793.

été, il est vrai, assez difficile d'abandonner, mais, avec un esprit distingué, elles ne pouvaient avoir la force de caractère nécessaire pour s'élever jusqu'aux hautes considérations de la politique. D'ailleurs, elles avaient conçu un effroi singulier de l'exaltation populaire. Elles exerçaient de l'influence sur quelques-uns des hommes qui s'étaient mis à la tête du mouvement national. Elles leur communiquèrent une partie de leurs sentimens, parvinrent à modifier, jusqu'à un certain point, leur résolution, les détachèrent peu-à-peu de leurs amis par des séductions morales, leur firent enfin entrevoir, à travers de nobles considérations et des ménagemens qui paraissaient généreux, un rôle à part, où tout ce qui se ferait de bien semblerait être leur ouvrage. C'est ainsi que ces dames jetèrent, sans le vouloir, dans le côté gauche, les semences d'une division qui devint funeste aux intérêts publics.

Avant de traiter la question coloniale, qui se présente dans l'ordre historique des travaux de l'assemblée, il ne peut être hors de propos de remonter aux principes qui ont présidé à l'établissement de la colonisation dans les différens âges de la société. Le système des colonies chez les anciens ne ressemble, pour ainsi dire, sous aucun rapport, à celui qui doit sa naissance à la découverte du nouveau monde. Chez les anciens, l'excès seul de la population inspirait aux métropoles le projet de former une colonie pour lui assurer un sol, des propriétés, des moyens d'aisance et de prospérité, que ne pouvait lui offrir la terre natale. Alors la mère-patrie fesait tous les frais de la translation des individus qui se voyaient forcés de s'éloigner de son sein; elle leur fournissait tout ce que réclamait leur premier établissement; elle s'empressait de pourvoir à tous leurs besoins, jusqu'au moment où leur propre industrie pourrait y satisfaire : elle protégeait de ses propres forces leur installation dans le pays qu'ils avaient choisi, et ne retirait ses secours que lorsqu'ils n'étaient plus nécessaires.

Mais chez les anciens, la mère-patrie ne réclamait aucun retour, aucun bénéfice de ses soins maternels [1]. Elle considérait le jeune essaim destiné à devenir créateur d'une nation nouvelle, comme des enfans parvenus à l'âge viril et ayant droit à l'indépendance. Aussi n'existait-il plus, entre l'ancienne et la nouvelle cité, que des rapports réciproques d'affection, d'assistance et d'affinité de mœurs et de langage. Il n'était question ni de supériorité, ni d'avantages exclusifs, ni de dépendance politique. La guerre seule fesait

---

[1] Dans la langue grecque, on ne disait point la *patrie*, mais la *matrie*, pour exprimer sans doute des sentimens plus tendres encore que ceux que fait naître le mot déjà si expressif de paternité.

naître des devoirs mutuels ; c'étaient ceux de voler au secours de la portion de la grande famille que des dangers pouvaient menacer, ou des attaques compromettre ; heureuse sympathie, respectable alliance entre les hommes d'une même origine !

Les colonies modernes n'ont malheureusement point été fondées sur un aussi généreux modèle. Peuplées pour la plupart, dès leur fondation, d'hommes aventureux, attirés par l'espoir de faire fortune, la faiblesse de leurs premiers établissemens les a forcées souvent à réclamer la protection de la métropole, qui la leur a fait acheter par la perte de leur indépendance. Non-seulement elles sont devenues une partie de l'état, mais encore, au lieu de jouir de l'avantage de la loi commune, elles ont été soumises à un régime d'exception sous le rapport des lois criminelles et civiles, comme sous celui des institutions politiques. Ce n'était pas, d'ailleurs, le seul grief dont les colonies eussent à poursuivre le redressement : elles se récriaient bien plus encore contre le système prohibitif auquel on les avait assujéties. Ne pouvant acheter les denrées, même de première nécessité, et vendre leurs produits qu'à la métropole, elles ne cessaient de faire entendre leurs réclamations contre le monopole du commerce national.

De cette dépendance exagérée venait l'oppo-

sition ou plutôt l'antipathie qui régnait entre les
colons et les négocians français, division qui
s'accroissait encore par la nécessité, dans laquelle
se trouvaient la plupart des colons, de recourir
aux négocians pour se procurer les capitaux indispensables à l'exploitation de leurs habitations.
Cette contrariété d'intérêts fesait naître des débats
fréquens, et constituait un état habituel d'hostilité qui rendait extrêmement critique et embar-
rassante la position des gouverneurs, placés
toujours dans l'alternative de déplaire soit aux
colons, soit au commerce de la métropole. Dans
le premier cas, ils devaient s'attendre aux résistances locales d'hommes passionnés; dans l'autre,
s'élevaient contre eux, près des ministres, une
multitude de plaintes qui, quoique exagérées,
n'entraînaient que trop souvent leur rappel.

Telles étaient les causes générales et perma-
nentes de dissentiment entre les colonies et la
France, lorsque les mouvemens imprimés à la
métropole par la révolution vinrent se communiquer à nos possessions d'Amérique. Des troubles eurent lieu à la Martinique, d'autres à Saint-
Domingue. L'assemblée provinciale du *nord* de
cette île, qui avait été créée par un mouvement
spontané des colons, oubliant la subordination
indispensable des parties à l'autorité centrale,
déclara que tous les pouvoirs émanaient d'elle

seule, et opposa la résistance la plus exaltée aux arrêtés du conseil supérieur, et aux ordres du comte de Pennier, commandant-général. Un pareil événement pouvait faire craindre la séparation de la colonie d'avec la métropole; il paraissait, en outre, de nature à compromettre la sûreté des colons eux-mêmes, par le projet que manifestait cette assemblée, de réaliser, sur une population étrangère aux premiers élémens de la civilisation, l'application de principes politiques propres d'ailleurs à perfectionner l'état social, application qui a eu depuis des conséquences si désastreuses. Dans une telle situation on doit juger quelles inquiétudes durent concevoir le commerce et le gouvernement. Le commerce prit l'initiative; créancier des colonies de sommes très-considérables, qu'on élevait, probablement avec exagération, à près de quatre cents millions, il craignait qu'en prononçant la suppression de la traite et de l'esclavage des noirs, l'assemblée nationale ne lui ravît le gage de ses créances, et n'entraînât, par cette détermination, la ruine entière du commerce.

Des députations extraordinaires des principales villes de France, et notamment de Bordeaux, qui se livrait encore plus que les autres villes maritimes au commerce des denrées coloniales, vinrent supplier l'assemblée de prendre les mesures

les plus promptes et les plus efficaces pour étouffer, à leur naissance, les germes effrayans d'insurrection qui s'étaient manifestés. Les orateurs
de ces députations s'élevèrent avec force contre
les principes proclamés par quelques écrivains en
faveur des noirs; ils soutinrent que la servitude
et la traite étaient indispensables à la conservation des colonies, principale source de prospérité pour le commerce, l'agriculture et les arts;
que la perte des colonies dépouillerait les colons
de leurs propriétés, leurs créanciers de leurs
gages, les négocians et les manufacturiers de leur
fortune, la France entière des riches produits
qu'elle pouvait en tirer; que ce malheur réduirait
à l'inaction, et, par suite, à la misère, la classe
la plus nombreuse de la société; enfin que, si l'on
ne s'empressait de rétablir l'ordre et la tranquillité dans nos possessions américaines, elles tomberaient bientôt au pouvoir de quelque nation
rivale, et lui porteraient les richesses et l'influence que notre faiblesse nous aurait enlevées.

M. de Talleyrand, qui présidait alors l'assemblée, répondit en son nom, qu'elle s'occuperait
avec sollicitude de concilier les grands intérêts
qui venaient de lui être présentés, avec les principes de la nouvelle constitution. L'assemblée
ayant demandé, à cet effet, au ministre de la marine, communication des pièces qui lui étaient ar-

rivées de St-Domingue, ces pièces furent renvoyées au comité des rapports, et M. de l'Apparent en donna lecture, ainsi que de la lettre ministérielle qui contenait le récit suivant.

« L'assemblée n'ayant pu faire connaître encore ses principes et ses vues sur les colonies, et l'ancien ordre de choses ayant dû continuer, des craintes et des alarmes ne tardèrent pas à se répandre dans nos possessions d'Amérique. La fermentation a commencé à la Martinique : les administrateurs ont été obligés de convoquer les assemblées avant le tems et sans les ordres du roi; les ports ont été ouverts pour quatre mois, les taxes provisoirement abolies, et les négocians français sont sur le point de perdre les avantages qui leur fesaient soutenir la concurrence avec les autres· nations. L'état de St-Domingue est bien plus inquiétant encore : les députés à l'assemblée nationale avaient demandé le 30 juin qu'on défendit toute assemblée coloniale ; ils ont demandé, depuis, que ces assemblées fussent formées. Les députés et les colons qui habitent Paris ont assisté à un conseil des ministres, pour concerter avec eux l'organisation des assemblées coloniales, en les composant de représentans librement élus.

« Il a été décidé que les administrateurs seraient chargés de la convocation dont le mode a été convenu. Cette assemblée ne devait être considérée que comme provisoire, extraordinaire et consultative, et seulement chargée de transmettre ses représentations et ses demandes à la métropole; mais l'événement n'a pas répondu aux espérances du roi. Dejà dans le nord s'était formée une assemblée provinciale, qui, en interceptant les dépêches des ministres, les a répandues avec des commentaires mal intentionnés. Les administrateurs, après avoir différé de publier l'ordonnance de convocation, ont fait cette publication, en indiquant Léogane pour le siége de cette assemblée. Des événemens affligeans ont éclaté à cette époque. Il s'est élevé une altercation violente entre le conseil supérieur et l'assemblée provinciale du nord. Cette assemblée croit renfermer en elle tous les pouvoirs; elle a fait arrêter un substitut du procureur-général; elle a prononcé la censure et le bannissement contre les magistrats : elle a cassé la réunion des deux conseils, et en a rétabli un, en le composant presque en entier de nouveaux membres M. de Pennier, commandant-général, a éprouvé de très-grands désagrémens pour avoir refusé de faire prêter serment aux troupes avant d'avoir reçu les ordres du roi. Le 15 janvier il consentit à faire prêter ce serment; il avait, à la suite de son refus, fait publier un avis dans lequel il assurait que les troupes n'agiraient jamais contre les citoyens que sur la réquisition des officiers civils. On craint des asssemblées aussi entreprenantes dans les autres provinces. La perception des impôts est presque nulle, la pénurie des fonds est extrème.....

M. de la Luzerne terminait sa lettre par des observations sur les avantages que la France retirait des colonies, et notamment de St-Domingue, qui ne coûtait absolument rien au trésor public [1].

Après la lecture des pièces, M. de l'Apparent conclut en ces termes, au nom du comité des rapports : « Voilà les faits ; vous jugerez peut-être, messieurs, que l'assemblée du nord et le conseil du Port-au-Prince, ont dépassé des bornes qu'ils auraient dû respecter ; mais les circonstances peuvent aussi rendre leur conduite excusable. Rien n'annonce que les colonies veuillent se séparer de la métropole. Le comité n'a pas eu le tems et les moyens de faire le travail nécessaire pour vous présenter un autre résultat. Les trois provinces de St-Domingue doivent envoyer incessamment des mémoires ; le comité pense qu'il serait peut-être convenable d'attendre qu'ils fussent parvenus. »

[1] On voit que, dès-lors, le gouvernement lui-même croyait être parvenu au plus heureux résultat, lorsque les bénéfices compensaient les dépenses des colonies.

« Avant de passer à la discussion du rapport qui vient de vous être fait, dit Alexandre Lameth, ne croyez-vous pas, messieurs, qu'il serait nécessaire de régler sur cet objet l'ordre de la délibération? Il ne paraît pas qu'on puisse tirer des lumières suffisantes d'un simple rapport de pièces, dans une affaire qui présente une foule de questions de morale, de philosophie, de politique et de commerce; questions, on ne saurait se le dissimuler, dont la discussion retentira au-delà des mers. Pour concilier les intérêts des colonies avec ceux de la France entière, et les principes avec leur convenable application, il me semble nécessaire de nommer un comité auquel on remettrait toutes les pièces relatives à St-Domingue et à la Martinique, ainsi que tous les détails instructifs sur la question. Ce comité, pour éviter les dangers que je n'ai fait qu'indiquer, devrait être institué sur-le-champ; il examinerait tous les rapports sous lesquels cette affaire doit être considérée, et vous présenterait, dans peu de jours, un plan fixe de travail. Nous gagnerons ainsi du tems, et, d'ici à ce que votre comité puisse vous communiquer ses vues, nous travaillerons à la constitution, dont l'achèvement est notre premier devoir. »

Interrompue par un rapport de l'abbé Grégoire sur les pièces relatives à la Martinique, la délibération fut reprise immédiatement sur la proposition d'Alexandre Lameth. Vivement appuyée par un grand nombre de membres, et notamment par Charles Lameth et Lechapellier, cette proposition fut combattue par M. de Foucault et l'abbé Maury. « On a entamé, dit ce dernier, une foule de questions qui ne peuvent être traitées que successivement. Voici, messieurs, l'ordre des faits. Vous avez entendu jeudi les adresses du commerce de France. Vous avez dit que vous ne pouviez délibérer sur l'objet de ces adresses qu'après avoir pris connaissance des dépêches que le ministre avait reçues de Saint-Domingue et de la Martinique. Le rapport de ces dépêches vient de vous être fait, et l'on vous propose de décréter que les pièces seront renvoyées à un comité chargé de vous présenter un plan de travail; mais, en les renvoyant même à un comité, il est une question majeure dont vous devez vous occuper préalablement, et qu'il faut aborder sans délai. Abolira-t-on, oui ou non, la traite des noirs? Il est impossible que l'assemblée ne s'explique pas à cet égard: il s'agit de la tranquillité, de la sûreté de nos colonies; il s'agit de la banqueroute qu'il faut éviter, et telles sont les circonstances qui nous environnent, que votre silence même sur la traite des nègres rendrait la banqueroute inévitable.

Je conclus donc, messieurs, à ce qu'on renvoie à un comité tout ce qui regarde la constitution, l'organisation des colonies, mais je demande que la discussion soit ouverte dès demain sur la grande question de la traite des nègres [1]. »

Etranger à cette classe d'hommes qui voyaient dans le perfectionnement de l'ordre social la destruction de tous ses avantages temporels, Cazalès ne partageait pas l'opinion de l'abbé Maury, auquel il succédait à la tribune. Il demanda qu'on prît d'abord des moyens provisoires pour arrêter les insurrections qui affligeaient les colonies, et qu'on discutât ensuite à loisir les principes philosophiques et politiques sur la traite et l'esclavage des nègres.

L'assemblée reconnut qu'une décision aussi importante devait être préparée par des commissaires, et adopta la proposition d'Alexandre La-

---

[1] D'après la ligne constamment suivie par l'abbé Maury, ce ne serait sûrement pas porter trop loin l'esprit de défiance, que de penser qu'en demandant avec tant d'instance qu'on abordât sans délai cette dangereuse discussion, l'intention de l'abbé Maury était de mettre l'assemblée nationale dans l'alternative ou de s'aliéner l'opinion publique, en consacrant par une loi l'esclavage des noirs, ou de soulever contre elle tout le commerce, en proscrivant formellement un abus sans doute odieux en lui-même, mais dont la suppression subite devait entraîner d'affreux désastres.

meth, en renvoyant l'affaire des colonies à un comité de douze membres pour en faire le rapport [1].

C'est au nom de ce comité que, le 8 mars, Barnave présenta le travail suivant, qui obtint alors l'assentiment unanime non-seulement de l'assemblée, mais des hommes dont les intérêts avaient été jusqu'alors entièrement opposés, les commerçans et les colons.

« Le commerce de France, dit le rapporteur, vous a fait connaître ses vœux et ses inquiétudes sur plusieurs des objets qui l'intéressent, et particulièrement sur les diverses relations de la France avec ses colonies.

[1] Ce comité fut composé de MM. Bégouen, Alex. Lameth, de Champagny, Thouret, Barnave, Gérard (de Saint-Domingue), Lechapellier, Garesche, Pellerin de la Bussière, le comte de Regnaud (ancien gouverneur de Saint-Domingue), Alquier, et Payen de Boisneuf. En apprenant les noms des membres qui ont fait partie du comité colonial, le lecteur sera plus à même de juger l'impartialité qui dirigeait les choix de l'assemblée, puisque les divers intérêts, ceux des colons et ceux des commerçans, y étaient également représentés, et que leur discussion était soumise au jugement d'hommes auxquels ce genre d'affaires n'était point étranger, soit parce qu'ils avaient été employés dans l'administration des colonies, soit parce qu'ils avaient la connaissance du droit qui s'applique à tout, soit enfin parce que plusieurs d'entre eux ayant été aux colonies, avaient été à même de juger par leurs propres yeux de leur véritable situation.

« Au moment même où ces pétitions vous étaient adressées, des nouvelles arrivées de Saint-Domingue et de la Martinique ont fixé toute votre attention. Vous avez senti, messieurs, la nécessité de prendre à l'égard de ces colonies une résolution prompte et dictée par la sagesse ; et, apercevant une liaison intime entre les causes de leur agitation et les demandes du commerce, vous avez nommé un comité pour s'en occuper conjointement avec les pétitionnaires, et vous soumettre un résultat propre à concilier tous les intérêts.

« En nous pénétrant de l'objet de notre mission, nous avons bientôt reconnu que toutes les questions qu'il présente se réduisaient, pour le moment actuel, à des termes extrêmement simples.

« L'intérêt de la nation française à soutenir son commerce, à conserver ses colonies, à favoriser leur prospérité par tous les moyens compatibles avec l'avantage de la métropole, nous a paru, sous tous les points de vue, d'une incontestable vérité.

« Les mesures à prendre pour y parvenir nous ont été non moins clairement indiquées par les principes qui doivent diriger le système colonial, que par les circonstances graves dans lesquelles se trouve la métropole.

« Rassurer les colonies sur leurs plus chers intérêts, recevoir d'elles-mêmes des instructions sur le régime de gouvernement qui convient à leur prospérité, et qu'il est tems enfin d'établir; les inviter à présenter leurs vues, concurremment avec le commerce français, sur leurs rapports réciproques : telle est la marche que les circonstances, la justice et la raison nous ont semblé prescrire.

« Avant de mettre sous vos yeux le projet de décret que votre comité a cru devoir vous proposer pour remplir ces vues, je dois, messieurs, vous présenter rapidement les réflexions qui l'ont conduit à l'adopter.

« La matière serait immense; mais j'élaguerai tout ce qui n'est pas nécessaire à la décision des seules questions qui vous sont actuellement soumises, car il est instant de prendre un parti; et, parmi tous les motifs dont l'opinion de votre comité pourrait être appuyée, je dois choisir ceux qui, en établissant suffisamment la nécessité de l'adopter, présenteront, au surplus, le moins de surface à la discussion[1].

---

[1] Ces dernières paroles, prononcées par le rapporteur, étaient le résultat de la prudence que le comité avait reconnue indispensable dans tout ce qui concernait les questions si délicates des droits des hommes, que l'humanité elle-même défendait de proclamer sans restriction dans une colonie

« Les mouvemens qui ont eu lieu à Saint-Domingue et à la Martinique ont été produits ou par de fâcheuses erreurs, ou par des abus que vous êtes dans l'intention de réformer. Loin qu'ils puissent justifier les craintes qu'on cherche à répandre, ou les insinuations anti-patriotiques de ceux qui voudraient en faire un reproche à la révolution, ils s'apaiseront, messieurs, dès l'instant où vous aurez fait disparaître les injustices et les inquiétudes qui les ont excités.

« Les colonies ont essuyé de grandes oppressions de la part du régime arbitraire et ministériel ; elles ont long - tems fait entendre vainement leurs plaintes ; et, comme si le despotime, exilé de la France, eût cherché à se dédommager sur les malheureux habitans des îles, le moment où la nation française s'est occupée de re-

habitée par cinq cent mille noirs et vingt-cinq mille blancs. On avait déjà pu juger les effets terribles d'expressions indiscrètes prononcées dans l'assemblée, et qui, portant sur un régime dont la justice commandait la modification jusqu'au moment où il pourrait être entièrement détruit, et exagérées d'ailleurs par des imaginations exaltées par le climat, avaient été faussement interprétées dans le Nouveau-Monde, et y avaient déjà produit ce désordre d'idées et ces mouvemens tumultueux dont le rapport venait d'être fait. On verra plus tard les horribles malheurs que l'oubli de cette prudence a occasionés dans cette même colonie de Saint-Domingue.

conquérir ses droits, a été pour les colonies celui des plus cruelles vexations. Telle est incontestablement, messieurs, la principale cause des insurrections qui ont éclaté dans quelques-unes de nos possessions lointaines. Aucune n'a été dirigée ni contre la nation ni contre le roi, les griefs portent tous sur le régime arbitraire. En un mot, les mouvemens qui se sont transmis de la métropole dans les colonies, ont porté la même empreinte, et conservé le même caractère.

« Une autre cause de mécontentement s'est jointe à l'oppression qu'exerçaient les agens du pouvoir ministériel. Soit par une funeste négligence, soit plutôt par une suite de la disette que nous avons nous-mêmes éprouvée, les colonies ont souffert dans les derniers tems, relativement aux subsistances. De là le renouvellement des plaintes articulées de tout tems contre l'extrême rigueur du régime prohibitif. La fermentation du moment leur a prêté plus de chaleur, et elles ont aussi dû contribuer à l'accroître.

« Enfin, des ennemis du bonheur de la France ont employé divers moyens pour faire naître l'inquiétude dans l'esprit des colons, et exciter parmi eux les plus vives alarmes. Tantôt, vous supposant des intentions contraires à toutes les lois de la prudence, ils leur ont fait apercevoir, dans l'application de vos décrets, l'anéantissement de leur fortune, et un danger imminent pour leur vie; tantôt, portant le trouble dans les habitations, ils ont cherché à confirmer par des soulèvemens ces insinuations perfides. Leurs artifices, messieurs, ont excité des craintes exagérées, mais ils ne vous ont point enlevé la confiance et l'affection des habitans des îles, et vous les retrouverez dans leurs cœurs, du moment où vous aurez calmé leurs inquiétudes.

« C'est à ces trois causes que nous ont paru se rapporter tous les événemens qui ont eu lieu dans les colonies. C'est donc en y portant remède que vous les calmerez, que vous assurerez les intérêts de la métropole en assurant les leurs, que vous satisferez à ceux du commerce de France, immédiatement liés à la conservation, à la prospérité des colonies.

« Je n'ignore point, messieurs, qu'il est, au sein même de cette assemblée, des personnes qui mettent en question l'utilité des colonies et celle du commerce extérieur. De grands principes philosophiques et des spéculations ingénieuses s'offrent à l'appui de leurs opinions; il est même impossible de ne pas convenir que s'il existe une nation dans le monde à laquelle ces idées spéculatives puissent être heureusement appliquées, c'est celle qui renferme dans son sein toutes les richesses du sol, toutes les ressources de l'industrie, tous les moyens de se suffire à elle-même.

« Mais il est aussi facile de concevoir que la décision de ces grandes questions est absolument étrangère à la position du moment.

« Il ne s'agit point, en effet, d'examiner si la France doit chercher à se créer un commerce, à fonder des colonies ; ces choses existent dans l'état actuel. Au moment où nous parlons, toutes les parties de notre existence sociale sont intimement liées et combinées avec la possession d'un grand commerce, avec celle de nos colonies. Il est donc uniquement question de savoir si la suppression, si la perte subite de ces immenses ressources, opérant une secousse violente et destructive, ne serait pas un grand désastre pour la nation.

« Il s'agit de savoir, surtout, si, dans la position où nous sommes, engagés dans une révolution dont l'accomplissement assure à jamais la gloire et la prospérité de la nation française, et dont les revers la plongeraient dans un abîme de maux, cette secousse violente ne présenterait pas le plus redoutable des écueils ; si la situation de nos finances n'en éprouverait pas une atteinte sans remède ; si la force des résistances ne s'en accroîtrait pas hors de toute proportion ; si, enfin, la constitution, qui pourrait seule, avec

le tems, réparer ces grandes calamités, n'en serait pas elle-même renversée.

« Quand on voudra considérer la question
sous ces points de vue, elle ne présentera plus
de doutes; on sentira qu'il faut, avant tout, prévenir les maux qui nous menacent de plus près,
et que toutes les autres spéculations deviennent
étrangères, quand il s'agit de l'intérêt sacré de
la révolution et de la destinée de plusieurs millions de Français, attachés à la prospérité de notre commerce, à la possession de nos colonies.

« Ce serait, en effet, la suite d'une grande
ignorance, ou d'une étrange mauvaise foi, que
de prétendre séparer la prospérité du commerce
national de la possession de nos colonies.

« Non-seulement elles forment la portion la
plus considérable de nos relations maritimes et
extérieures; mais la valeur de nos productions,
l'activité de nos manufactures, nos transports,
nos échanges intérieurs, sont en grande partie
l'effet de nos rapports avec elles.

« Tandis qu'une population immense est occupée, dans toutes les parties du royaume, à cul-
tiver, à préparer, à manufacturer les diverses
productions que nous portons dans nos colonies,
une multitude également nombreuse est em-
ployée à travailler les matières que nous en re-
cevons.

« Une partie se distribue et se consomme parmi nous; une autre se vend aux étrangers avec l'augmentation de valeur qu'elle a reçue par l'effet d'une industrieuse élaboration. Les échanges, le transport, le partage, le débit de ces diverses productions, exportées ou importées, font exister des classes nombreuses, et répandent partout l'activité et l'aisance. La culture des terres est encouragée par un débit avantageux et assuré de leurs productions; les revenus publics sont soutenus par les moyens que chacun puise dans ses divers profits pour acquitter sa portion de l'impôt. Abandonnez les colonies, et vous recevrez à grands frais des étrangers ce qu'ils achètent aujourd'hui de vous. Abandonnez les colonies, au moment où vos moyens de prospérité sont fondés sur leur possession, et la langueur succède à l'activité, la misère à l'abondance; une foule d'ouvriers, de citoyens utiles et laborieux, passent subitement d'un état d'aisance à la situation la plus déplorable; enfin, l'agriculture et les finances sont bientôt frappées du désastre qu'éprouvent le commerce et les manufactures par toute transition qui n'a point été préparée.

« Et combien ne serait-il pas facile, en portant plus loin ses regards, d'établir la liaison de cette branche de notre commerce avec toutes ses au-

tres partics, avec notre existence maritime, avec
le système général des puissances européennes?
Il serait puéril de vouloir dissimuler ce que personne n'ignore. Le commerce de nos colonies, et
toutes les branches de navigation qu'il met en
mouvement, sont l'école et la pépinière de nos
matelots. Nous n'avons point, comme nos voisins, pour former des équipages de mer, un ca-
botage intérieur entretenu par les côtes de deux
grandes îles et leurs continuelles relations, d'importantes pêcheries, des possessions immenses
dans les grandes Indes, un commerce établi dans
la Baltique. Presque toute notre navigation, dans
le moment actuel, est l'effet médiat ou immédiat
de la possession de nos colonies. De là je conclus qu'en les abandonnant, nous perdrions les
moyens de former et d'occuper, pendant la paix,
le nombre de matelots nécessaire pour soutenir
nos forces navales pendant la guerre. Dès-lors,
non-seulement les produits du commerce qui
nous resterait seraient sans aucune proportion
avec les frais de la marine militaire, nécessaire
pour le protéger, mais il nous deviendrait même
impossible d'entretenir cette marine. Réduits sur
toutes les mers à l'impuissance de faire respecter
notre pavillon, nous verrions nos relations avec
le Levant, et toutes celles qui pourraient exister
ailleurs, successivement nous échapper, et toute

espèce de commerce maritime cesserait d'exister pour nous.

«Dès-lors aussi, les proportions des forces seraient changées entre les puissances; les Anglais acquerraient sur toutes les mers une supériorité sans obstacle. L'Espagne, qui ne peut leur résister que par l'union de ses forces avec les nôtres, serait bientôt, ainsi que nous, renfermée sur son territoire; ses possessions d'Amérique deviendraient enfin, comme nos colonies, la conquête de nos rivaux. Condamnée, par sa situation géographique, à n'avoir jamais sur le continent une grande influence par ses forces de terre, elle disparaîtrait, pour ainsi dire, du système politique de l'Europe, et son alliance ne nous présenterait plus aucune utilité.

« Nous serions enfin réduits à recevoir de nos voisins toutes les productions des autres climats; leur jalouse domination nous poursuivrait jusque dans nos ports : réduits à notre territoire, nous n'aurions pas même la liberté de naviguer sur nos propres côtes; et bientôt, pour leur sûreté, nous serions obligés d'y rassembler des troupes et d'y construire des forteresses.

«En traçant ce tableau, messieurs, je n'ignore pas tout ce que peuvent opposer au cours naturel des événemens les incalculables efforts d'une nation puissante et libre; je sais que ce n'est pas au moment où la France travaille à s'assurer les grandes destinées qui lui furent promises par la nature, qu'il peut être question de présenter ici des idées de découragement. La connaissance de nos moyens, au moment surtout où les nouvelles institutions seront affermies, nous rassurera toujours contre la perspective des événemens, en nous garantissant la certitude ou de les prévenir, ou de les réparer; et fussions-nous même réduits à nous voir privés de toutes nos ressources extérieures, qui doute qu'en nous repliant sur nous-mêmes, avec la constance et l'énergie qui caractérisent les hommes libres, nous ne trouvassions dans notre industrie et dans la fécondité de notre sol l'assurance d'une nouvelle et d'une solide prospérité?

« Mais combien ces dédommagemens ne seraient-ils pas loin de nous? Combien le passage à ce nouvel état ne pourrait-il pas être long et pénible? Combien le changement subit de notre position n'entraînerait-il pas de malheurs généraux et particuliers? combien, enfin, d'obstacles n'opposerait-il pas au succès de la révolution?

« Tous les citoyens qui s'occupent et qui s'alimentent au moyen des travaux relatifs aux branches actuelles de notre commerce, des cités florissantes qui lui doivent tout leur éclat, des provinces entières qu'il vivifie, tomberaient, par son

inaction, dans la plus affreuse détresse ; la nation
entière serait dans un état de souffrance. Il n'est
aucune branche d'industrie, aucun genre de propriété qui n'en essuyât le contre-coup. Témoins
de tant de maux, messieurs, vous n'auriez à leur
appliquer aucun remède efficace ; associés aux
douleurs de vos concitoyens par cette profonde
humanité, qui ne fut jamais étrangère aux ames
vraiment fières et libres, vous n'auriez plus pour
consolation la perspective assurée d'un bien général : cette constitution chérie, dans laquelle
vous avez placé toutes vos espérances, serait
elle-même en péril ; la situation des finances deviendrait alors réellement et profondément dé-
sastreuse ; enfin, et par-dessus tout, quels
moyens ces calamités n'offriraient-elles pas à
ceux qui voudraient faire revivre le despotisme
ou produire l'anarchie plus cruelle encore ? Une
foule de malheureux, aveuglés par le désespoir,
seraient prêts à leur servir d'instrumens. « Vous
aviez du travail, leur diraient-ils, avant de vouloir
être libres; vous aviez du pain sous les anciennes
lois, et ceux qu'on vous a représentés comme
des tyrans assuraient au moins votre subsistance,
et veillaient à vos premiers besoins : ah ! croyez
encore à leur zèle et vous verrez renaître votre
ancien bonheur...» Artifices usés autant que coupables ! Langage banal, auquel un peuple ingé-

nieux, instruit par les événemens, a coutume de sourire, mais qui n'en est pas moins toujours perfide, toujours dangereux, quand le désespoir est dans les ames, et quand le sentiment d'une profonde misère étouffe dans les cœurs tous les autres sentimens !

« Si donc la prospérité de notre commerce est liée à la prospérité, à la conservation de nos colonies; si la nation a l'intérêt le plus pressant, le plus incontestable, à les protéger également, les mesures à prendre sur leur situation ne sauraient être trop décisives, et tout, messieurs, doit aussi vous faire concevoir qu'elles ne sauraient être trop promptes.

« Trois considérations importantes, comme je l'ai déjà annoncé, indiquent la division de ce travail : 1° la nécessité de constituer les colonies; 2° les plaintes réciproquement formées par le commerce et par les colons sur l'état actuel du régime prohibitif; 3° les alarmes que les uns et les autres ont conçues sur l'application de quelques décrets.

« Sur le premier point, messieurs, votre comité a pensé que les différentes lois décrétées pour les provinces françaises, ne pouvaient être également applicables au régime de nos colonies. Les colonies offrent certainement, dans l'ordre politique, une classe d'êtres particuliers qu'il n'est possible

3.

ni de confondre ni d'assimiler avec les autres corps sociaux. Soit qu'on les considère dans leur intérieur, soit qu'on examine les rapports qui les lient avec la métropole, on sentira que l'application rigoureuse et universelle des principes généraux ne saurait leur convenir. Dans l'hypothèse particulière que nous avions à examiner, la différence des lieux, des mœurs, des climats, des productions, nous a paru nécessiter une différence dans les lois; les relations d'intérêt et de position entre la France et ses colonies n'étant point de la même nature que celles qui lient les provinces françaises soit avec le corps national, soit les unes avec les autres, les relations politiques entre elles doivent également différer; par ces motifs nous n'avons point cru que les colonies pussent être comprises dans la constitution décrétée pour le royaume.

« En prononçant que les colonies auraient leurs lois et leur constitution particulière, votre comité a pensé, messieurs, qu'il était avantageux et juste de les consulter sur celles qui pouvaient leur convenir; il a cru que dans une matière où leurs droits les plus précieux étaient intéressés, et où les plus exactes notions ne pouvaient venir que d'elles, c'était essentiellement sur leur vœu qu'il convenait de se déterminer. Mais en les appelant à l'exprimer, en leur laissant, sur tout ce

qui les concerne spécialement, la plus grande
latitude, votre comité a pensé aussi qu'il était des
points principaux, formant les rapports essentiels
entre la colonie et la métropole, dont il serait
impossible de s'écarter sans trahir tous les intérêts, sans briser tous les liens : il a donc cru
convenable de déterminer ces points préliminai-
rement à tout, et il a annoncé qu'il serait envoyé
aux assemblées coloniales une instruction sur les
points généraux, auxquels les plans de constitution qu'elles présenteraient devraient être subordonnés.

« La nécessité d'organiser promptement l'administration, et de maintenir l'ordre dans les colonies, a fait penser à votre comité que des assemblées coloniales devaient être autorisées à
mettre incessamment à exécution ceux de vos
décrets, sur les municipalités et les assemblées administratives, qui pourraient convenir aux loca-
lités. Il a même pensé qu'il était nécessaire qu'elles
fussent autorisées à les modifier provisoirement,
en réservant l'approbation du roi et de l'assemblée nationale.

« Sur le second point, messieurs, c'est-à-dire
sur les plaintes articulées relativement au régime
prohibitif du commerce entre la métropole et les
colonies, votre comité a jugé que la prudence

exigeait de recueillir, avant de prononcer, les
instructions les plus étendues. Il vous proposera
donc de décréter que les assemblées coloniales
présenteront leurs vues sur les modifications
qu'elles désirent, et qu'après avoir entendu leurs
représentations et celles du commerce, l'assemblée nationale statuera ce qui lui paraîtra convenable et juste.

« Dans le système des colonies modernes, le
régime prohibitif a été proclamé comme une
condition essentielle de l'union de la métropole
et des colonies; il est devenu le fondement de
l'intérêt qu'elle trouve dans leur conservation; il
est le dédommagement des frais qu'elle doit faire
pour les protéger; mais l'intérêt non moins réel
pour la métropole de favoriser leur prospérité,
mais l'augmentation de profits qu'elle recueille-
rait de l'accroissement de leur culture, doivent
aussi fixer son attention. Enfin, les commerçans
doivent sentir qu'il n'est aucune espèce de droits
qui n'entraîne aussi des devoirs; que réclamer le
droit exclusif d'approvisionner les colonies, c'est
contracter l'engagement d'apporter dans l'exercice de ce même droit, justice, exactitude, modération; que la solidité des conventions résulte
surtout de l'intérêt réciproque, et que le moment qui assurera la durée de leurs profits et le

succès de toutes leurs entreprises, sera celui où, par la perfection de l'art, la simplification du travail, l'économie de la navigation, ils seront assurés de soutenir partout la concurrence des autres peuples.

« Enfin, messieurs, le troisième objet concerne les alarmes qui se sont élevées sur l'application de quelques décrets. Vous ne devez, vous ne pouvez parler ici qu'un langage : c'est celui de la vérité, qui consiste à désavouer la fausse extension qu'on leur a donnée. Vous n'avez pu rien changer dans tout ce qui concerne les colonies, puisque les lois que vous avez décrétées ne les ont pas eues pour objet; vous n'avez pu rien changer, puisque le salut public et l'humanité même présentaient des obstacles insurmontables à ce que vos cœurs vous eussent inspiré. Ne craignez donc pas de le dire franchement, puisqu'en ce moment il s'est élevé des incertitudes, vous n'avez rien innové; cette déclaration suffit puisqu'elle est vraie : elle ne peut laisser aucune inquiétude. Il est seulement juste de l'accompagner d'une disposition propre à rassurer les colonies contre ceux qui, par de coupables intrigues, chercheraient à y porter le trouble, à y exciter des soulèvemens; ces hommes qu'on a trop affecté de confondre avec de paisibles citoyens occupés à chercher, par la méditation, les moyens d'adoucir la destinée de la

plus malheureuse portion de l'espèce humaine [1] ;
ces hommes, dis-je, ne peuvent avoir que des
motifs intéressés, et ne peuvent être considérés
que comme des ennemis de la France et de l'humanité.

« C'est à ces différens articles, messieurs, que
se réduit le projet de décret que votre comité
vous propose.

« La partie sur laquelle nous avons cru devoir
surtout arrêter votre attention, est celle qui concerne les formes indiquées pour constituer les
colonies. La justice et la confiance nous ont paru
la seule politique qui pût convenir à elles et à
vous. La justice est désormais le garant de tous les
traités, le fondement de toute puissance : rien,
messieurs, n'a pu faire douter de l'attachement
des colonies à la métropole ; mais rien n'est plus
propre à l'affermir que la marche que nous vous
proposons. Si la franchise et la bonne foi conviennent, dans toutes les transactions, à la majesté
d'un peuple libre ; si, dédaignant les ressources
d'un art qui n'appartient qu'à la faiblesse, vous
voulez suivre désormais la marche qu'indique votre loyauté et qui sied à votre puissance, vous

---

[1] Barnave indiquait ici la *Société des Amis des Noirs*,
que quelques personnes accusaient injustement d'avoir
contribué aux troubles des colonies.

ne balancerez pas à l'adopter avec des frères, des concitoyens, des Français comme vous.

« Ah ! puisqu'aujourd'hui la liberté nous donne à tous une existence nouvelle ; puisqu'elle nous a rendu la dignité d'hommes, et que, pour la première fois, elle nous a appelés à exercer, comme peuple, les droits des peuples ; renouvelons, confirmons les liens qui nous tiennent unis avec les Français des colonies. Disons-leur, dans notre épanchement : Vous avez partagé tous les maux que cause nécessairement un gouvernement arbitraire ; partagez aujourd'hui notre bonheur et notre liberté ! Vous ne sauriez exister dans une indépendance absolue, soyez-nous à jamais unis, et nous jurons de vous associer à tous les bienfaits de notre destinée !

« Voici, messieurs, le projet de décret que votre comité a unanimement arrêté de vous proposer : « L'assemblée nationale, délibérant sur les adresses et pétitions des villes de commerce et de manufactures, sur les pièces nouvellement arrivées de Saint-Domingue et de la Martinique, à elle adressées par le ministre de la marine, et sur les représentations des députés des colonies, déclare que, considérant les colonies comme une partie de l'empire français, et désirant les faire jouir des fruits de l'heureuse régénération qui s'y est opérée, elle n'a cependant jamais entendu

les comprendre dans la constitution qu'elle a décrétée pour le royaume, et les assujétir à des lois
qui pourraient être incompatibles avec leurs convenances locales et particulières.

« En conséquence, elle a décrété ce qui suit :
Art. 1er. Chaque colonie est autorisée à faire connaître son vœu sur la constitution, la législation
et l'administration qui conviennent à sa prospérité et au bonheur de ses habitans, à la charge
de se conformer aux principes généraux qui lient
les colonies à la métropole, et assurent la conservation de leurs intérêts respectifs.

« 2. Dans les colonies où il existe des assemblées coloniales, librement élues par les citoyens,
et avouées par eux, ces assemblées seront admises à exprimer le vœu de la colonie : dans celles
où il n'existe pas d'assemblées semblables, il en
sera formé incessamment pour remplir les mêmes
fonctions.

« 3. Le roi sera supplié de faire parvenir dans
chaque colonie une instruction de l'assemblée
nationale, renfermant : 1° les moyens de parvenir
à la formation des assemblées coloniales, dans les
colonies où il n'en existe pas; 2° les bases générales auxquelles les assemblées coloniales devront
se conformer dans les plans de constitution
qu'elles présenteront.

« 4. Les plans préparés dans lesdites assemblées

coloniales seront soumis à l'assemblée nationale, pour être examinés, décrétés par elle, et présentés à l'acceptation et à la sanction du roi.

« 5. Les décrets de l'assemblée nationale sur l'organisation des municipalités et des assemblées administratives seront envoyés auxdites assemblées coloniales, avec pouvoir de mettre à exécution la partie desdits décrets qui peut s'adapter aux convenances locales, sauf la décision définitive de l'assemblée nationale et du roi sur les modifications qui auraient pu y être apportées, et la sanction provisoire du gouverneur pour l'exécution des arrêtés qui seront pris par les assemblées administratives.

« 6. Les mêmes assemblées coloniales énonceront leur vœu sur les modifications qui pourraient être apportées au régime prohibitif du commerce entre les colonies et la métropole, pour être, sur leurs pétitions, et après avoir entendu les représentations du commerce français, statué par l'assemblée nationale ainsi qu'il appartiendra.

« Au surplus, l'assemblée nationale déclare qu'elle n'a entendu rien innover dans aucune des branches du commerce, soit direct, soit indirect, de la France avec ses colonies; met les colons et leurs propriétés sous la sauvegarde spéciale de la nation; déclare criminel envers l'état quiconque travaillerait à exciter des soulèvemens contre eux. Jugeant favorablement des motifs qui ont animé les citoyens desdites colonies, elle déclare qu'il n'y a lieu contre eux à aucune inculpation; elle attend de leur patriotisme le maintien de la tranquillité, et une fidélité inviolable à la nation, à la loi et au roi. »

Ce rapport obtint un assez grand succès pour que, malgré les divergences d'opinions et de partis qui régnaient dans l'assemblée, le projet de Barnave fût adopté sans donner lieu à aucune discussion, soit à cause de la sagesse qui en avait dicté les principes, soit par une prudente circonspection de la part de l'assemblée, afin d'éviter les convulsions violentes que l'examen de questions si délicates pouvait soulever.

L'assemblée décréta ensuite une instruction, également rédigée par Barnave, pour faciliter l'exécution du décret qu'elle venait de rendre.

Après avoir adopté les précautions nécessaires au rétablissement de la paix dans les colonies, l'assemblée s'occupa de la suppression des prisons d'état. La même prudence qui lui avait fait craindre de bouleverser les fortunes particulières, de détruire les relations commerciales et le travail qu'elles alimentaient, et surtout de compromettre la vie des colons, par l'application de principes qui exigent un certain degré de civilisation pour être salutaires, l'engagea à faire examiner avec soin les causes des diverses arrestations qui avaient eu lieu précédemment. En effet, on trouvait confondus dans les prisons d'état, parmi d'innocentes victimes des vengeances ministérielles, un grand nombre d'hommes dont l'élargissement aurait eu des dangers pour la société. Quoiqu'ils n'eussent pas été punis légalement, ces prisonniers n'en étaient pas moins criminels; mais, appartenant à des familles privilégiées, par suite d'un abus déplorable, qui avait pour prétexte de sauver ce qu'on appelait l'honneur des familles, on les avait ainsi soustraits à l'éclat d'une condamnation juridique. C'était pour rétablir les règles de la justice et garantir les droits des citoyens, qu'avait été institué le comité des lettres de cachet, dont le comte de Castellane présenta le travail.

Après avoir fait sentir combien il importait à la sûreté publique de prendre de sages précautions avant d'ouvrir les prisons d'état, le rapporteur proposa d'établir une distinction entre les détenus qui, n'ayant point été accusés juridiquement, devaient être mis sur-le-champ en liberté, et ceux qui avaient été renfermés soit pour cause de folie, soit à la réquisition de leurs familles qui avaient obtenu le privilége de les soustraire à des jugemens réguliers. Des prisonniers de ces deux dernières classes, les uns devaient être envoyés dans des maisons de santé, afin d'y rece-

voir les soins que leur position réclamait ; les autres devaient encore rester enfermés, jusqu'à ce
que la justice eût statué sur leur culpabilité et
sur la peine affectée à leur délit. M. de Castellane termina son rapport par des considérations
sur le régime convenable aux maisons de correction, dont la raison et l'humanité ordonnaient,
disait-il, que l'administration ne ressemblât en
rien à celle des maisons de détention établies
sous un gouvernement arbitraire.

Le duc de Lévis ouvrit ensuite la discussion :
« Si les prisons d'état renfermaient seulement
l'espèce de détenus que leur nom indique, le
parti à prendre ne serait pas embarrassant ; mais
il se trouve, par un hasard bien singulier, que
dans toutes les prisons d'état il n'y a pas un seul
prisonnier d'état ; et cependant, quoiqu'il n'y ait
pas eu de *lettres de cachet* lancées depuis six mois,
beaucoup de prisonniers sont encore détenus par
des ordres arbitraires. Ces individus doivent être
divisés en quatre classes.

« La première est formée de ceux qui sont détenus pour avoir déplu aux gens en place, et leur
nombre est assez considérable, puisque l'expression de *gens en place* comprenait, pour les lettres de cachet, depuis le premier ministre jusqu'à la maîtresse du dernier commis.... Pour ceux-
là votre regret sera de n'avoir pu leur rendre

plus tôt la liberté. Dans la seconde sont compris ceux renfermés dans les prisons de correction, soit à la sollicitation de leurs parens, soit pour des délits relatifs à la police. Dans la troisième se trouvent ceux enfermés pour cause de folie, ou que le désespoir a réduits à cet état déplorable dans leur prison. La quatrième enfin comprend ceux qui ont été soustraits par un ordre arbitraire à la rigueur des lois, et elle doit encore être subdivisée en deux sections : les personnes condamnées, et celles dont la procédure a été arrêtée avant le jugement.

« C'est sur le sort des prisonniers de cette dernière classe qu'il est le plus difficile de prononcer ; c'est relativement à eux qu'on vous a parlé de l'honneur des familles, qu'on prétendait conserver en sauvant les coupables. Quelle que soit l'ancienneté des usages, quelle que soit la force des préjugés dont on ait cherché à se prévaloir, il n'en sera pas moins évident, je ne dis pas aux yeux de législateurs éclairés, mais aux yeux de tous les hommes justes et raisonnables, que ce privilège monstrueux qui mettait une classe d'hommes au-dessus des lois, qui en leur assurant l'impunité les encourageait au crime, doit être banni à jamais de toute société qui prétend être juste et libre ; les exemptions, les privilèges pécuniaires, que vous avez si sagement abolis, n'étaient rien en comparaison de cette franchise si barbare, que jamais on n'a osé la consacrer par aucun acte public, et contre laquelle les peuples et même les parlemens n'ont jamais cessé de réclamer.

« Il faut que les lois soient douces et humaines; mais il faut qu'elles soient uniformes, qu'elles protégent et frappent également le puissant et le faible, le riche et le pauvre; et si en matière d'impôts toute exemption est une injustice, je ne crains pas de le dire, en jurisprudence toute exemption est une atrocité. Ce qui a le plus contribué à conserver le préjugé des peines infamantes dans toute sa force, c'est cette sauvegarde que l'autorité donnait toujours à la naissance[1]. »

Après M. le duc de Lévis, quelques orateurs du côté droit continuèrent encore la discussion,

[1] D'après la ligne politique qu'a suivie, depuis l'assemblée constituante, M. le duc de Lévis, on serait porté à croire que Mirabeau, avec qui il avait des liaisons intimes, et qui avait passé une partie de sa vie dans les prisons d'état, a pu l'engager à attaquer des mesures arbitraires que les parlemens avaient toujours dénoncées comme illégales, mais qui cependant trouvaient de nombreux défenseurs dans l'ancien régime. Cette observation n'a point pour but de diminuer le mérite du discours de M. le duc de Lévis, car nous serons toujours les premiers à applaudir à tous ceux qu'il prononcera contre les abus, et pour le maintien des droits publics.

mais ni l'abbé Maury ni d'Espréménil ne purent balancer l'impression que son discours avait produite sur la majorité , et l'assemblée décréta, entre autres dispositions, que toutes personnes détenues, en vertu de lettres de cachet, ou par ordre des agens du pouvoir exécutif, dans les prisons d'état, maisons religieuses et autres, seraient mises en liberté, à l'exception de celles qui auraient été légalement condamnées ; que les prisonniers détenus pour crimes ou délits, sans toutefois avoir été jugés, seraient renvoyés sur-le-champ devant les tribunaux ; qu'enfin les personnes renfermées pour cause de démence seraient visitées par des médecins, et, suivant les circonstances, rendues à leurs familles ou placées dans des maisons de santé.

Le 21 mars, l'assemblée abolit l'impôt désastreux de la gabelle, cause d'un grand nombre d'émeutes et de condamnations, et contre lequel les états-généraux avaient vainement réclamé à diverses époques. La gabelle, et les autres droits relatifs à la vente du sel, furent remplacés, dans les provinces qui y étaient soumises, par une contribution provisoire, répartie également sur tous les habitans de ces provinces, au moyen d'une addition supplémentaire aux impositions réelles et personnelles, et aux droits sur les consommations dans les villes. L'assemblée supprima ensuite les droits de fabrication sur les huiles, les savons et les amidons, ceux de la marque sur les cuirs et sur les fers, et pourvut aussi au remplacement de ces différens produits.

Il est à remarquer que dans ces discussions, les membres du côté droit se montraient déjà les défenseurs des contributions indirectes; l'abbé Maury soutint avec chaleur l'utilité et la justice de la gabelle. Cazalès, qui dans la plupart des débats, exprimait des idées plus justes, convenait franchement des inconvéniens de ce genre d'impôt, mais il proposait d'y substituer un droit sur le timbre, conception financière qui appartenait à M. de Calonne, et qui, présentant de nombreux avantages, devait venir utilement au secours des dépenses publiques. C'est ce qu'Adrien Duport s'empressa de reconnaître; mais il démontra en même temps que l'impôt du timbre, qui serait infailliblement adopté dans la suite, devait être réservé au remplacement des autres impôts indirects, dont la suppression serait également jugée indispensable; que l'emploi du sel ayant des rapports immédiats avec l'éducation des troupeaux et la culture des terres, c'était par un supplément à l'imposition territoriale que les gabelles devaient être remplacées, parce qu'en rejetant toutes les charges sur les impôts indirects, on porterait un coup mortel à l'industrie et au commerce.

Peu de temps après l'arrivée de l'assemblée à Paris, les ministres, voyant avec chagrin l'affaiblissement progressif d'un pouvoir auparavant sans limites, avaient aba. donné entièrement les affaires, et, soit par humeur, soit plus probablement par politique, au lieu d'expédier celles sur lesquelles ils auraient facilement rendu des décisions, ils renvoyaient et les hommes et les choses à l'assemblée, qu'ils croyaient ainsi jeter dans un dédale dont elle ne pourrait se dégager. Cette intention n'échappa point aux chefs du parti populaire : ils comprirent toute l'étendue des embarras dont on voulait environner leur marche, et renvoyèrent et les pétitionnaires et les réclamations à ceux des ministres dans le ressort desquels se trouvaient les affaires. Les ministres n'en tenaient compte, refusaient encore de s'occuper des demandes, et adressaient de nouveau les individus à l'assemblée, en disant aux intéressés qu'on leur avait ôté tout pouvoir, qu'ils n'étaient plus rien, qu'ils se trouvaient dans une entière impossibilité de prononcer et d'agir, qu'il n'y avait plus d'autorité, et que, puisque l'assemblée voulait tout gouverner, c'était à elle de pourvoir à tout.

4.

Cette situation, qui dura plusieurs mois, em-
pêcha non-seulement de remédier aux désordres
du moment, mais ne fit au contraire que les
accroître ; car l'absence de direction dans les
affaires publiques amène promptement la désor-
ganisation. Les chefs de l'assemblée sentaient
vivement ce danger : ils s'en inquiétaient ; mais ils
hésitaient à assumer sur eux une responsabilité
immense, et à laquelle ils n'avaient pas la certitude
de pouvoir entièrement répondre. Il fallait cependant prendre un parti ; le mouvement des
affaires ne pouvait rester plus long-tems sans
direction ; et, quoiqu'ils pressentissent qu'on leur
ferait l'injuste reproche de s'emparer du pouvoir
exécutif, il fallait bien qu'ils le remplaçassent
momentanément, puisque, suivant la spirituelle
expression de Charles Lameth, *le pouvoir exécutif*
fesait le mort.

Cette détermination prise, l'activité ne man-
qua point dans l'exécution. La division des affaires attribuées à divers comités, quoique faite
avec la précipitation qu'exigeait l'urgence des
circonstances, n'en fut pas moins remarquable
par la sagacité qui présida à leur répartition. Ces
comités n'avaient eu pour but, d'abord, que de
délibérer sur la formation des lois, et de faire le
rapport de leurs travaux à l'assemblée ; mais le
pouvoir exécutif s'étant annulé par l'effet de sa

propre volonté, et ayant, pour ainsi dire, donné sa démission, les comités, dont on augmenta considérablement les bureaux, firent des rapports sur toutes les affaires particulières; l'assemblée rendit des décrets pour pourvoir à ce que le mouvement général ne fût point interrompu; et le gouvernement, se trouvant ainsi isolé, n'exerça plus qu'une action tout-à-fait secondaire. Privé de la délibération qui prépare les décisions, et de la haute surveillance sur toutes les parties de l'administration, il se trouva borné à un genre d'exécution entièrement passif, et qui, étant sans autorité, devait perdre bientôt sa considération.

Cet état de choses était fâcheux sans doute: il était, on doit en convenir, contraire à la véritable distribution des pouvoirs, mais il était l'œuvre du pouvoir exécutif lui-même, et non le résultat d'un projet d'envahissement de la part de l'assemblée. Ce fut un suicide; et bien d'autres exemples ont prouvé que ce crime politique, dû à de faux calculs et à un intérêt mal entendu, n'est pas plus rare parmi les dépositaires de la puissance, qu'il ne l'est chez les particuliers, que les passions égarent et entraînent souvent aux plus funestes excès contre eux-mêmes. Ces observations, parfaitement exactes, méritent l'attention du lecteur, parce qu'elles serviront à lui expliquer une grande partie des événemens postérieurs. Lorsque le pouvoir a quitté sa véritable place, il ne peut plus commettre que des fautes, et il devient une faction, tandis que sa destination est de les comprimer ou de les punir.

Indépendamment de ce surcroît de travail, les délibérations de l'assemblée étaient continuellement interrompues par les nombreuses députations qu'elle recevait à sa barre, par des réclamations sur des intérêts privés, par le rapport d'événemens inattendus, et par des motions incidentes que la malveillance peut-être multipliait à dessein, afin d'entraver la marche des affaires. Frappée de ces graves inconvéniens, de cette confusion dans les matières qu'elle avait à traiter, l'assemblée adopta, sur la proposition du baron de Menou, un ordre de travail dont elle résolut de ne plus se départir; elle arrêta qu'elle partagerait toutes les séances du matin entre les finances et ses travaux constitutionnels, et consacra celles du soir aux discussions particulières. Par une suite de ce plan, elle exigeait que l'administration se plaçât dans une relation plus intime avec elle; et décida, le 25 mars, que ses décrets seraient présentés, par son président, à l'acceptation ou à la sanction du roi dans le délai de trois jours au plus après celui où ils auraient été rendus, et que dans la huitaine après la présentation le garde-des-sceaux devrait l'instruire soit

de la sanction donnée par le roi, soit des motifs
qui auraient pû porter à la différer. Elle confia
l'exécution de cet arrêté aux membres qu'elle
avait précédemment nommés pour veiller à l'envoi dans les départemens des décrets sanctionnés
par le roi, et s'assurer que les ministres les fesaient fidèlement exécuter dans tout le royaume.
Ces membres étaient Lechapellier, Alexandre Lameth, Emery et Malouet.

L'assemblée s'était souvent occupée de finances : le déficit à combler, une dette considérable
à garantir, le paiement des impôts en partie sus-
pendu, l'épuisement du trésor qui en était la
conséquence, les besoins de l'avenir, accrus par
l'obligation de pourvoir au remboursement des
offices, la forçaient d'avoir recours à des moyens
extraordinaires. Les deux derniers emprunts ne
lui avaient offert que de faibles ressources; la
contribution patriotique n'avait point eu lo succès qu'on en avait attendu. L'inquiétude générale
augmentait encore la détresse; et personne n'a-
percevait de remède efficace pour dégager les
finances de la crise où les avaient précipitées
les désordres et les prodigalités des tems antérieurs.

C'est, il faut en convenir, sur cette branche
importante de l'économie sociale, que l'assemblée possédait le moins de lumières. Elle se livrait

avec aptitude aux plus hautes questions de politique, lorsqu'il s'agissait de fonder une constitution sur des principes de raison et de justice; mais la presque totalité de ses membres partageait, en quelque sorte, l'ignorance de la nation sur les matières de finances. On ne sentait même pas assez combien, sous ce rapport, la prospérité d'un pays se lie intimement à une bonne organisation politique, parce que les lois propres à garantir la liberté et la sûreté des transactions, en proscrivant les mesures arbitraires, établissent la confiance, et que la confiance est la base la plus solide que le gouvernement puisse donner au crédit public.

La véritable science des finances repose sur des principes simples : elle consiste, avant tout, à proportionner les dépenses aux recettes, et à s'occuper bien plus de diminuer les premières que d'accroître les secondes. Cette théorie, ennemie des abus, pourra peut-être paraître commune ; elle ne s'élève pas, il est vrai, jusqu'à ces systèmes spécieux et compliqués que des ministres hasardeux n'hésitent point à présenter, tout en prévoyant qu'ils ne manqueront pas de compromettre la fortune publique comme les fortunes particulières, et de servir d'aliment à un jeu funeste et corrupteur; mais, en donnant au crédit des bases telles que l'inviolabilité des engage-

mens de l'état et la garantie des intérêts généraux
ne puissent jamais être réclamées en vain, ce que
cette science, alors, peut perdre d'importance
et d'éclat, se trouve suffisamment compensé
par ce qu'elle gagne en solidité comme en moralité.

L'expérience démontre chaque jour la justesse
de cette observation; plus on est étranger à la
question que l'on traite, plus les moyens que l'on
cherche pour la résoudre sont compliqués et difficiles; ce n'est qu'après s'être égaré long-tems
à poursuivre un système, qu'on reconnaît avec
surprise que toujours la mesure la plus simple, et
dont l'idée semblait devoir se présenter la première, répond le mieux au but qu'on se proposait
d'atteindre. Il en arriva à peu près ainsi dans
l'assemblée, lorsqu'on traita les questions financières. Il semblait alors qu'une nouvelle et vaste
conception pouvait seule venir au secours du
trésor public et sauver l'état, et, dans cette attente,
presque tous les regards étaient tournés vers
M. Necker, dont la réputation, même en finances, surpassait de beaucoup la capacité.

Pour répondre au vœu public, le ministre vint
faire lecture à l'assemblée d'un mémoire très-
étendu où il exposait l'état du trésor, ses besoins
impérieux, et les difficultés des circonstances. Le
service extraordinaire des années 1789 et 1790

exigeait, d'après ses calculs, une somme de 170 millions que, dans un moment d'alarme et de discrédit, on regardait comme presque impossible de réaliser par un emprunt, quelque fût d'ailleurs le taux auquel on fixerait l'intérêt. Un seul moyen lui paraissait susceptible de résoudre à la fois toutes les difficultés; c'était la création d'un papier-monnaie remboursable ou non remboursable; mais le ministre ajoutait, à cet égard, que, si les circonstances mettaient le gouvernement dans la nécessité de se servir de billets qui ne fussent pas conversibles en argent à volonté, bien loin d'user immodérément de cette ressource, il fallait la resserrer dans les plus étroites limites, et que, pour ménager la confiance, il convenait d'accélérer, par tous les moyens possibles, le terme de la durée des billets émis.

Le plan que présentait alors le ministre des finances consistait à convertir la caisse d'escompte en banque nationale, avec un privilége pour dix, vingt ou trente années. Il proposait de choisir une portion de ses administrateurs parmi des hommes qui n'appartiendraient ni à la banque ni aux finances; de faire surveiller son administration par des commissaires spéciaux, et attribuer à ses statuts une sanction légale, après qu'ils auraient été revus et discutés dans l'assemblée. M. Necker demandait de limiter à 240 millions la somme des billets qui pourraient être mis successivement en circulation, mais d'en faire garantir le paiement par la nation elle-même. Revêtus, en conséquence, d'un timbre aux armes de France, avec ces mots pour légende : *garantie nationale*, ils devaient être reçus comme argent dans toutes les caisses royales et particulières.

Avant de passer aux nombreuses objections présentées contre le projet de M. Necker, il convient de dire quelques mots de la caisse d'escompte, que ce ministre voulait faire convertir en banque nationale, et d'expliquer comment les opérations de cet établissement se trouvaient liées alors à celles du trésor public.

Créée en 1776, sous le ministère de M. Turgot, par un simple arrêt du conseil, et sans privilége exclusif, dans le but d'escompter des effets à 4 p. o/o, de faire le commerce des matières d'or et d'argent, et de recevoir les dépôts, la caisse d'escompte, destinée spécialement à être la caisse personnelle et domestique de chacun de ceux qui lui confieraient des fonds, n'avait dans le principe aucune espèce de rapport avec le service du trésor royal. Ce n'est que plusieurs années après son institution qu'elle contracta des relations avec le gouvernement; en donnant de l'étendue à ses affaires, ces relations lui obtinrent d'abord de la faveur, mais bientôt elles lui devinrent funestes:

le ministère ayant été conduit d'expédiens en expédiens, et de déficit en déficit, fit à cette caisse divers emprunts qu'il demanda d'abord, qu'il exigea ensuite, et qu'il ne put rembourser. La caisse d'escompte, associée ainsi à la détresse du trésor, se vit contrainte d'obtenir successivement *des arrêts de surséance*, et la permission de suspendre ses paiemens. Elle les reprenait, à la vérité, avec empressement et de bonne foi, aussitôt qu'elle en avait les moyens, et se conserva ainsi quelque crédit, malgré les opérations désastreuses dans lesquelles l'autorité l'avait entraînée. M. Necker, qui n'avait pu réaliser les deux emprunts dont il avait obtenu l'autorisation de l'assemblée, venait encore d'avoir recours à cette caisse, pour pourvoir aux besoins du service courant, et arriver, avec son assistance, jusqu'à l'année 1790, époque à laquelle, compensation faite de ce qu'elle avait reçu, il lui resterait encore dû, suivant arrêté de comptes, une somme de 90 millions.

Cette dette n'était ni moins légitime ni moins sacrée que toutes les autres dettes de l'état; aussi les objections contre le plan de M. Necker ne portaient-elles pas sur ce qu'il avait pour but principal l'acquittement des engagemens du trésor envers la caisse d'escompte, mais sur ce qu'il établissait un privilége, et que ce privilége était une injustice vis-à-vis des autres créanciers de l'état.

Un des commissaires de la caisse d'escompte, M. de Talleyrand, combattit le plan du ministre des finances : «L'idée d'une banque nationale, dit-il, vient de frapper tous les esprits, et s'est acquis une grande faveur dans l'opinion.

« Parmi ceux qui ont des notions saines du crédit, plusieurs regardent cet établissement comme indispensable, et ceux-là même qui savent à peine ce que c'est qu'une banque, semblent se rassurer. Le mot *banque* paraît tout rétablir; mais c'est une banque bien constituée qu'il s'agit de créer. Les banques sont des instrumens d'une trempe forte, qu'il faut manier avec intelligence.... Il est donc nécessaire d'entrer dans un examen approfondi.

«On propose une banque nationale; je pense qu'une banque bien constituée ne peut être nationale. Il est essentiel de ne pas confondre : la nation doit répondre de la dette de la nation ; c'est improprement qu'on dit que la nation est créancière : elle est débitrice, et l'on ne peut pas être garant de ce qu'on doit.... Une nation loyale peut-elle accorder une garantie qui la placerait dans une funeste alternative ?.... Peut-elle garantir une banque ? Une banque peut-elle être établie au compte de la nation ? Dans l'un et dans

l'autre cas, s'il arrivait à cette banque quelque
événement fâcheux, les représentans de la nation
jugeraient avec moins d'assurance des circonstances qui intéresseraient la nation même. Dans
le second cas, les frais de régie absorberaient une
partie du bénéfice. »

Quant au plan de M. Necker, Talleyrand fesait remarquer que la banque est fondée sur la
création de billets non payables à présentation,
et qui dès-lors seraient un papier-monnaie. Rien
ne se repousse plus que ces deux choses; le papier-monnaie porte le caractère de la force, tandis que la banque ne peut vivre que par la liberté et par la confiance la plus illimitée.

« Il est question d'établir une banque avec des
fonds considérables, qui la mettraient en mesure
de prêter sur les immeubles. Il me semble incontestable que des fonds destinés à vivifier la
circulation ne peuvent être prudemment placés
sur des immeubles, parce que tout le monde sait
que ce genre de placement, qui peut-être est
celui dont le capital est le plus assuré en définitif,
est certainement celui dont la rentrée à époque
fixe est la moins certaine, et donne lieu à des
difficultés.

«La loi fondamentale d'une banque quelconque
est d'acquitter ses engagemens à époque fixe. Je
n'en connais point d'autre; si sa nature particu-

lière la met dans le cas de prendre des engagemens à vue et payables à toute heure, il faut que
le régime de cette banque soit tel, qu'elle soit
en effet prête à payer tous ses engagemens à
présentation.

« Le but d'une banque composée d'associés en
commandite, comme la caisse d'escompte, est de
fournir des secours au commerce, en réunissant
des fonds considérables, toujours destinés à escompter de bons effets, à un intérêt modéré.
Lorsqu'on présente à cette banque des effets jugés de nature à être pris à l'escompte, et que
l'administration de la banque consent à les escompter, les administrateurs remettent un *bon*
pour toucher l'argent à leur caisse ; on va chercher cet argent à la caisse et on l'emporte. Voilà
la marche naturelle qui a été suivie dans les com-
mencemens ; mais, après avoir fait escompter du
papier plusieurs fois, et après avoir éprouvé que
ce *bon* sur la caisse était payé sur-le-champ à
présentation, on s'est aperçu bientôt qu'il le serait également le lendemain comme le jour même,
et qu'il était quelquefois plus commode de l'emporter chez soi, sauf à en envoyer chercher le
montant lorsqu'on en aurait besoin. On l'a donné
en paiement à quelqu'un qui, ayant aussi confiance dans cette exactitude, ne s'est pas pressé
de le faire acquitter ; et cette connaissance de

l'exactitude du paiement des bons fournis par les administrateurs de la banque, sur leur caisse, a fait à la longue que chacun a regardé comme indifférent d'avoir ce billet, ou d'avoir les espèces qu'il représentait. »

Talleyrand soutenait que l'assemblée ne devait pas faire de la caisse d'escompte une banque nationale, mais qu'elle devait incontestablement tenir compte à cette caisse de ses avances. Le plan de M. Necker ne lui paraissait pas atteindre ce but ; il y voyait une préférence injuste accordée à la caisse d'escompte sur les autres créanciers de l'état, et rejetait la création de toute espèce de papier-monnaie. « L'effet inévitable de tout papier-monnaie, ajoutait-il, est la prompte disparition des espèces. Ce numéraire fictif chasse le numéraire réel, et parce qu'il le remplace et parce qu'il l'effraie. Dès-lors, ce papier ne se soutient plus à l'égalité de l'argent ; il tombe au-dessous du pair, et de là les plus funestes conséquences. Tous les créanciers qu'on rembourse en billets, perdent la différence ; tous les débiteurs à qui l'on avait prêté en argent, la gagnent ; par conséquent renversement dans les propriétés, infidélité universelle dans les paiemens, et infidélité d'autant plus odieuse qu'elle se trouve légale. »

M. Lecoulteux de Canteleu, qu'on supposait

versé dans la connaissance des questions soumises dans ce moment à l'assemblée, se fit entendre avec une grande faveur, en défendant le plan de M. Necker, qu'il proposa d'adopter, sauf quelques légères modifications.

Le discours de M. Lecoulteux fut vivement applaudi : on proposait même de fermer immédiatement la discussion, lorsque Laborde de Méréville prit la parole. Il obtint bientôt l'attention générale et l'assentiment de toute l'assemblée par la clarté de ses vues, l'attrait des ressources qu'il présentait, et le talent remarquable qu'il déploya pour aplanir des difficultés qui paraissaient insurmontables.

« M. le ministre des finances, dit Laborde, vous propose de créer un papier dont la circulation sera forcée, et qui ne sera pas conversible en argent à volonté. Je n'entrerai pas dans l'énumération des funestes effets du papier-monnaie, mais je dirai que, comme il est nécessaire alors d'en promettre le remboursement plus ou moins éloigné, on ne peut éviter de finir un jour par l'acquitter en espèces, et il en résulte que c'est à la fois l'emprunt le plus cher et l'impôt le plus onéreux.

« On tomberait dans une grande erreur, si l'on confondait le papier du premier ministre avec celui que les banques mettent dans la circulation; ils n'ont pas entre eux la moindre ressemblance. Le papier-monnaie circule forcément et n'est point conversible en argent : il est de recette obligée pour tous les citoyens, par une loi du souverain ; l'essence des billets de banque est au contraire de circuler librement, d'être sans cesse réalisables en argent, et de ne pouvoir être reçus que de gré à gré. Lorsque la loi détruit ces deux qualités essentielles des billets de banque ou de confiance, ils prennent à l'instant le caractère du papier-monnaie.

« Une banque de secours est une association d'individus qui se réunissent pour prêter à d'autres.

« A cet effet, ils forment d'abord, par portions égales, un capital destiné à y être employé.

« La somme que chacun d'eux a déposée, est représentée dans sa main par un récépissé qui s'appelle une action. Lorsqu'un actionnaire veut sortir de l'association et se désintéreser des opérations de la banque, il n'est pas en droit de retirer les fonds qu'il a mis dans la caisse, ce qui ferait dépendre l'activité de l'établissement du caprice des actionnaires, mais il vend son action, qui est censée appartenir au porteur.

« Les actionnaires se servent ensuite de divers moyens pour augmenter les secours que leur association les met dans le cas de répandre dans le public.

« Parmi ces moyens, il en existe deux principaux ; le premier de donner en paiement de leurs prêts, des billets payables à vue, ou de créditer les emprunteurs de la somme qui leur est prêtée, avec faculté d'en disposer à volonté, ce qui revient au même ; le second, de se rendre caissier du public, en recevant son argent contre de pareils billets ou des crédits en banque.

« Par suite du crédit des billets de la banque et de leur commodité qui rend plus faciles les spéculations et les échanges, il arrive que beaucoup de particuliers trouvent avantageux d'y porter leurs espèces, et de prendre en échange des billets, ou de s'y faire ouvrir des comptes courans.

« Alors, s'apercevant de la confiance qui lui est accordée, la banque n'est plus obligée de borner la somme de ses billets, dans le public, à la somme précise du numéraire qu'elle a dans ses coffres ; et, suivant le nombre de demandes qui lui sont faites, et le rapport qui s'établit entre son numéraire et la somme de ses billets circulans, elle augmente graduellement leur émission en raison de ces différences, afin de mettre à profit, par de nouveaux placemens, une partie des fonds dont son crédit lui donne la jouissance.

5.

« La base de la confiance du public réside dans
la persuasion où il est que les fonds de la banque
sont tellement employés et disposés, qu'elle
pourra toujours les réaliser de manière à faire
face à toutes les demandes.

« Le crédit de la banque, comme sa plus impérieuse obligation, consiste donc à ne jamais
cesser ses paiemens ; pour cela aucun sacrifice
ne doit lui coûter. Elle doit enfin payer jusqu'à
la liquidation entière, plutôt que de se soustraire,
par quelque moyen que ce soit ; à ce devoir impérieux de l'honneur et de la justice.

« C'est une grande erreur de croire une
banque ruinée ou détruite, quand elle s'est li-
quidée par la restitution des fonds à ses créanciers. Cet événement est au contraire souvent
pour elle le fondement d'un nouveau crédit,
car le crédit est pour tout le monde, pour les sociétés comme pour les individus, aux mêmes
conditions ; ponctualité rigoureuse à remplir ses
engagemens, voilà son essence ; modération et sagesse dans ses opérations, voilà sa théorie. Il n'est
au pouvoir d'aucun individu, d'aucune société,
d'aucune nation, de déroger à ces principes, sans
renoncer pour jamais à toute espèce de confiance
et de considération. »

Laborde entre ensuite dans quelques détails
pour montrer combien les arrêts de surséance

pour les établissemens publics et particuliers, et la doctrine qui les appuie, sont une violation manifeste des droits des hommes et des principes de justice qu'on doit maintenir dans tous les temps. La caisse d'escompte avait été plusieurs fois frappée de la défaveur qui s'attache toujours à ces arrêts. Il n'en tirait pas la conséquence qu'elle ne méritait plus l'intérêt de l'assemblée, et qu'il fallait l'abandonner dans cette triste position; il proposait, au contraire, l'établissement d'une nouvelle banque, à-peu-près semblable à celle d'Angleterre, pour remplacer la caisse d'escompte, mais en accordant à cette caisse le temps necessaire pour opérer la liquidation de ses engagemens, et en fesant retirer ses billets de la circulation par la nouvelle banque.

En développant son projet, Laborde de Méréville fit ressortir les avantages des banques, qui, indépendamment de la baisse qu'elles tendent à produire dans l'intérêt de l'argent, rendent à l'état le service inappréciable de favoriser le commerce et l'industrie, soit par l'accroissement d'un numéraire fictif, mais réalisable à volonté, soit par la facilité et l'économie du transport. Il proposait la création de 5o mille actions de 4ooo francs chacune; d'exiger des actionnaires de la nouvelle banque le dépôt d'une somme de 15o millions, pour gage de leur responsabilité; mais

il demandait pour elle deux dispositions importantes : la première, le droit de fabriquer les espèces, et de se servir de l'Hôtel des Monnaies ;
la seconde, d'instituer la banque pour caissier
de la nation, en y fesant verser les revenus nécessaires pour acquitter la portion des dépenses
nationales qui, par sa nature, ne peut pas être
payée dans les provinces.

Cet arrangement donnerait, disait-il, la faculté

1o De supprimer au 1er janvier toutes les caisses publiques, et de n'en conserver qu'une dans
chacun des nouveaux départemens, sous la surveillance des assemblées administratives ;

2° De détruire, à commencer de la même époque, l'ancienne comptabilité, si obscure et si
inutile, en la remplaçant par une nouvelle qui
serait simple, claire et connue de tout le monde.

3° De supprimer par la suite toutes les chambres des comptes, en donnant aux administrations provinciales la surveillance de ceux de leurs
trésoriers, et en soumettant la comptabilité de
la banque à la législature ;

4° D'établir la responsabilité du ministre des finances de la manière la plus positive, en soumettant la banque à la distribution annuelle des
dépenses, qui serait faite par la législature, et la
déterminer de manière à ce que le ministre des
finances ne pût jamais l'enfreindre sans la parti-

cipation de la banque; d'un autre côté, on menaçait la banque de la suppression immédiate de
ses priviléges, si elle manquait à ses engagemens;

5° Enfin, de faire acquitter dans chaque département, par son trésorier, non-seulement les
dépenses locales, mais encore celles que les circonstances pourraient y amener suivant leur nature : par exemple, celles des diverses fournitures de la guerre ou de la marine, des émolumens des officiers de judicature, etc., de manière
qu'au moyen de la correspondance journalière,
chaque caisse se trouvant garnie suivant les besoins par les caisses voisines, les dépenses seules
qui l'exigeraient par leur nature seraient acquit-
tées à Paris, et par la banque.

« Pour ce qui regarde la responsabilité du ministre des finances, ajoutait l'orateur, vous savez,
messieurs, qu'elle n'existe plus en France depuis
un siècle. Le successeur de M. Fouquet, effrayé
de l'exemple de son prédécesseur, eut l'adresse
de refuser le titre de surintendant des finances,
se contenta de celui de contrôleur-général, et la
charge fut ainsi supprimée. Ce surintendant avait
la disposition absolue des revenus publics, et de
tous les agens du fisc; il signait les ordonnances
sur le trésor royal, et répondait personnellement
de l'emploi des fonds. Lors de la suppression de
l'office, le roi s'en chargea, et les attributions du

contrôleur-général furent seulement d'appliquer
les recettes aux dépenses, de faire les distribu-
tions de fonds, et de diriger les opérations financières. En vertu de cet arrangement, le contrôleur-général, en prenant la signature du roi,
se trouvait déchargé de toute responsabilité directe [1].

« Une somme de numéraire quelconque n'est
pas toujours nécessaire pour établir une banque,
dont la principale fonction est de se rendre caissier de la nation et du public. Si donc la situation
des affaires et la circulation du papier-monnaie
nous obligent aujourd'hui à renoncer à ce moyen,
nous devons en chercher d'autres, et il s'en présente deux non moins efficaces : le premier, de
détruire la circulation forcée, par le retrait et l'a-

---

[1] Il en est à-peu-près de même aujourd'hui du département
de la guerre. L'héritier présomptif de la couronne ayant le
droit de nomination à tous les emplois, et le ministre
devant apposer sa signature à des choix qui ne sont pas
les siens, il ne serait pas juste de lui faire subir la responsabilité d'actes auxquels il est pour ainsi dire étranger. La
libre disposition des vues du ministre est encore entra-
vée, sous le rapport de l'organisation militaire, par le
conseil de la guerre, dans lequel siégent des maréchaux
de France, et dont les décisions sont presque des ordres
pour le ministre. On ne peut se dissimuler que ces arrangemens, qui peuvent avoir leur avantage, ne sont pas
conformes au régime constitutionnel.

néantissement des billets qui y sont employés ; le second, de donner naissance à une nouvelle circulation fondée sur la confiance et sur les vrais principes du crédit. Il est impossible de mettre sous vos yeux tous les développemens qui peuvent fixer votre opinion sur les combinaisons multipliées dont une banque est susceptible ; mais je me suis attaché à des moyens doux et sans danger. J'ai désiré surtout concilier les intérêts particuliers avec l'intérêt général. Le nouvel établissement s'élèvera pendant le décroissement de l'autre, et l'aura remplacé sans suspendre aucune opération.

« Telles sont, messieurs, les bases générales sur lesquelles doit commencer dès aujourd'hui le rétablissement des finances. Elles seront inébranlables ces bases, parce qu'elles reposent elles-mêmes sur les principes les plus purs du crédit et de la foi publique : elles le seront, parce qu'elles auront pour appui tous les ressorts d'une constitution libre. »

Les connaissances, en matières de finances, n'étaient pas alors, comme je l'ai dit plus haut, ni aussi avancées, ni surtout aussi répandues qu'elles le sont aujourd'hui ; mais la plupart des principes que développa, dans cette circonstance, Laborde de Méréville, et qui n'ont rien perdu de leur évidence, avaient, à cette époque, le mérite et l'éclat de la nouveauté pour beaucoup de personnes ; aussi , son discours obtint-il tous les suffrages. Le plan qu'il proposa fut l'objet d'une faveur spéciale de la part de l'assemblée, qui nomma dix commissaires pour l'examiner de concert avec M. le ministre des finances , et faire ensuite leur rapport.

M. Necker, qui n'avait pas vu sans déplaisir le succès qu'avait obtenu un travail très-supérieur au sien , employa tous les moyens que lui donnait sa position pour le battre en ruine dans la commission ; il parvint même à faire nommer rapporteur Lecoulteux de Canteleu, qui ne s'attacha qu'à susciter des difficultés à l'exécution du système de Laborde. M. Necker appuya les observations du rapporteur, et parvint à ramener l'assemblée aux diverses propositions qui avaient été faites précédemment. Fatigués par d'aussi longs débats , plusieurs membres proposèrent d'adopter le plan du comité des finances. L'assemblée paraissait pencher pour ce dernier parti, lorsque Pétion rappela l'attention sur les graves inconvéniens du plan de M. Necker : « Ne voyez-vous donc pas, s'écria-t-il , les dangers du plan proposé. C'est une nouvelle surséance de six mois, accordée à la caisse d'escompte , dans le temps même où on l'autorise à augmenter la masse de ses créanciers. C'est une faillite entée sur une faillite, avec la faculté au failli d'aggraver à un point effrayant la situation de ses créanciers, sans leur consentement; car les porteurs de billets, les vrais créanciers de la caisse, n'ont été ni appelés, ni entendus. C'est une action immorale sous tous les rapports. Car, quoi de plus immoral que de créer des billets *payables à vue*, qui ne seront point payés *à vue*. Vous dites qu'ils le seront le premier juillet. Mais en supposant que payer *à vue* et payer dans *six mois* soient synonymes, qui vous assure que ce paiement du premier juillet aura lieu? Êtes-vous certains qu'à cette époque la caisse aura vendu toutes ses actions?

« S'il est nécessaire de créer un numéraire fictif, au lieu de payer cinq pour cent à la caisse pour cette fabrication, ne pouvons-nous pas le fabriquer nous-mêmes? Dira-t-on qu'il n'aurait pas de crédit? Mais sur quoi donc est fondé le crédit de la caisse d'escompte, sinon sur celui de la nation. Si nous étions insolvables, quel crédit aurait la caisse d'escompte? Et si nous sommes solvables, qu'avons-nous besoin de son intervention? »

L'opinion de Pétion, qui consistait à créer des obligations hypothéquées sur les biens ecclésiastiques et domaniaux, inspira probablement à

M. de Batz l'idée de demander qu'on n'admît pas d'intermédiaire entre le papier-monnaie et les ressources effectives placées dans les mains de la nation, et qu'on décrétât une vente de 400 millions desdits biens pour rassurer les créanciers de l'état.

Cette proposition devint l'une des bases de la détermination de l'assemblée. Elle n'adopta point le projet de l'établissement d'une banque nationale, et, à l'égard de la caisse d'escompte, elle décréta qu'elle fournirait encore 80 millions au trésor, pour lesquels il lui serait donné des billets d'achat sur les biens-fonds qui devaient être mis en vente ; que ses autres créances sur l'état lui seraient remboursées, partie de la même manière, partie en annuités; que les billets de la caisse d'escompte continueraient à être reçus en paiement dans toutes les caisses publiques et particulières, jusqu'au 1er juillet 1790, époque à laquelle elle serait tenue d'effectuer ses paiemens à bureau ouvert. Par suite de cette décision, et pour la compléter, l'assemblée ordonna qu'il serait formé une caisse de l'extraordinaire, dans laquelle on verserait les fonds provenant de la contribution patriotique et du prix des domaines nationaux; qu'une partie de ces biens serait mise en vente sur-le-champ, jusqu'à concurrence de 400 millions; et qu'il serait créé 400 millions d'assignats sur la caisse de l'extraordinaire [1].

Toutes les espérances de la nation reposaient alors entièrement dans l'exécution de ces différens décrets, destinés à réaliser l'importante mesure qui avait mis les biens du clergé à la disposition de l'état; mais, pour consommer ce grand acte, quelques préliminaires avaient été jugés indispensables. Au nombre des propriétés ecclésiatiques, se trouvaient des abbayes, des couvens, des maisons religieuses, qui servaient d'asile à plusieurs ordres monastiques. Avant de fermer ces retraites, il avait paru nécessaire de décider préalablement si les ordres monastiques seraient supprimés, et quel sort on ferait aux religieux. Une autre difficulté s'était encore présentée : une portion des biens du clergé se trouvait grevée de redevances féodales; pour mettre les acquéreurs

---

[1] Il semble que ce serait ici le lieu de dire quelques mots sur les nombreuses questions qui se rattachent à la création du papier-monnaie; mais, comme ces questions ont été traitées plus tard avec plus d'étendue et de maturité, nous en renvoyons l'examen à l'époque de la seconde émission. Nous nous bornerons en ce moment à annoncer que la création des assignats, vivement combattue par le côté droit, fut adoptée avec le cours forcé, et que, contre les principes et la nature même du papier-monnaie, ils devaient produire un intérêt de 3 p. o/o.

à portée de juger avec précision de la valeur des
immeubles mis en vente, il fallait expliquer en
détail les effets de la suppression du régime féodal, prononcée dans la nuit du 4 août.

L'assemblée venait de donner des explications
positives à ce sujet, au commencement de l'année
1790 : toutes les craintes qui auraient pu s'opposer au succès de l'aliénation des biens nationaux
ayant donc été ainsi dissipées, il ne s'agissait plus
que de rechercher les moyens les plus propres
à faciliter une opération contre laquelle s'élevaient des oppositions de différens genre, les unes
appuyées sur d'anciens préjugés, les autres dic-
tées par l'intérêt personnel.

Il était facile de concevoir que la vente simultanée d'une quantité aussi considérable d'immeubles ne devait s'opérer qu'avec une grande dépré-
ciation, dans un moment qui pouvait bien exalter
les espérances des citoyens, mais qui, cependant,
devait naturellement effrayer les capitalistes, en
suspendant, plus ou moins, la circulation du numéraire, dont la masse était alors très-faible en
France. Tous les esprits se livraient à la recherche
d'idées financières qui pussent répondre à l'exi-
gence des circonstances, lorsque la municipalité
de Paris vint à la barre de l'assemblée présenter des
vues auxquelles se joignaient peut-être quelques
motifs d'intérêt personnel. Bailly porta la parole :

«D'un côté, dit-il, la concurrence des objets peut diminuer celle des acquéreurs; de l'autre, l'état ne saurait être assez tôt secouru. Il est un moyen à prendre entre ces deux considérations, c'est que l'assemblée fasse sortir les propriétés ecclésiastiques des mains du clergé et de celles de la nation, en les faisant acheter par les municipalités les plus considérables; de cette manière, les objets qui servent de garantie seront mieux déterminés. »

Se fesant à elle-même l'application immédiate de ce projet, la municipalité de Paris proposait de se porter pour intermédiaire entre la nation et le public; elle offrait d'acquérir les maisons religieuses qui seraient supprimées dans l'enceinte de ses murs, jusqu'à concurrence de la valeur de 200 millions.

Quelques murmures se mêlèrent aux applaudissemens qui accueillirent la lecture de ce mémoire, sur lequel M. de La Blache, organe du comité des finances, ne tarda pas à faire un rapport. L'orateur approuva, dans toutes ses parties, le plan proposé, et présenta, au nom du comité, un projet de décret entièrement conforme aux désirs de la municipalité de Paris. La discussion s'engagea sur ce sujet important; Bailly, en fesant à son tour l'apologie du plan proposé par la municipalité de Paris, essaya de la justifier du soupçon accrédité contre elle, au-dedans comme au-dehors de l'assemblée nationale, d'avoir agi dans des vues intéressées. Il représenta la position et les services du peuple de Paris, les pertes nombreuses qu'il avait faites, et la nécessité de venir à son secours en lui donnant des travaux utiles. « Les officiers municipaux, dit-il, sont les pères du peuple : ils ont dû, naturellement, penser à lui [1]. Nous demandons que Paris ne soit pas écrasé par les suites d'une révolution où il a pris tant de part, et dont il a supporté tout le poids. »

Après de vains efforts pour faire ajourner la discussion, Adrien Duport combattit le plan de la municipalité, en signalant surtout les inconvéniens immenses, et les dangers d'une administration collective. L'opinion de Duport fut fortement appuyée par plusieurs membres. Pétion de Villeneuve, au contraire, prit avec chaleur la défense du projet municipal, et saisit cette occasion de se faire bien venir du peuple de Paris ; cependant, au lieu d'accepter l'intermédiaire et le crédit des municipalités, il se borna à propo-

---

[1] Beaucoup de personnes étaient convaincues que quelques officiers municipaux et d'autres spéculateurs qui appuyaient cette proposition, pensaient bien plus à eux-mêmes, et n'étaient dirigés que par des vues d'intérêt personnel : cependant, il faut aussi s'empresser de le dire, aucun soupçon ne s'élevait sur le caractère et l'administration de M. Bailly.

ser que les officiers municipaux fussent chargés
d'opérer les aliénations. Thouret alla plus loin:
« Vous avez décrété, dit-il, la vente d'une partie
des biens du clergé. Doit-elle avoir lieu au profit
des municipalités? telle est la question. Quelles
ressources financières vous reste-t-il? l'émission
des assignats, et c'est la seule. Il faut donc donner
à ces assignats toute l'activité qui résulte du crédit et de la confiance. La confiance qu'ils peuvent inspirer ne consiste pas seulement dans l'hy-
pothèque sur les biens du clergé, mais dans la
certitude de la vente de ces biens; et cependant
la réalisation de cette vente serait dangereuse si
elle était précipitée; car où trouverez-vous maintenant des acquéreurs, si vous ne mettez pas d'intermédiaire entre eux et le domaine ou le clergé?
Vendez donc en masse aux municipalités, et cette
mesure produira des effets salutaires, par l'expro-
priation des possesseurs actuels, nouvelle garantie donnée à la confiance par l'accélération des
ventes particulières, et, enfin, par l'établissement
d'un nouveau papier-monnaie, qui fera disparaître celui de la caisse d'escompte. »

Le discours de Thouret trouva assez d'appro-
bateurs pour que l'assemblée décrétât que les
biens ecclésiastiques et domaniaux, dont elle avait
précédemment ordonné la vente, seraient aliénés
à la municipalité de Paris, et aux autres munici-

palités du royaume, et qu'il serait nommé dans l'assemblée douze commissaires pour régler les clauses des ventes, le prix des biens, et hâter l'exécution de son décret. Quelques jours après, afin d'assurer le paiement à époque fixe des obligations municipales, l'assemblée décréta également que les municipalités qui voudraient acquérir des biens domaniaux ou ecclésiastiques, seraient tenues de soumettre, au comité chargé de l'aliénation de ces biens, leurs moyens de libération; qu'en conséquence, la commune de Paris, qui déjà avait fait des offres, fournirait une soumission revêtue des signatures de capitalistes solvables et accrédités.

L'expérience ne tarda pas à éclairer l'assemblée sur les inconvéniens de la mesure qu'elle venait de prendre, et justifia ainsi les prévisions de ceux qui les lui avaient signalés. Elle ne revint pas néanmoins sur sa détermination, parce qu'elle se crut engagée vis-à-vis des municipalités; mais elle leur adressa une instruction, propre à garantir contre les fraudes, autant qu'il était possible, les intérêts du trésor public, et, lorsque, peu de mois après, elle autorisa l'aliénation de tous les domaines de l'état, reconnaissant que son premier décret pouvait encore être une source de manœuvres et d'opérations illicites, elle évita avec soin l'erreur dans laquelle elle était

tombée, rejeta la préférence qu'elle avait précédemment accordée aux municipalités, et admit
directement et sans intermédiaire les soumissions
de toutes personnes solvables qui voudraient se
rendre adjudicataires. Elle chargea aussi exclusivement des opérations de vente les administrations et directoires des départemens et des districts où les biens étaient situés [1].

Le clergé s'était flatté jusqu'alors que le décret
du 2 novembre, qui avait mis ses biens à la disposition de l'état, ne recevrait jamais une entière
exécution, et que les inquiétudes relatives à la
banqueroute une fois dissipées, il parviendrait
à rester en possession de ses richesses. Son attente fut entièrement trompée par la résolution,
prise par l'assemblée, de mettre en vente, sur-le-
champ, une portion des biens ecclésiastiques

---

[1] On jugera quelles étaient les vues ultérieures de l'assemblée, par les prévisions que renferme le texte même
du décret. Il y était dit que *l'aliénation de tous les domaines nationaux était le meilleur moyen d'animer l'a-
griculture et l'industrie, et de procurer l'accroissement
de la masse générale des richesses, par la division de ces
biens en propriétés particulières, toujours mieux admi-
nistrées, et par les facilités qu'elle donnait à beaucoup
de citoyens de devenir propriétaires.* L'expérience a démontré depuis que c'était dans la nature même des choses que l'assemblée avait puisé, dans cette circonstance,
les motifs de sa détermination.

6.

pour une somme de 400 millions. Après de vains
efforts pour s'opposer à cette mesure, le clergé,
contraint de se résoudre au douloureux sacrifice
qui lui était imposé, espérait encore néanmoins
qu'il pourrait conserver ses autres domaines dont
la valeur était bien plus considérable; cette dernière illusion ne tarda pas non plus à être détruite.

On avait compris la nécessité de pourvoir au
remplacement des dîmes, dont la suppression
avait été trop légèrement prononcée sans indem-
nité préalable. Un comité avait été composé à cet
effet de membres pris dans le sein des comités
ecclésiastiques, des finances, d'agriculture et des
contributions. M. Chasset en fut le rapporteur:
il rappela l'énormité de la dette, l'engagement,
pris par les représentans de la nation, de l'acquitter intégralement, et la nécessité de ranimer
la confiance publique en dissipant toutes les inquiétudes qui pouvaient encore s'attacher à la garantie donnée aux créanciers de l'état. La mesure
que le comité avait jugée la plus efficace pour atteindre le but projeté, était de faire sortir de fait
les biens ecclésiastiques des mains de leurs anciens possesseurs, en retirant au clergé l'administration de ses immenses domaines, dont il ne
cesserait de se considérer comme propriétaire
tant qu'il en conserverait la régie et la jouissance.
M. Chasset proposa donc, au nom du comité des

dîmes, d'attribuer l'administration des propriétés ecclésiatiques aux assemblées de département et de district, ou à leur directoire, ainsi
qu'aux municipalités ; de payer en argent le traitement des ecclésiastiques, et de porter chaque
année dans l'état des dépenses publiques, pour
remplacer les dîmes qui devraient cesser d'être
perçues au 1ᵉʳ janvier 1791, une somme suffisante pour fournir aux frais du culte, à l'entretien de ses ministres, au service des pensions et
au soulagement des pauvres.

Ce projet excita de vives réclamations de la
part du clergé, qui ne pouvait se résoudre à accepter, en échange de ses possessions, les traitemens qui lui étaient affectés sur le trésor public. Il
réunit tous ses efforts, il épuisa toutes les subtilités pour faire prévaloir les dotations en nature,
et offrit même, en désespoir de cause, et pour
la première fois, de s'engager hypothécairement
pour une somme de 400 millions, afin de prévenir une décision qu'il aurait voulu faire considérer comme subversive de toute morale, et comme
attentatoire à la religion et à la dignité de ses
ministres. Combattu avec chaleur par l'évêque de
Nancy, l'archevêque d'Aix, l'abbé de Montes-
quiou, etc., l'avis du comité des dîmes fut soutenu avec non moins d'énergie par MM. Delley-
d'Agier, Treilhard, Rœderer, Thouret, etc. La

discussion, long-temps prolongée par le côté droit, semblait enfin être arrivée à son terme, lorsque tout-à-coup dom Gerles, chartreux, député de Paris, paraît à la tribune, annonce qu'il va faire une motion de la plus haute importance; on l'écoute avec attention. « Il faut, dit-il, écarter les doutes que les ennemis de la révolution tâchent d'élever sur les sentimens religieux de l'assemblée: pour faire taire les calomnies et pour tranquilliser ceux qui craignent qu'elle n'admette toutes les religions en France, je propose de décréter que la religion catholique, apostolique et romaine, est, et demeurera à jamais, la religion *nationale*, et que son culte sera le seul public et le seul autorisé [1] ».

A cette proposition inattendue, le côté droit se lève avec enthousiasme et veut la voter par acclamation; Charles Lameth parvient avec peine à obtenir la parole: « Si l'on veut bien se rappeler, s'écrie-t-il, ce que j'ai dit dans une pareille circonstance, l'assemblée ne quittera pas une question de finances pour une question de théologie. Qui pourrait douter de ses sentimens reli-

---

[1] Chacun dans l'assemblée était convaincu que cette imprudente démarche avait été suggérée au pieux cénobite, et qu'on avait abusé de son ignorance des affaires temporelles, pour le pousser à renouveler une proposition déjà faite sans succès par l'évêque de Nancy.

gieux, quand elle s'occupe en ce moment d'assurer la dépense du culte public? Ne les a-t-elle pas
manifestés, lorsqu'elle a pris pour base de tous
ses décrets la morale de la religion même ? N'a-
t-elle pas fondé la constitution sur cette consolante
égalité, si recommandée par l'évangile, sur la fraternité et sur l'amour du prochain? N'a-t-elle pas
suivi l'esprit des saintes Écritures, lorsqu'elle a
mis sous sa protection les faibles et le peuple
dont les droits étaient si étrangement méconnus ?
Quel danger ne renferme pas la motion qui vous
est présentée! on nous instruit de toutes parts
des efforts des ennemis publics; on nous apprend
qu'à Lille on est parvenu à armer les soldats
contre les citoyens; que, dans quelques provinces, on veut armer aussi les catholiques contre
les protestans. Vous savez comment on a abusé
de vos décrets en les altérant, et vous ne crain-
driez pas que dans les provinces, que dans le
Languedoc particulièrement, où l'on a déjà tenté
une guerre de religion, on ne s'autorisât du décret même qu'on vous demande pour renouveler
de si funestes scènes? Au lieu de porter la lumière
à nos frères, voulez-vous donc porter le glaive
dans leur sein, au nom du Dieu de paix? vous ne
l'avez point oublié, messieurs, cette proposition
vous a déjà été faite lors de la discussion sur les
biens du clergé, et c'est au moment où nous

nous en occupons encore qu'on ne craint pas de la reproduire! Ah! craignons de voir la religion invoquée par le fanatisme, trahie par ceux-là même qui affectent de s'en proclamer les seuls défenseurs; et ne fournissons pas de prétextes pour commettre des crimes, en rendant un décret qui peut la compromettre, au lieu de propager ses succès dans tout l'univers, comme vos lois propagent ceux de la liberté.....»

« Ne serait-ce pas nuire à la constitution du royaume, répondait le lendemain l'abbé Samarie, que de laisser régner toutes les religions, sans donner une prééminence marquée à la religion catholique? Ne serait-ce pas exposer la nation aux horreurs du fanatisme? Je demande, au nom de mes commettans, de nos paroisses et du clergé de France, que le culte public de la religion catholique, apostolique et romaine, continue d'être maintenu comme loi fondamentale et constitutionnelle; et si cela n'est pas ordonné, j'en demande acte pour nous mettre à couvert de la malédiction de Dieu et de l'exécration des peuples. »

« Je respecte profondément la religion catholique, disait le baron de Menou, mais ma conviction en sa faveur et la forme du culte que je professe sont-elles, ou peuvent-elles être le résultat d'une loi? Ma conscience et mon opinion n'ap-

partiennent qu'à moi seul, et je n'ai de compte
à en rendre qu'au Dieu que j'adore. Ni les lois,
ni les gouvernemens, ni les hommes n'ont sur cet
objet aucun empire sur moi; je ne dois troubler
les opinions religieuses de personne, personne
ne doit troubler les miennes, et ces principes,
vous les avez solennellement consacrés en établissant l'égalité civile, politique et religieuse.
Pourquoi donc voudrais-je faire de cette religion
que je vénère, la religion dominante de mon
pays ? Si tous les hommes sont égaux devant la
loi, si les consciences ne peuvent être soumises
qu'à Dieu, puis-je m'arroger le droit de faire prévaloir ou mes usages, ou mes opinions, ou mes
pratiques religieuses? Un autre homme ne pourrait-il pas me dire : Ce sont les miennes qui doivent avoir la préférence, c'est ma religion qui est
la meilleure, c'est elle aussi qui doit être la dominante; et si tous deux nous mettons la même
opiniâtreté à défendre nos doctrines, ne s'ensui-
vra-t-il pas une querelle qui finira peut-être par
la mort de tous deux? Or, ce qui n'est qu'une
querelle entre deux individus, ne deviendra-t-il
pas une guerre sanglante entre les différentes portions d'un grand peuple?

« Le mot *dominante* n'entraîne-t-il pas l'idée
d'une supériorité contraire aux principes de la
liberté de conscience et de l'égalité qui font la

base de notre constitution? Sans doute, en
France, la religion catholique est celle de la majorité de la nation; mais, n'y eût-il qu'un seul
individu qui en professât une différente, il a le
même droit de l'exercer, pourvu qu'il ne porte
atteinte ni à la religion de la majorité, ni à l'ordre public, ni au maintien de la société....

« Ouvrez les annales de l'histoire, et surtout
celles de la France. De quels malheurs les guerres
de religion n'ont-elles pas accablé ce beau
royaume! De quelles horreurs n'ont-elles pas
souillé les règnes de plusieurs de nos rois, depuis
François Ier jusqu'à Louis XIV! Oublions, s'il se
peut, ces monumens du fanatisme religieux;
épargnons surtout à l'avenir la honte de pareils
désastres.

« Ministres d'un Dieu de paix, qui ne voulut
établir son empire que par la douceur et la persuasion, et qui vous a donné de si grands exemples de charité, voudriez-vous que l'assemblée
nationale devînt l'instrument du malheur des peuples? Un zèle mal entendu a pu vous égarer un
instant; rendus à vous-mêmes, rendus à votre
saint ministère, vous chercherez à étendre, par
vos vertus, la religion que vous professez. C'est
ainsi seulement, et non par un décret, que vous
pourrez établir sa supériorité. Pouvez-vous croire
que les lois et les volontés de la Providence aient

besoin de votre secours? La religion n'est-elle pas indépendante de tous les efforts humains; et la déclarer dominante, ne serait-ce pas porter atteinte au respect que nous lui devons? Infidèles à ses doctrines, à son esprit de miséricorde et d'humanité, irons-nous, par des mesures superflues, attentatoires à la majesté du christianisme, irons-nous mettre les armes à la main du peuple, favoriser les intrigues, les haines, les vengeances, les crimes de toute espèce qui s'enveloppent du manteau de la religion? Savons-nous où s'arrêteraient le carnage et la ruine? Ces idées ne sont sans doute entrées dans l'esprit d'aucun de ceux qui soutiennent la motion proposée. Mais, si l'assemblée nationale adoptait ce dangereux décret, je ne crains pas de le dire, en ma qualité de représentant de la nation entière, je rendrais ceux qui l'auraient voté responsables de tous les maux dont je serais le témoin, et du sang qui ne manquerait pas d'être répandu. »

Éclairé sur l'imprudence et les dangers de sa motion, dom Gerles se hâta de la retirer; mais le côté droit s'en empara et en soutint la discussion. Parmi les nombreuses rédactions qui furent alors présentées pour repousser la suprématie de la religion catholique, le projet de décret proposé par le duc de La Rochefoucauld fixa particulièment l'attention.

« L'assemblée nationale, considérant qu'elle n'a et ne peut avoir aucun pouvoir à exercer sur les consciences et sur les opinions religieuses; que la majesté de la religion et le respect profond qui lui est dû ne permettent point qu'elle devienne le sujet d'une délibération;

« Considérant que l'attachement de l'assemblée nationale au culte catholique, apostolique et romain, ne saurait être révoqué en doute, au moment même où ce culte seul va être mis par elle à la première place dans les dépenses publiques, et où, par un mouvement unanime de respect, elle a exprimé ses sentimens de la seule manière qui puisse convenir à la dignité de la religion et au caractère de l'assemblée nationale;

« Décrète qu'elle ne peut ni ne doit délibérer sur la motion proposée, et qu'elle va reprendre l'ordre du jour concernant les dîmes ecclésiastiques [1]. »

---

[1] Le succès des délibérations n'était pas toujours indépendant de la considération attachée aux personnes. La position sociale, l'âge, le caractère du duc de La Rochefoucault, lui donnaient une autorité et un crédit qui pouvaient influer utilement sur l'assemblée. Les circonstances paraissaient assez graves pour qu'on eût recours à cette influence, et Adrien Duport, qui avait rédigé un projet de décret motivé pour passer à l'ordre du jour sur la proposition de dom Gerles, n'hésita point à prier le duc de La Rochefoucault de s'en faire l'organe à la tribune. Il

Ce projet est accueilli par les applaudissemens de la majorité de l'assemblée. On demande à délibérer sur-le-champ; mais le côté droit s'y oppose; il insiste avec violence en faveur de la proposition de dom Gerles. La discussion s'anime encore et se prolonge. On cite et Clovis et Louis XIV; Clovis qui le premier a embrassé le christianisme, Louis XIV qui a juré de ne jamais souffrir en France d'autre religion que la religion catholique. Au milieu du tumulte, la voix de Mirabeau se fait entendre :

« Je ferai observer à celui des préopinans qui a parlé avant moi, qu'il n'y a aucun doute que, sous un règne signalé par la révocation de l'édit de Nantes, et que je ne qualifierai pas, on ait consacré toutes sortes d'intolérances. Je ferai observer encore que le souvenir de ce que les despotes ont fait ne peut servir de modèle à ce que doivent faire les représentans d'un peuple qui veut être libre. Mais, puisqu'on se permet des citations historiques dans la matière qui nous occupe, je n'en ferai qu'une. Rappelez-vous, messieurs, que d'ici, de cette même tribune où je parle, je vois la fenêtre du palais dans lequel

faut rendre cette justice à l'assemblée constituante, que son amour du bien public, son dévouement absolu au triomphe de la révolution, laissaient peu d'accès aux rivalités, aux faiblesses de l'amour-propre, et à l'irritation des vanités individuelles.

des factieux, unissant des intérêts temporels aux intérêts les plus sacrés de la religion, firent partir de la main d'un roi des Français, faible, l'arquebuse fatale qui donna le signal du massacre de la Saint-Barthélemi. »

Cette brillante et audacieuse citation ne ralentit point les efforts de l'abbé Maury et du côté droit; mais ils furent obligés de céder au vœu prononcé de la majorité de l'assemblée, et la rédaction du duc de La Rochefoucauld fut adoptée au milieu des plus vifs applaudissemens.

Alors fut reprise la délibération sur le projet du comité des dîmes, interrompue par la motion de dom Gerles. Cet incident avait encore exalté les esprits : aussi les premiers mots prononcés par Cazalès sur la question principale excitèrent de violens murmures : « Votre comité, s'écria-t-il, vous propose de dépouiller le clergé de ses biens! A-t-il donc oublié que les propriétés sont inviolables? (*Interruption*). Oui, il faut qu'il l'ait oublié, puisqu'il enlève au clergé l'administration de ses biens, qui est la partie la plus précieuse de la propriété. En vérité, j'ai peine à reconnaître, à de pareils actes, un peuple jadis célèbre par sa loyauté....

« Pour dérober aux regards l'injustice de vos projets, vous essayez de les couvrir de l'égide de la loi, vous les décorez du prétexte de l'utilité publique..... Sont-ils moins insensés, ces capitalistes, qui pressent vos opérations par tant de manœuvres? Qu'ils pensent donc que toutes les propriétés se touchent, et que si l'on en viole une seule, on est prêt à les violer toutes.... (Malgré les murmures, Cazalès continue.) La dette publique sera payée par les offres du clergé, par les contributions des peuples.... Voilà les seuls moyens dont il vous soit permis de vous servir, si vous ne voulez pas vous déshonorer à la face de l'Europe. »

On demande avec force que Cazalès soit rappelé à l'ordre; mais l'assemblée repousse ce genre de censure par respect pour la liberté des opinions.

Enfin, le projet du comité des dîmes, dont j'ai donné plus haut l'analyse, est adopté, avec quelques modifications, au milieu des clameurs du côté droit. Durant la délibération, plusieurs membres avaient proposé que les frais du culte fussent déterminés par chaque département. Le père Gérard, qui n'abusait pas de son droit à la parole, demanda que chaque paroisse pourvût à l'entretien de son curé et de son vicaire, comme elle venait au secours de ses pauvres. « Cela me paraît de toute justice, disait-il. » Néanmoins, l'assemblée décréta qu'il n'y aurait aucune distinction entre cette partie du service public et les autres dépenses nationales; que les frais du culte seraient répartis proportionnellement sur la généralité des contribuables du royaume, et que les assemblées administratives procéderaient à la liquidation des dîmes inféodées.

Par une exception à l'article 1er de son décret, elle laissa l'administration de leurs biens à l'ordre de Malte, aux fabriques, hôpitaux, maisons de charité, colléges et établissemens administrés par des ecclésiastiques ou des corps séculiers, ainsi qu'aux maisons des religieuses destinées au soulagement des malades.

Merlin, au nom du comité féodal, ayant rappelé que par l'un des articles du décret du 4 août, le droit de détruire, sur ses possessions seulement, toute espèce de gibier, avait été rendu à tous les propriétaires, à la charge de se conformer aux réglemens qui seraient établis, Robespierre prit la parole, et soutint que la chasse n'était point une faculté qui dérivât de la propriété; qu'aussitôt après la dépouille de la superficie de la terre, la chasse devait être libre à tout citoyen indistinctement; il en réclamait donc la liberté illimitée.

Cette opinion présentait trop de dangers pour être appuyée : aussi ne le fut-elle pas. Cependant Merlin crut devoir répondre à Robespierre : « Il est vrai, dit-il, que par le droit naturel, le gibier n'appartient à personne; mais s'ensuit-il que tout le monde ait le droit de le poursuivre partout? autant vaudrait dire qu'on a le droit de venir chercher chez vous les animaux malfaisans ou immondes qui infestent vos maisons. Une autre considération doit fixer vos regards : vous devez faire des lois, non pour l'homme de la nature, mais pour l'homme de la société. Deux principes sont reconnus par les lois romaines: 1° Le gibier est la propriété de celui qui s'en empare; 2° chacun a le droit d'empêcher un étranger d'entrer sur son domaine pour chasser le gibier. La loi qui ne consacrerait pas ce droit de tout propriétaire, n'aurait pas davantage la force d'assurer les propriétés. Vous voulez faire fleurir l'agriculture. Pensez-vous qu'elle sera florissante, lorsque tous les vagabonds auront le droit de chasse? Le séjour de la campagne sera-t-il agréable, lorsqu'il ne sera plus sûr? Mais, messieurs, pour abréger cette discussion, je me bornerai à vous rappeler la déclaration des droits qui a décidé la question. »

L'assemblée arrêta qu'il serait défendu à toute personne de chasser sur le terrain d'autrui sans son consentement, et, par une disposition réglementaire, elle interdit la chasse, même aux propriétaires et possesseurs, sur leurs terres non closes, jusqu'après l'entier dépouillement des fruits.

C'est à dater seulement de ce décret que les moissons ont été mises à l'abri des ravages que les chasseurs commettaient de tems immémorial.

Une mesure très-sage, et qui n'a cessé d'être en vigueur depuis, fut ensuite adoptée, sur la proposition de M. Brillat-Savarin, magistrat recommandable; elle avait pour but de défendre aux gardes, en constatant les délits de chasse, de chercher à désarmer les délinquans, réservant aux tribunaux le droit de prononcer la confiscation des armes.

Des différentes parties de la constitution qui restaient encore à organiser, l'ordre judiciaire paraissait la plus importante; elle était aussi la plus impatiemment attendue. En effet, ce n'était point assez d'avoir rendu des lois protectrices de la liberté, de la sûreté individuelle et de l'inviolabilité des propriétés; il fallait leur donner une sanction et une garantie dans l'organisation de tribunaux indépendans, placés au-dessus de l'influence du pouvoir et des partis, chargés d'appliquer la loi, et de rendre la justice. La création d'un nouvel ordre judiciaire présentait des difficultés et même des dangers de plus d'un genre. Que de précautions à prendre avant de confier à des hommes le dépôt de l'honneur, de la vie et de la fortune de leurs concitoyens! et pourtant

il fallait remplir cette tâche au milieu des troubles, de l'irritation des partis, et malgré l'inoppor-
tunité des circonstances, car l'administration de
la justice est le premier besoin des peuples.

La justice avait été considérée, dans l'origine
de la monarchie, comme une partie de la puissance politique. Les rois la rendaient eux-mêmes
à leurs vassaux, ceux-ci à leurs subordonnés. Il
y avait donc confusion de pouvoirs, puisque les
gouvernans sont souvent parties dans les contestations judiciaires, et peuvent chercher à influen-
cer les décisions en faveur de leurs propres intérêts. Plus tard, les princes et les vassaux se dé-
barrassèrent de cette haute fonction, en la confiant à des clercs. De là naquirent les parlemens,
les tribunaux du second ordre, et les baillis qui
rendaient les jugemens au nom des seigneurs.
Mais de quelque manière que la justice ait été
précédemment exercée, ce n'en est pas moins
une idée entièrement fausse de croire qu'elle
émane des rois. Non : la justice ne saurait émaner
d'un individu sujet à tous les désordres des passions humaines, sous l'empire desquelles les rois
sont placés par leur éducation plus encore que
les autres hommes. La justice est fille du ciel
comme la vérité; elle émane de l'équité que la
Divinité a gravée dans tous les cœurs. Ses arrêts
ne sont justes que lorsqu'ils sont conformes à ce

type originel : le nom du roi ne doit être invoqué que lorsqu'il s'agit de l'exécution des jugemens.

Depuis long-tems l'ordre judiciaire, sans lequel il ne peut exister d'ordre public, était en souffrance dans tout le royaume ; les justices seigneuriales avaient été supprimées avec la féodalité, les parlemens suspendus, les bailliages, les sénéchaussées et la plupart des autres tribunaux avaient perdu toute autorité. Il était donc indispensable de procéder sans délai à leur remplacement, et de faire reposer le pouvoir chargé d'appliquer les lois et d'en punir les infractions, sur des bases plus conformes aux principes de la nouvelle constitution.

Déjà l'assemblée nationale avait opéré dans cette partie d'utiles changemens : elle avait posé les limites qui, circonscrivant l'ordre judiciaire dans ses attributions, devaient le séparer de la puissance législative, dont naguère il était encore le rival, et de l'ordre administratif, dont il aurait pu, par une confusion dangereuse, entraver la marche ou arrêter les mouvemens. Elle avait aboli la vénalité des charges, réformé la procédure criminelle, établi la publicité de l'instruction, donné des garanties à la défense de l'accusé, amélioré les lois pénales. Enfin, sur la proposition de M. Guillotin, médecin philanthrope, en supprimant les cruautés de lois créées dans les tems d'ignorance, elle avait prononcé le même genre de supplice pour tous, sans distinction du rang des personnes [1].

« Il existe parmi nous un préjugé barbare, avait dit l'abbé Pépin, dans cette circonstance, en rappelant la motion de M. Guillotin : c'est celui qui dévoue à l'infamie les proches d'un criminel : cédez au cri de la raison ; réprouvez ce que la saine philosophie condamne ; que les fautes soient, chez une nation éclairée, entièrement personnelles. Par un reste de la tyrannie féodale, la confiscation des biens du condamné, en certains cas et pour certains délits, étendait la peine à une génération innocente, à des enfans, à des proches, déjà trop malheureux d'appartenir à un coupable. Restreignez, messieurs, par votre sagesse, la peine du délit au seul criminel ; abrogez

[1] La génération actuelle trouve tout simple ce qu'elle voit établi maintenant d'une manière convenable ; mais elle n'apprécie peut-être pas suffisamment combien il a coûté d'efforts pour obtenir ce qui paraît avoir dû exister de tout tems. Presque rien de ce qui constitue aujourd'hui le droit commun n'existait avant la révolution. Il a fallu soutenir des combats, remporter des victoires pour l'obtenir. Cette réflexion doit faire comprendre aux citoyens que ce n'est qu'avec une grande force de volonté qu'ils pourront continuer à jouir de ces importantes améliorations.

cette loi trop rigoureuse qui frappe dans ses des-
cendans celui qui a déjà subi la peine de ses forfaits. Enfin, messieurs, au milieu de tant de préjugés contre lesquels je m'élève, quelle barbarie
de ne pouvoir justifier, dans la suite des tems,
qu'un criminel n'est plus, qu'en produisant sa
sentence de mort! Souffrez que la famille réclame le cadavre; ordonnez au moins qu'il soit
admis à la sépulture commune; et que rien, dans
l'acte qui atteste son décès, ne retrace le souvenir du châtiment qu'il a subi.» L'assemblée adopta
les diverses propositions de l'abbé Pépin, et prononça, par un décret spécial, l'abolition de la
confiscation des biens du condamné [1].

Ces importantes réformes ne pouvaient suffire;
beaucoup d'autres étaient encore réclamées, par
les idées philosophiques, dans cette vieille insti-

---

[1] La confiscation est une mesure odieuse; non-seulement parce que c'est une solennelle injustice de rendre les
enfans responsables des fautes de leurs pères, mais parce
qu'elle fait souvent commettre des crimes à ceux qui la
prononcent. Plusieurs empereurs romains, qui ont im-
molé tant de victimes, étaient conduits sans doute par la
férocité de leur caractère, mais le désir de remplir leurs
trésors n'a pas moins contribué à ces édits sanglans qui
frappaient principalement les plus riches citoyens de la
maîtresse du monde. C'est leur exemple que suit aujour-
d'hui ce don Miguel qui leur ressemble sous tant de rapports.

tution, d'origine et de mœurs féodales, fondée et accrue par des usurpations, et dont l'existence était la subversion de tous les principes, et la violation des droits les plus sacrés. En ouvrant la discussion sur l'ordre judiciaire, Thouret présenta le tableau d'une partie des abus dont la raison et la justice réclamaient également la suppression : « Le plus bizarre et le plus malfaisant, dit le rapporteur, de tous ceux qui ont corrompu l'exercice du pouvoir judiciaire, était que des corps et de simples particuliers possédassent *patrimonialement* le droit de faire rendre la justice en leur nom ; que d'autres particuliers · pussent acquérir, à titre d'hérédité ou d'achat, le droit de juger leurs concitoyens, et que les justiciables fussent obligés de *payer les juges* pour obtenir un acte de justice. Le comité vous propose de consacrer, comme maximes inaltérables, que la justice doit être rendue au nom du roi, dont l'autorité assure l'exécution des jugemens ; que les juges doivent être élus par les justiciables et institués par le roi ; qu'aucun office de judicature ne pourra être vénal, et que la justice sera rendue gratuitement.

« Le second abus qui a dénaturé le pouvoir judiciaire, en France, était la confusion établie, dans les mains de ses dépositaires, des fonctions qui lui sont propres, avec les fonctions incompatibles et incommunicables des autres pouvoirs publics; émule de la puissance législative, il revisait, modifiait ou rejetait les lois; rival du pouvoir administratif, il en troublait les opérations, et en inquiétait les agens.

« Nous n'examinerons pas quelles furent, à la naissance de ces abus politiques, les circonstances qui en firent tolérer l'introduction, et s'il fut sage de ne donner aux droits de la nation d'autre sauvegarde, contre l'autorité arbitraire du gouvernement, que l'autorité aristocratique des corporations judiciaires, dont l'intérêt devait être alternativement, tantôt de s'élever, au nom du peuple, au-dessus du gouvernement, tantôt de s'unir au gouvernement contre la liberté du peuple. Nous dirons qu'un tel désordre est intolérable dans une bonne constitution, et que la nôtre doit le faire disparaître pour l'avenir, en établissant l'entière subordination des cours de justice à la puissance législative, et en séparant, de la manière la plus explicite, le pouvoir judiciaire du pouvoir administratif.

« Un autre abus, non moins déplorable, était l'invasion du sanctuaire de la justice, par des priviléges de tous genres. Il y avait des tribunaux *privilégiés* et des formes de procédure *privilégiées* pour de certaines classes de plaideurs *privilégiés*. On distinguait, en matière criminelle, un délit *privilégié* d'un délit *commun*, et il existait, dans la distribution de la justice, des préférences personnelles les plus injustes, et quelquefois les plus fatales. Un président ne pouvait être contraint d'accorder l'audience, un rapporteur de faire son rapport; enfin, les distractions de ressort, les entraves à la liberté de la défense, rendaient quelquefois arbitraire l'exercice des droits les mieux justifiés.

« Une sage organisation de l'ordre judiciaire doit faire disparaître toutes ces injustices, qui détruisent l'égalité civile des citoyens, dans la partie de l'administration publique où cette égalité doit être encore plus inviolable. Il ne s'agit point là de simples réformes en législation, mais de points véritablement constitutionnels.

« Ces points fondamentaux d'un nouvel ordre judiciaire nous ont paru entièrement indépendans du nombre, de la composition et de la distribution des tribunaux. La forme des instrumens par lesquels le pouvoir judiciaire peut être exercé est variable, jusqu'à un certain point; mais les principes qui fixent sa nature, pour le rendre propre au but qu'il doit atteindre dans l'organisation sociale, sont éternels et immuables. »

Ce discours constatait la nécessité d'une réorganisation complète, et c'était là ce que redoutaient les partisans de l'ancien régime, car ils attachaient leurs dernières espérances à la conservation des parlemens. Cazalès, le premier, les défendit avec chaleur : il rappela leurs longs et anciens services, leur courageuse résistance au despotisme ministériel; il essaya même d'intéresser en leur faveur la reconnaissance de l'assemblée, qui leur devait, disait-il, la convocation des états-généraux.

Il est bien vrai que les parlemens, jugeant la faiblesse de l'administration, et témoins du mécontentement du peuple, qu'ils avaient excité, avaient refusé l'enregistrement de nouveaux impôts, et s'étaient mis en lutte avec le pouvoir; mais, comme nous l'avons fait remarquer dans l'introduction de cet ouvrage, la force matérielle étant encore dans les mains de la cour, elle en avait usé en exilant le parlement de Paris, qui, quoique soutenu par tous ceux du royaume, fit sa paix pour obtenir son retour dans la capitale. S'apercevant ensuite que l'appui qu'il avait reçu de l'opinion publique n'avait point pour but d'étendre ses prérogatives, mais de faire reconnaitre et d'établir les droits de la nation, il n'avait point tardé à se réconcilier avec la cour, et à reprendre la marche qui avait favorisé ses premiers pas, pour acquérir une prépondérance qui n'appartenait point à son institution. L'assemblée

avait eu trop d'occasions de bien connaître les
sentimens qui animaient les parlemens, par l'opposition qu'ils avaient manifestée contre ses décrets, pour se tromper sur leur politique. L'idée
de leur conservation devait d'autant moins être
accueillie par l'assemblée, que leur existence était
incompatible avec l'institution purement judiciaire qu'elle avait l'intention de fonder. Aussi,
lorsque Cazalès, après avoir fait leur apologie,
demanda inconsidérément si l'ordre judiciaire devait être détruit ou seulement réformé, cette
question fut résolue, après une courte discussion,
d'une manière entièrement opposée à ses vues.

Le comité de constitution avait, comme je viens
de le dire, présenté un plan d'organisation, dont
Thouret avait pris soin de faire ressortir les avantages. Suppression des tribunaux d'exception et
des corporations judiciaires, nouvelle organisation des cours supérieures, élection libre des magistrats par les justiciables, établissement de deux
degrés de juridiction, d'une justice de paix par
canton, et d'un tribunal par district : telles étaient
les principales bases de ce nouveau plan ; mais
Adrien Duport, qui, placé à l'une des sommités
de l'ancienne magistrature, avait été plus à portée d'en reconnaître les vices et d'en préparer
la réforme, aperçut facilement les imperfections
et les lacunes du projet du comité, et soumit à

son tour à l'assemblée un travail qui embrassait la question dans toutes ses parties.

Membre du parlement de Paris, Ad. Duport montra dès le début de son discours autant de convenance que de générosité [1]. « Si la destruction des tribunaux, dit-il, était encore une question douteuse, j'aurais pu garder un silence dont on saurait apprécier les motifs; mais, lorsque la France attend une régénération complète, lorsqu'on la sollicite de toutes parts, lorsqu'il s'agit d'établir, d'après les principes d'une constitution libre, un ordre judiciaire nouveau, qui leur donne une nouvelle force et de nouveaux développemens, je crois de mon devoir de faire hommage à la nation d'une suite d'idées et de réflexions appuyées sur l'expérience, et conçues pour la plupart long-tems avant l'époque qui a réalisé les vœux et les espérances de tous les hommes éclairés et vertueux.

« Dans une matière aussi importante, vous ne devez, vous ne sauriez, messieurs, vous décider légèrement et sans discussion. Il faut ici distinguer, avec soin, l'expérience, de la routine, les préjugés de l'ignorance et de l'habitude, des principes éternels de la justice et de la raison.

[1] Adrien Duport fit don à la nation de la finance de son office de conseiller au parlement de Paris.

« Si des intérêts particuliers, si le sort d'un grand nombre d'entre vous, se trouvent liés à cette délibération, l'intérêt général n'en sera pas moins votre seul guide. C'est cette impartialité sévère qui a fait jusqu'à présent votre force et votre gloire. Ce qui distingue cette révolution de toutes les autres, ce qui, j'espère, la rendra à jamais mémorable, pure et surtout durable, c'est qu'elle n'a eu d'autre but que les intérêts généraux, et qu'aucune tache d'intérêt particulier n'a encore souillé les décrets des représentans de la nation.

« Ainsi, la première base de votre organisation judiciaire, est entièrement et uniquement l'intérêt du peuple. Or, quel est cet intérêt ? que la justice soit facile, prompte et impartiale; que son administration soit telle que, loin de favoriser la chicane et la mauvaise foi, elle puisse détruire entièrement ces deux fléaux, et tous les vices qu'ils entraînent; que des juges éclairés, honorés sans être craints, sachent inspirer de la confiance et faire respecter leurs décisions par des hommes libres, et qui n'obéissent qu'à la loi; qu'enfin ces juges ne puissent jamais étendre leur autorité jusqu'à mettre en danger la liberté publique.

« Telles sont, messieurs, les conditions d'une bonne administration de la justice; elle doit satisfaire à toutes et résoudre le problème en entier.

« Mon plan est fort simple : des jurés au civil et au criminel; des juges ambulans, électifs et temporaires, tenant des assises dans les départemens; de grands juges pour tout le royaume, pour reviser les jugemens; une partie publique dans chaque ville d'assises, et un officier de la couronne dans chaque chef-lieu.

« Il faut distinguer dans la société les lois politiques et les lois civiles : ainsi, soit que l'on considère la question sous les rapports qu'elle peut avoir avec la liberté, soit qu'on ne veuille y voir que l'intérêt d'une bonne administration de la justice, il faut interdire toute fonction publique aux juges; ils doivent être chargés simplement de décider les différends qui s'élèvent entre les citoyens; honorable et sainte fonction qui semble placer ceux qui la remplissent dignement au-dessus de l'humanité même, et dont le but s'applique immédiatement au bonheur des hommes, puisqu'il tend à consolider parmi eux la paix par la justice.

« Les juges ne sont institués que pour appliquer les lois civiles. Les lois civiles sont les conventions que les hommes font entre eux pour régler l'usage de leurs propriétés et l'exercice de leurs facultés naturelles.

« De ce que les juges ne peuvent participer à aucune des fonctions législatives ou exécutrices,

il résulte que toute interprétation, toute explica-
tion de la loi, purement théorétique ou réglementaire, doit leur être interdite : la différence d'une
loi et d'un jugement est que celle-là statue sur
des questions générales et celui-ci sur un fait particulier. De là, le fait doit d'abord être déterminé.

« Il faut que le fait soit déterminé, sinon il n'y
a pas de jugement, ou le jugement peut être faux.
En effet, le juge qui croit le fait sûr et la loi douteuse, et celui qui croit la loi claire et le fait douteux, ont été jusqu'ici comptés ensemble pour la
même opinion, quoiqu'ils diffèrent d'avis du blanc
au noir, et le plaideur peut avoir en sa faveur la
majorité sur le droit et la majorité sur le fait, et
perdre son procès. Il est donc nécessaire que le
fait soit séparé de la loi.

« Le jugement d'un procès n'est autre chose
qu'un syllogisme, dont la majeure est le fait, la
mineure la loi, et le jugement la conséquence; or,
il est évidemment nécessaire qu'on soit d'accord
sur la majeure avant de pousser plus loin le raisonnement. Il faut donc un premier jugement
pour déterminer la majeure ou la position de la
question. Ces deux opérations d'éclaircir le fait
et d'appliquer la loi doivent-elles être confiées
aux mêmes individus? Je ne le crois pas.

« Il est difficile de supposer qu'un homme
veuille et puisse appliquer franchement la loi, au

civil, à un fait dont l'existence lui a paru douteuse, et au criminel, en faveur d'un homme qu'il aura jugé peu favorablement. Je pense qu'il paraîtra, en outre, convenable de ne point attribuer à des hommes, déjà réunis par les préjugés, les deux opérations dont nous avons parlé, mais qu'il est nécessaire d'établir des individus pour déterminer le fait, et d'autres pour appliquer la loi, c'est-à-dire des jurés et des juges.

« Il est constant que l'humanité et le vœu général demandent des jurés pour les affaires criminelles. Cet établissement est-il aussi nécessaire au civil ? J'espère vous le prouver.

« Il faut que tous les citoyens connaissent les lois auxquelles ils sont soumis. Dans tout ce qui n'est pas loi, ne doit-on pas en revenir aux idées primitives, au jugement des citoyens, qui doivent être justes autant par intérêt que par devoir ?

« La récusation pourrait être offensante si elle était directe, il faut en conséquence qu'elle soit exercée sans en désigner la cause. Il convient aussi de tirer au sort parmi ceux qui resteront afin de rompre de plus en plus les calculs et les préventions de l'amitié ou de la haine. En un mot, je crois nécessaire d'attribuer aux jurés le soin d'établir le fait, aidés et dirigés par un officier de justice éclairé : le reste, il faut bien le laisser aux juges.

« Examinons maintenant la question sous les rapports qu'elle peut avoir avec la liberté publique.

« Quel est le pouvoir judiciaire en général? C'est celui qui réalise et réduit en actes les décisions générales et abstraites des lois. Son influence est d'autant plus grande qu'il n'agit pas, comme le pouvoir législatif, sur la masse entière de la société, mais qu'il saisit l'homme individuellement et agit sur lui avec toute la puissance de la force publique; c'est un pouvoir de tous les instans; il est aux ordres, pour ainsi dire, de toutes les passions humaines, et toutes nos actions sont ou peuvent devenir de sa compétence. Ajoutez qu'il est comme impossible d'imposer jamais aux juges une véritable responsabilité.

« Un tel pouvoir a besoin d'être circonscrit. Si les tribunaux sont trop subordonnés au pouvoir exécutif, si ses relations avec lui sont trop intimes, son influence peut aisément devenir dangereuse pour la liberté. Fermons au despotisme la porte du temple de la justice.

« Si les tribunaux, au contraire, sont trop indépendans du peuple et du monarque, ils chercheront, par une usurpation graduelle et insensible des droits du peuple et du monarque, à former un troisième pouvoir indépendant des premiers. Entre ces inconvéniens opposés, il doit exister un moyen terme qui sera la vérité, une mesure juste qu'il faudra saisir, et c'est dans les principes qu'il faut la chercher.

« Tous les pouvoirs sont établis par le peuple et pour le peuple. L'impossibilité de les exercer tous l'a seule forcé à en déléguer quelques-uns. C'est ainsi qu'il délègue le pouvoir constituant à des représentans, le pouvoir législatif à des députés, et le pouvoir exécutif au monarque. Mais le pouvoir judiciaire, doit-il le déléguer ? Non : puisqu'il peut l'exercer lui-même.

« Si les jurés sont une fois établis, le peuple ne craindra plus que ce pouvoir, dont il formera lui-même une partie intégrante, puisse attenter à sa liberté ou se tourner contre le but de son institution. Dans un pays voisin, et long-temps le seul libre de l'Europe, et dans un autre qui de nos jours a conquis sa liberté, le jugement par jurés au civil et au criminel est regardé comme le boulevard de la liberté individuelle. Nous avons joui nous-mêmes, dans les temps les plus reculés de notre histoire, de cette précieuse institution.

« Si je ne m'abuse, messieurs, j'ai parcouru, sans m'en écarter, la série des idées qui doivent servir à résoudre la question. J'ai prouvé qu'il fallait, de toute nécessité, faire précéder le jugement de l'éclaircissement du fait et de la position de la question ; que ces deux opérations ne devaient être confiées ni aux mêmes individus, ni à des divisions formées dans le même corps ; qu'il fallait investir des jurés de la première de ces fonctions : j'ai environné cette conséquence de plusieurs considérations judiciaires, morales et politiques, qui m'ont paru propres à la faire adopter.

« Parlons maintenant des juges. Tout homme est bon pour éclaircir un fait ; il ne faut pour cela ni talens ni grandes connaissances ; il n'en est pas de même pour appliquer la loi : il faut au contraire un esprit qui se soit porté vers les premières idées de la morale et de la justice, pour bien saisir le sens et l'esprit de la loi, ou chez lequel l'habitude ait en quelque sorte suppléé à la réflexion. »

Adrien Duport passa ensuite en revue diverses questions des plus importantes, comme celles relatives à l'élection, à l'ambulance des juges, à la durée de leurs fonctions, à l'appel, à la cassation, à l'institution des juges de paix ; mais, comme chacune d'elles a été traitée séparément, nous aurons occasion d'y revenir plus tard.

En signalant les abus inhérens à l'administration de la justice, Adrien Duport continua ainsi : «Protéger ses concitoyens contre l'injustice, défendre leur honneur, leur fortune, leur liberté, leur vie , est la plus belle de toutes les professions,

8.

puisqu'elle a pour principe le premier de tous les
sentimens, l'humanité; mais cette fonction sublime est toujours près des plus grands abus.
C'est déjà une grande immoralité, en général,
de voir quelques individus fonder leur existence
sur le malheur de leurs semblables, et sur leur
injustice; mais il est bien plus fâcheux encore de
les rassembler dans un lieu commun; il est alors
fort à craindre que leur délicatesse ne s'affaiblisse
par la multiplicité des mauvais exemples. Des
gens qui vivent des querelles des autres ont continuellement leur intérêt en opposition avec l'intérêt général et avec celui qui leur est confié :
cette tentation est trop forte pour le commun
des hommes, pour qu'ils puissent y résister; ils
sont donc conduits naturellement à prolonger les
affaires, et pour y parvenir, à les obscurcir et à les
embrouiller. De là est née cette méprisable et
funeste science de la chicane, qui ne sert qu'à
fausser l'esprit en rendant douteuses et problé-
matiques des questions naturellement simples, à
corrompre les ames et à détruire la morale en
effaçant le sentiment profond du juste et de l'injuste qui vit au fond du cœur de chaque homme,
et dont la voix est étouffée lorsque, avant d'in-
tenter ou de soutenir un procès, on va chercher
dans un livre et feuilleter un recueil de jurisprudence, au lieu d'écouter sa conscience, et de

trouver dans son propre cœur si la demande ou la défense dont on est chargé est juste ou non.....

« Il ne faut pas se fier, dit Adrien Duport en terminant, au temps et au progrès des lumières, du soin d'opérer d'utiles et grandes améliorations dans la société. La crainte de perdre ce qu'on possède, sentiment inséparable de tout changement, engage à repousser jusqu'aux améliorations les plus évidentes ; on fait consister le patriotisme à ne point changer ce qu'on appelle la constitution de ses pères. Voyez, dit-on, l'Angleterre, comme elle est stationnaire sur ses lois politiques et civiles ! Elle n'ose pas encore réformer la représentation la plus inique et la procédure la plus monstrueuse ; de bons citoyens même s'y opposent. Ces grandes et salutaires innovations dans les institutions humaines sont réservées aux momens de crise, où chacun, forcé de prendre part au maintien de la société, sent se réveiller dans son ame les principes de la morale ; où l'on est ramené aux notions primitives de la justice et de la raison, parce que la routine et l'usage, ces motifs ordinaires de nos actions, nous abandonnent ; où, enfin, le concours de toutes les volontés favorise l'établissement de tout ce qui est bon, de tout ce qui est utile, de tout ce qui est élevé et généreux.

« Un législateur habile ne manque jamais de

saisir ces précieuses occasions, qui ne reviennent qu'après des siècles, de régénérer les hommes, et de faire entrer, pour ainsi dire, leurs ames dans de nouveaux moules, qui les rendent meilleurs, plus justes et plus sociables. Si une profonde analyse du cœur humain, si l'usage habituel des hommes et des affaires, en décolorant à nos yeux le spectacle de la vie, nous en montrent un grand nombre faibles, injustes, envieux, jaloux; si c'est une erreur dans un homme d'état de ne pas les juger ainsi lorsqu'il les emploie, ce serait une erreur, plus grande et plus funeste encore, de douter que les institutions politiques ne puissent modifier utilement les hommes et leur rendre les mœurs et la vertu. »

Ayant ainsi exposé son plan, établi ses principes, et démontré la facilité de son exécution, Adrien Duport soumit à l'assemblée plusieurs articles qu'il regardait comme constitutionnels. Ce travail, fruit de douze années de méditations et d'expérience, obtint de nombreux applaudissemens qui semblaient indiquer qu'il serait pris pour base de la nouvelle organisation judiciaire; mais il fut bientôt suivi par d'autres projets qui, se conciliant davantage avec les intérêts particuliers qu'Adrien Duport n'avait pas craint de heurter, changèrent la direction des idées. Multipliant les systèmes, ces projets auraient compliqué et obscurci la délibération, si, comme nous le dirons plus tard, l'assemblée ne s'était décidée à suivre un mode de discussion qui la rendit plus simple, plus facile et plus lumineuse.

Dans une des séances du soir, une question qui n'était pas sans importance, et par elle-même, et par les intérêts privés qui s'y trouvaient rattachés, fut présentée à l'assemblée par les administrateurs de la compagnie des Indes, qui essayèrent de démontrer la nécessité d'un privilége exclusif pour soutenir la concurrence avec les compagnies étrangères; mais peut-être, avant d'entrer dans les détails de cette discussion, convient-il de jeter un coup-d'œil sur l'état dans lequel se trouvait le commerce de l'Inde, et sur l'origine des compagnies privilégiées.

La première fut établie en 1602 par les états-généraux de Hollande. Jaloux de la haute puissance qu'exerçaient dans l'Inde les Portugais, ils réunirent en une seule compagnie les diverses sociétés de commerce alors existantes, et lui accordèrent d'importans priviléges pour qu'elle pût contre-balancer avec avantage l'influence portugaise. L'heureux succès et les immenses résultats de cette conception commerciale inspirèrent aux Anglais l'idée de former un pareil établissement. La création d'une compagnie des Indes devint pour eux une source féconde de richesses et de prospérité, et, en donnant une grande extension à leur marine, elle jeta les bases de leur domination sur toutes les mers.

De la Hollande et de l'Angleterre le goût pour les productions et les superfluités orientales était passé en France. On crut plus utile et plus honorable d'aller les chercher au milieu des périls que de les recevoir de ses voisins, et, malgré les désavantages que présentait pour l'industrie et les manufactures nationales le commerce des Grandes-Indes, Colbert, cédant au vœu public, entreprit en 1664 de faciliter avec ces contrées les relations commerciales de la France. Comme alors il n'entrait dans l'esprit de personne qu'un commerce aussi éloigné pût être utilement fait par des particuliers, et qu'un privilége exclusif semblait au contraire le seul moyen d'en assurer le succès, la compagnie des Indes fut établie avec des priviléges plus importans encore que ceux dont jouissaient les compagnies anglaise et hollandaise. Je n'ai pas le projet de suivre cette compagnie dans le cours de ses prospérités comme dans sa mauvaise fortune ; je dirai seulement qu'associée aux opérations de Law elle en partagea les désastres, et que la chute du système de cet ingénieux calculateur entraîna la suspension du privilége en 1769, et bientôt après la suppression de la compagnie. Le commerce des Indes resta libre jusqu'en 1785 : à cette époque, un arrêt du conseil créa une nouvelle compagnie avec un privilége exclusif. Cet arrèt, vivement attaqué par plusieurs économistes, ne fut pas moins habilement défendu par M. de Calonne. On produisit de part et d'autre des motifs et des considérations de l'ordre le plus élevé. La question était restée incertaine, et il faut convenir que, traitée déjà en Angleterre, dans le conseil, sans qu'on y eût trouvé de solution, elle présentait encore les plus graves difficultés.

Raynal avait essayé de résoudre le problème, en adoptant un moyen terme : combattant les opinions extrèmes, il avait soutenu que les raisons qui s'élevaient contre les priviléges ne prouvaient rien contre les compagnies, et que les circonstances qui pouvaient rendre une compagnie des Indes nécessaire ne donnaient pas le droit d'établir un privilége ; qu'ainsi la nature des choses exigeait à la vérité une association puissante, une compagnie pour le commerce des Indes, mais que cette compagnie pouvait exister sans être privilégiée.

Qu'est-ce qui constitue la nature des choses en matière de commerce? ce sont les climats, les productions, la distance des lieux, la forme du gouvernement, le génie et les mœurs des peuples qui y sont soumis. Or, à l'époque où l'abbé Raynal écrivait, les sociétés lui semblaient indispensables pour le commerce de l'Inde, et il croyait que, pour leur propre intérêt, elles devaient se réunir en une seule et même compagnie. Il donnait deux principaux motifs de cette opinion : le premier, le danger de la concurrence dans les achats et dans les ventes; le second, la nécessité des assortimens.

La concurrence du commerce de l'Inde est dangereuse parce que ce commerce ne se fait point par des échanges, mais en numéraire. Plus il y aura de marchands européens d'une même nation occupés de ce commerce, plus la valeur des productions de l'Inde augmentera, et la concurrence, qui aura commencé leur ruine en Asie, les poursuivra encore en Europe pour la consommer, parce que le nombre des vendeurs étant alors plus considérable, tandis que celui des acheteurs est toujours le même, les sociétés seront obligées de vendre à meilleur marché, après avoir été forcées d'acheter plus cher.

L'article des assortimens n'est pas moins important. L'assortiment est la combinaison de toutes les espèces de marchandises que fournissent les diverses parties de l'Inde, combinaison proportionnée à l'abondance ou à la disette connue de chaque espèce de marchandise en Europe. C'est de là principalement que dépendent tous les succès et tous les profits du commerce, mais rien ne serait plus difficile dans l'exécution pour des sociétés particulières : en effet, comment des hommes isolés, comment même de petites sociétés, sans communication, sans lien entre elles, intéressées au contraire à se dérober la connaissance de leurs opérations, pourraient-elles remplir cet objet essentiel ? Il est évident que les subrécargues ou les commissionnaires, incapables de vues générales, demanderaient tous en même temps la même espèce de marchandise, parce qu'en en voyant augmenter le cours ils croiraient qu'il y aurait plus à gagner. Ils en feraient par conséquent monter le prix dans l'Inde; ils le feraient baisser en Europe, et causeraient tout à la fois un dommage inévitable à leurs commettans et à l'état.

Ces dangers n'échapperaient sans doute pas aux armateurs et aux capitalistes, et la concurrence, au lieu de favoriser le commerce dans cette partie du monde, ne ferait qu'en ralentir l'activité, le circonscrire, et finirait peut-être par le détruire entièrement.

Les sociétés particulières doivent tendre à se réunir, parce qu'alors leurs agens, soit à la côte de Malabar, soit à celle de Coromandel, soit dans le Bengale, liés et dirigés par un système suivi, travailleraient de concert à assortir les cargaisons, à les expédier du comptoir principal, et produiraient un assortiment complet.

Mais de ce que les compagnies semblent nécessaires pour faire avantageusement le commerce de l'Inde, il n'en résulte pas qu'elles doivent avoir un privilége exclusif. A la vérité, lorsque ce commerce fut essayé par les différentes nations de l'Europe, les difficultés de l'entreprise parurent telles, qu'on accorda aux compagnies les attributs de la souveraineté, le droit de paix et de guerre, celui d'avoir des forteresses, de solder des troupes, d'envoyer des ambassadeurs. On ne vit pas alors que c'était constituer un autre gouvernement au milieu de l'état, que la protection du gouvernement est également due à tous, et qu'elle ne peut être la propriété exclusive d'une compagnie. On oubliait que le commerce, livré à lui-même, s'ouvrirait de nouvelles routes, formerait des entreprises nouvelles, et que cette concurrence dont personne ne serait la victime, tournerait au profit des différentes nations [1].

Tel était l'état de la question lorsqu'elle fut portée à l'assemblée constituante. Deux intérêts opposés se trouvaient en présence : celui du commerce et celui de la compagnie, qui, si elle n'avait pas commis les mêmes fautes que la précédente, n'avait signalé son existence par aucune entreprise remarquable. Ni l'opinion ni

[1] Ces considérations se trouvent développées dans l'*Histoire philosophique des deux Indes*, tom. III, pag. 187, édit. de 1820.

les circonstances ne pouvaient lui être favorables: déjà tous les genres de priviléges venaient d'être supprimés, et le mot seul de privilége exclusif contrastait sensiblement avec les principes de liberté proclamés par l'assemblée. D'un autre côté, il y avait à considérer que la question ne concernait pas seulement une compagnie particulière, ni même le commerce en général, mais qu'elle intéressait la France entière, et que peut-être notre position vis-à-vis de l'Angleterre exigeait que, pour conserver les avantages que nous retirions du commerce des Indes, on maintînt le privilége d'une compagnie qui avait de puissans moyens de soutenir la concurrence avec une nation voisine, tandis que la liberté illimitée du commerce des Indes le livrerait sans appui à la merci de la compagnie anglaise, qui exerçait dans cette partie du monde une souveraineté absolue, à l'aide des contributions considérables qu'elle y levait, et de l'armée qu'elle était autorisée à y entretenir.

Le comité d'agriculture et du commerce proposa la suppression du privilége de la compagnie des Indes, en l'autorisant à faire au port de Lorient, en franchise et exemption de droits, les retours et expéditions qu'elle aurait faits avant cette époque. Le vicomte de Noailles ouvrit ensuite la discussion par de longs détails sur l'origine du privilége exclusif de la compagnie des Indes, et sur les dangers de ce privilége. Il s'attacha à prouver que tout privilége exclusif est nuisible par cela même qu'il transfère à un seul la propriété de tous; il pensait que le privilége de la compagnie des Indes portait atteinte à l'agriculture et à l'industrie, et que d'ailleurs il était déjà détruit par l'opinion publique et par la déclaration des droits. Il concluait, comme le comité, en demandant la suppression de cette concession inconstitutionnelle.

«Le commerce de l'Inde sera-t-il libre ou exclusif? dit à son tour M. de la Jacqueminière; telle est la question soumise à l'assemblée. S'il ne s'agissait de faire de cette question qu'un système général, elle ne serait pas un problème, ou du moins il serait promptement résolu dans une assemblée dont le premier ouvrage a été la déclaration des droits de l'homme.

« Mais vous avez senti, vous avez reconnu et consacré vous - mêmes que les principes généraux qui s'y trouvent consignés sont susceptibles de modifications et d'exceptions particulières, qui deviennent indispensables quand l'intérêt général, qui est la suprême loi, en démontre la nécessité.

L'orateur, tout en se prononçant contre le régime de la compagnie des Indes, ne pensait pas que la liberté du commerce de l'Inde pût être utile à la nation, et il a développé les nombreux dommages qu'il croyait devoir en résulter pour l'industrie, les arts et les manufactures.

« Quel serait donc le remède à apporter à une position aussi fâcheuse ? l'entière proscription de ce commerce et des denrées qu'il nous procure. Mais cette précaution, dictée sans doute par le plus pur patriotisme, ne peut être pour le moment adoptée par la prudence. Continuons le commerce de l'Inde, dit l'orateur, quoiqu'il ne soit peut-être point avantageux, parce que le luxe nous a fait d'une partie de ses productions de véritables besoins, mais qu'il soit contenu dans de justes bornes, qu'il soit même restreint à l'indispensable nécessité. »

M. de la Jacqueminière proposait la suppression de la compagnie, en lui substituant une association de commerce qui concilierait les besoins et les intérêts nationaux avec l'avantage du commerce établi dans les colonies occidentales.

Le privilége avait de nombreux adversaires, mais il avait aussi des défenseurs. L'abbé Maury saisit avec empressement l'occasion de venir à son secours. « Si vous voulez, dit-il, détruire le privilége de la compagnie des Indes parce qu'il porte ce nom, vous devez tout détruire, car tout est privilége en France : c'est un privilége que

Marseille fasse tout le commerce du Levant; Lorient a le privilége du commerce de l'Inde; la franchise de Bayonne est un privilége; celle de Dunkerque est un privilége. La vente du tabac est un privilége; nos foires et nos marchés sont aussi des priviléges; et si ce mot est fatal à tout ce qu'il atteint, le commerce de France est anéanti. Le comité lui-même, qui n'a pas examiné la question sous tous ses rapports lorsqu'il a demandé la proscription du privilége, en établit un autre, puisque le port seul de Lorient doit recevoir les retours; mais je ne parle de ces priviléges que pour prouver qu'ils ne sont pas incompatibles avec la constitution; d'ailleurs, le roi étant considéré du moins comme législateur provisoire avant 1789, vous devez respecter la concession du privilége, quelles que soient les formes qu'il a employées, comme vous avez respecté ses engagemens.

« Le commerce de l'Inde est-il utile au royaume? Ce commerce peut-il être livré à des particuliers? Quant à la première question, le commerce de l'Inde est un fléau public, fondé sur le luxe. Ce commerce ne s'alimente que par l'argent, et n'offre point de débouchés à vos productions territoriales.

« Quand un Français négocie avec un Français, le profit est toujours pour l'état; quand un Français négocie avec un étranger, l'état a le droit d'examiner quelles en sont les conditions, parce que la nation perd tout ce que le particulier perd. Il n'y a de commerce avantageux que celui qui rapporte ou des subsistances ou de l'argent; celui de l'Inde ne produit que des objets de luxe. Or, vos marchandises conviennent peu à l'Indien sobre, et qui habite un climat si différent. Les Indiens ne peuvent donc recevoir en échange que de l'or et de l'argent.

« Ayons le courage d'examiner les piéges que nous a tendus l'Angleterre, et dans lesquels nous avons eu l'imprudence de tomber. Depuis trente ans les Anglais font des spéculations sur nos folies, et c'est sur nos fautes qu'ils fondent leur prospérité. Entendez-vous les négocians anglais réclamer contre les priviléges de la compagnie ? Non: parce qu'ils savent que si la cupidité fesait quelques tentatives, le patriotisme l'investirait de tous côtés pour repousser les assauts qu'elle voudrait livrer à leur patrie; et c'est à cette sagesse des négocians anglais que le royaume doit sa prospérité. Or, si ces négocians, fiers de leur liberté, si ces négocians, qui sont quelquefois devenus les ministres, les ambassadeurs de ce beau royaume, ont maintenu la compagnie anglaise, qui sommes-nous pour donner à ce peuple des leçons de sagesse, nous, dont les besoins sont frivoles, dont le commerce est voué au luxe, objet de corruption, surtout pour cette capitale? Nous, qui ne sommes que les agens des Anglais dans l'Inde, leur apprendrons-nous le secret de rendre un état florissant? L'Angleterre retire de l'Inde 320 millions de revenus annuels; puissante à la côte de Coromandel, absolue dans le Bengale, a-telle besoin de nos conseils?

« Ceux qui vous demandent l'abolition des priviléges de la compagnie sont les négocians, ce sont les apôtres du luxe qui se rendent les apôtres de la liberté; voilà les vrais ennemis de la nation, puisque leurs vues sont contraires à sa prospérité. Ne pouvons-nous donc pas nous passer de ces besoins factices, qui nous feront descendre du rang de grande nation? plus on vendra de marchandises de l'Inde, plus on rendra vos concitoyens malheureux. Nous ne pouvons pas, cependant, anéantir sur-le-champ ce commerce, il faut le compter au nombre des malheurs nécessaires, des calamités que nous ne devons pas perdre de vue.»

L'abbé Maury demande, en terminant, la conservation du privilége exclusif de la compagnie des Indes, et propose d'établir une imposition sur les bénéfices de cette compagnie. «Les négocians, ajoute-t-il, sont les ennemis de la nation, quand ils veulent augmenter nos superfluités. Ne

vous laissez pas séduire par une fausse liberté;
moins vous favoriserez le commerce de l'Inde,
plus vous ferez de bien aux manufactures nationales; enfin, il est digne de vous d'arrêter ce commerce qu'il faut compter au nombre des maux
nécessaires, mais qu'il faut détruire insensible-
ment[1]. »

M. Bégouen, qui s'était déjà distingué par ses
connaissances étendues dans les matières commerciales, justifia les négocians du royaume,
avec beaucoup de convenance, des reproches
d'avidité et d'intérêt personnel que l'abbé Maury
leur avait adressés : « Ce sont les négocians, disait-il, qui soutiennent et appellent la population, qui défendent les intérêts du peuple, en réclamant la liberté du commerce, et qui garan-
tissent très-souvent ou défendent les ouvriers
malheureux des erreurs du gouvernement.

« En effet, on ne voit pas trop comment, en
défendant la cause de la liberté commerciale, ils
peuvent être accusés d'intérêt purement personnel. Les progrès du commerce sont un bien gé-

[1] Par quelle étrange contradiction l'abbé Maury attaque-
t-il le commerce de l'Inde, comme tendant tout à la fois à
favoriser le luxe et à porter atteinte au commerce national, et conclue-t-il au maintien du privilége exclusif qui
ne pouvait avoir d'autre prétexte que de donner à ce commerce plus de faveur et d'extension?

néral, et demander que chacun emploie à son gré ses moyens, ses spéculations et son industrie, c'est évidemment soutenir l'intérêt national. »

M. Bégouen reconnaissait que le commerce de l'Inde pouvait être vicieux; « mais l'Europe le fait, disait-il : des puissances voisines le feraient pour nous, et s'enrichiraient davantage, si nous cessions de le faire; nous en avons d'ailleurs besoin pour le commerce d'Afrique et pour nos manufactures. » M. Bégouen ne voyait qu'une seule question à décider, celle de la suppression ou de la conservation du privilége de la compagnie. Il pensait qu'on pouvait augmenter les droits sur les ouvrages manufacturés de l'Inde : il attaquait l'illégalité de l'arrêt de 1785 qui avait rétabli une compagnie des Indes, et rappelait les réclamations constantes des villes de commerce. Le privilége de cette compagnie lui semblait un contrat dans lequel on avait tout fait pour elle et rien pour la nation, il en demandait la suppression.

Cazalès et d'Espréménil, fidèles à leurs principes, parlèrent en faveur de la compagnie et du maintien de ses prérogatives. M. Dupré leur répondit et développa avec la plus grande force les vices du privilége exclusif et son influence funeste sur les manufactures : « Vous ne permettrez pas, a-t-il dit, qu'à côté d'un roi citoyen, restaurateur de la liberté, au milieu d'un peuple qui a déployé toute l'énergie de son grand caractère pour conquérir et défendre cette liberté, il existe des corporations despotiques qui, attirant à elles tous les avantages d'un grand commerce, condamnent le génie commercial de tous les négocians de France, et l'industrie nationale, à une paralysie dangereuse pour l'immense population qui attend avec confiance le résultat de vos travaux. »

Enfin, après une assez longue discussion, la question a été ainsi posée : Le commerce de l'Inde au-delà du cap de Bonne-Espérance sera-t-il libre à tous les Français? L'affirmative fut adoptée à une grande majorité.

Si l'on avait maintenant à examiner la question soit pour le commerce de l'Inde, soit sous le rapport de la liberté du commerce en général, elle ne pourrait présenter le moindre doute. L'organisation sociale doit être fondée sur l'intérêt de tous les membres, et sur la justice qui en est la garantie ; et de même que les charges publiques doivent être également réparties, il doit être libre à tous les citoyens de participer à tous les avantages de la société.

Ces principes d'équité naturelle se concilient d'ailleurs avec la saine politique. Tout le monde convient que la liberté est l'ame du commerce,

qu'elle seule peut le faire prospérer, que la concurrence développe l'industrie en excitant l'émulation, et qu'elle est le ressort le plus puissant
pour favoriser ses progrès et la porter au plus
haut degré de perfection. Cependant les faits et la
conduite des gouvernemens ont toujours été en
opposition avec ces principes : aussi n'est-ce que
depuis qu'ils ont été reconnus, proclamés et en
partie réalisés, que le commerce et l'industrie ont
fait des pas tellement rapides qu'ils ont surpassé
de beaucoup les espérances qu'on avait pu concevoir : l'expérience a déposé ainsi en faveur du
droit commun.

Les assemblées électorales venaient d'être convoquées pour former la nouvelle administration
des départemens et des districts. Le moment
parut favorable aux ennemis de la constitution
pour reprendre le projet de dissoudre l'assemblée; mais, au lieu de reproduire leur motion
devant l'assemblée elle-même, ce fut au peuple,
dans ses assemblées primaires, qu'ils portèrent
cette fois leurs insinuations. Ils lui représen-
taient que plusieurs bailliages ayant restreint à
une année les pouvoirs de leurs députés, et cette
année étant sur le point d'expirer, une élection
nouvelle devenait nécessaire ; que l'assemblée ne
pouvait étendre les limites de ses mandats; que
d'ailleurs sa composition actuelle était vicieuse,

puisqu'on y voyait des membres élus par des ordres qui n'existaient plus, tandis que c'était au
peuple seul à nommer tous ses représentans,
puisque lui seul était souverain.

Ces manœuvres, dénoncées à l'assemblée, furent l'objet d'un rapport de Lechapelier, au nom
du comité de constitution : « Votre comité, dit-
il, doit arrêter vos regards sur un objet de la
plus haute importance, parce que c'est là qu'est
le dernier espoir des ennemis de la patrie, le
terme auquel ils se flattent de faire échouer la
constitution, de détruire la liberté publique, et
de renverser les espérances de bonheur que le
peuple français fonde, avec raison, sur l'ouvrage que l'assemblée nationale est sur le point
d'achever.

« Nous voulons parler du projet conçu, et publiquement annoncé, d'engager les assemblées
qui vont se réunir pour composer les départemens et les districts, à nommer de nouveaux députés à l'assemblée nationale. Les auteurs de cette
insinuation perfide se servent du prétexte qu'il
y a quelques députés dont les pouvoirs ont été
limités à un an.

« Il est vrai qu'ils ne peuvent employer ce
moyen qu'auprès de quelques départemens, où
se trouvaient tous ou partie des électeurs qui
ont apporté cette limitation à leur mandat ; mais

ils espèrent ou qu'un département voudrait faire ce que ferait un département voisin, ou qu'ils parviendront, à l'aide des passions, à l'aide des intérêts particuliers, à agiter les esprits et à jeter dans la nation un sujet de discorde. Confondant tous les principes, les altérant tous pour essayer de les violer, abusant même de la composition de l'assemblée actuelle, formée en partie des élémens de l'ancien régime, ils disent au peuple que maître de révoquer ses pouvoirs, il lui est utile de les confier à d'autres citoyens, et de renouveler l'assemblée nationale.

« C'est sans doute une vérité, trop long-temps méconnue, que le principe de la souveraineté réside dans la nation, que tous ceux qui exercent une autorité quelconque l'exercent en son nom et pour elle, et qu'elle peut retirer les pouvoirs qu'elle a délégués; mais ce principe sacré est sans application à la question qui nous occupe.

« Ce serait détruire une constitution que de renouveler, avant qu'elle fût fixée, l'assemblée chargée de l'établir. Qu'est-ce en effet qu'une constitution? c'est la convention de tous les citoyens qui établit une forme de gouvernement. Le mot seul annonce qu'elle ne doit pas varier; que, s'il est salutaire de l'examiner quelquefois, ce doit être à des époques déterminées, et suivant des formes convenues ; mais que, pour la tranquillité publique, elle doit, dans tous les autres tems, être fixe et à l'abri des atteintes de tous les pouvoirs, même du pouvoir législatif.

« Vous avez, messieurs, déjà consacré cette doctrine qui est à la fois le garant et du repos de l'empire et de la liberté publique. Que l'assemblée nationale n'hésite donc pas un seul instant à avertir les citoyens de chacun des départemens, que les hommes qui pourraient leur conseiller d'élire des députés pour remplacer ceux qui composent l'assemblée nationale actuelle, n'ont d'autre but que de détruire la constitution, la liberté, l'égalité, pour rétablir les ordres, les distinctions, la prodigalité des revenus publics, tous les abus enfin qui marchent à la suite du despotisme ou de l'anarchie.... »

Comme les regards se portaient vers le côté de la salle où siégeaient les évêques et les nobles, et que le geste de l'orateur semblait les désigner : « Envoyez ces gens-là au Châtelet, s'écria l'abbé Maury, ou si vous ne les connaissez pas, n'en parlez point. »

Lechapelier continue : il soutient que la constitution doit avoir cette fixité sans laquelle on ne connaît pas de gouvernement ; que pour cela elle doit être faite par une seule et même assemblée ; car il est impossible d'imaginer deux assemblées successives, toutes deux constituantes.

« La clause limitative des mandats, ajoute-t-il, doit
céder à la clause impérative d'achever la constitution. Comment d'ailleurs les élections pourraient-
elles être faites? Les anciens électeurs n'existent
plus, les ordres sont supprimés, les bailliages, les sénéchaussées sont confondus dans les départemens.
Faudrait-il qu'il se fît, au même moment, des assemblées en sens contraire, et que, tandis que la
division du royaume et la représentation s'établissent conformément aux règles de la constitution actuelle, on suivît encore les formes inéga-
les et vicieuses de l'ancienne représentation?

« Non, messieurs; attachons-nous aux principes : la clause de la limitation des pouvoirs est
devenue sans valeur, elle est nulle : une élection nouvelle est impossible; elle serait contraire
aux principes de la constitution. Que les députés
porteurs de mandats limitatifs restent donc sans
scrupule parmi nous; leur serment leur en fait
une loi, et l'intérêt public l'exige. » Lechapelier
présenta, en terminant, un projet de décret conforme aux principes qu'il venait d'établir.

« Le projet qui vient de vous être soumis,
embrasse les plus grandes questions de droit public, reprit avec vivacité l'abbé Maury; dans quel
sens sommes-nous représentans de la nation?
jusqu'où s'étendent nos pouvoirs et nos mandats?

Quelle différence existe-t-il entre une assemblée constituante et des législatures ? jusqu'à quel point pouvons-nous exercer nos pouvoirs sur la nation? Voilà les questions qu'il faut examiner.

« Dans quel sens sommes-nous représentans de la nation? Certes, nous ne devrions pas nous faire cette question pour la première fois. La nation, convoquée par le roi dans les bailliages, nous a donné nos pouvoirs. Chaque député n'était député que de son bailliage : en arrivant ici, il a pris un plus grand caractère, il est devenu le représentant de la nation; mais cette nouvelle qualité n'a pas anéanti celle de représentant de bailliage qui est le fondement de tous nos pouvoirs. On nous environne de sophismes ; on parle du serment prononcé le 20 juin, et l'on ne songe pas que ce serment ne peut effacer celui que nous avons fait à nos commettans ! Je le demande à tous ceux qui respectent la foi publique : celui qui a juré à ses commettans de revenir aux termes de l'expiration de ses pouvoirs, peut-il rester ici malgré eux ? peut-il être mandataire quand son mandat n'existe plus ?

«Fixons à présent nos regards sur la distinction, qu'on nous répète sans cesse, d'une convention nationale, d'une assemblée constituante, d'une législature, mots nouveaux créés pour des idées inconnues, mais dont l'acception ne peut être une équivoque. Qu'est-ce qu'une convention nationale ? c'est une assemblée représentant une nation entière qui, n'ayant pas de gouvernement, veut s'en donner un. Toute l'histoire ne m'en présente que deux exemples. L'un à la mort d'Elisabeth : lorsque Jacques Ier, roi d'Ecosse, fut appelé au trône d'Angleterre, les Ecossais s'assemblèrent pour déterminer si l'Ecosse s'unirait à l'Angleterre, ou formerait un gouvernement séparé. L'autre exemple est celui que donna le parlement d'Angleterre à la *retraite* du roi Jacques II [1]; il se transforma en convention nationale pour disposer de la couronne et changer la forme du gouvernement. Ainsi, tant qu'un roi demeure sur le trône, point de convention nationale; il ne pourrait y en avoir une que dans le cas où la nation entière se serait levée contre le gouvernement pour s'y soustraire, et vous aurait munis de pouvoirs exprès et indépendans. Si vous les avez, ces pouvoirs, il ne tient qu'à vous de déclarer le trône vacant, de bouleverser l'empire. »

A ces mots de violens murmures éclatèrent; mais l'abbé Maury, que, sans manquer à l'impar-

---

[1] L'histoire a consacré que c'était une *fuite*, les efforts de ce prince pour renverser la constitution du pays ayant été infructueux.

tialité, on peut soupçonner de les avoir excités à dessein, pour favoriser la tentative que fesait dans cette circonstance le côté droit, continua ainsi : « S'il est donc vrai que, sous quelque rapport, votre pouvoir ait des bornes, vous n'êtes pas une convention nationale. On dit que vous êtes corps constituant, et que les assemblées subséquentes ne seront simplement que des législatures. Ce n'est ni dans la saine raison ni dans le droit public qu'on a trouvé cette subtile distinction. Le parlement d'Angleterre, depuis Jean-sans-Terre, a toujours eu les mêmes pouvoirs; il a toujours eu le droit de législation et de constitution. C'est la Suède qui nous a montré le danger de ces corps qui prétendent à la plénitude du pouvoir, et qui bâtissent leur autorité sur les débris de la nation; c'est ce sénat sanguinaire qui méconnut l'autorité royale, et qu'il fallut anéantir quand les Suédois voulurent être libres. Croyez-vous que les législatures subséquentes, ayant la même mission que vous, se croiront liées par vos décrets[1]? Voici, messieurs, ma profession de foi solennelle : *Nous devons obéir religieusement à notre constitution*, si nous ne voulons pas tomber dans la plus malheureuse anarchie;

---

[1] C'est le conseil de l'abbé Maury que les girondins ont suivi plus tard.

mais vous ne pouvez limiter les pouvoirs de vos successeurs. Est-ce à nous de dire comme Dieu dit aux flots de la mer : Vous irez jusque-là, et vous ne franchirez pas ces limites? On parle du serment que nous avons fait le 20 juin : eh! messieurs, la constitution *est achevée*; il ne vous reste qu'à déclarer que le roi possède la plénitude du pouvoir exécutif. Nous ne sommes ici que pour assurer au peuple français le droit d'influer sur la législation, pour établir que l'impôt sera consenti par le peuple, pour assurer notre liberté. Oui, la constitution est faite, et je m'oppose à tout décret qui limiterait les droits du peuple sur ses représentans. Les fondateurs de la liberté doivent respecter la liberté de la nation : elle est au-dessus de nous, et nous détruisons notre autorité en bornant l'autorité nationale. On se sert de ce mot *liberté* comme indiquant une secte particulière. Non, messieurs, il n'y a point d'ennemi de la liberté. Tout le monde aime la liberté; il suffit d'être homme et français pour la regarder comme le plus précieux des biens; mais sans l'intégrité du pouvoir exécutif il n'y a pas de liberté. On a dit : est-ce l'armée qui forme le pouvoir exécutif? attendez que l'armée soit organisée. Sont-ce les tribunaux? attendez que les tribunaux soient établis. Ce sont des sophismes brillans, mais non pas des raisons. On nous amenerait à éterniser nos fonctions, si

l'on nous empêchait de rendre compte à nos commettans. Nous ne pouvons pas dire au peuple
qui nous a chargés de le représenter, que nous
lui avons ôté le droit de nous donner des successeurs. Ce n'est point aux enfans à s'élever contre l'autorité des pères; nous sommes ici guidés
par une piété filiale qui nous dit que la nation
est au-dessus de nous, et que nous détruirions
notre autorité en limitant l'autorité nationale ¹. »

¹ N'est-ce pas une chose étrange de voir l'abbé Maury
qui, jusqu'alors, avait repoussé si constamment tout ce qui
pouvait tendre à l'établissement de la liberté, en devenir
tout-à-coup le plus ardent apologiste? Mais il est bien
facile de pénétrer le but qu'il se proposait, au milieu de
l'incohérence de son argumentation. Ainsi il dit : la *constitution est faite, nous n'avons plus qu'à nous séparer et
à laisser au roi la plénitude du pouvoir exécutif.* Mais
la constitution était-elle faite? Mais le pouvoir exécutif
avait-il reçu des limites exactement déterminées? Et ne
fallait-il pas les renfermer dans un cercle légal, si l'on
voulait que des institutions qui n'étaient encore que sur
le papier, pussent être réalisées, avec des garanties propres à les défendre et à en assurer le maintien? L'abbé
Maury voulait, en proposant la dissolution, qu'on ne dé-
cidât rien sur l'organisation de l'armée, sur celle des
tribunaux, sur aucune des branches de la constitution qu'il restait encore à créer; et, si l'on se fût laissé
prendre à ce que son opinion avait de spécieux, n'est-il
pas évident que tous les travaux de l'assemblée, n'ayant
point encore entre eux cette cohésion qui seule pouvait en
assurer la force, eussent été considérés comme de vaines

Les nombreux applaudissemens du côté droit accueillirent le discours de l'abbé Maury ; mais cette espèce de triomphe ne fut pas de longue durée.

« Je ne puis me défendre d'une indignation profonde , dit Mirabeau , lorsque j'entends de malveillans rhéteurs opposer sans cesse la nation à l'assemblée nationale , et s'efforcer de susciter entre elles une sorte de rivalité , comme si ce n'était pas par l'assemblée nationale que la nation a connu, recouvré, reconquis ses droits ! comme si ce n'était pas par l'assemblée nationale que les Français, jusqu'alors agrégation inconstituée de peuples désunis, sont véritablement devenus une nation ! comme si , entourés des monumens de nos travaux, de nos dangers, de nos services, nous pouvions devenir suspects au peuple , redoutables aux libertés du peuple ! comme si les regards des deux mondes attachés sur vous, le fanatisme heureux d'une révolution, le spectacle de votre gloire , la reconnaissance de tant de millions d'hommes , l'orgueil même d'une conscience généreuse qui aurait trop à rougir de se démentir, n'étaient pas une caution suffisante

théories, pour lesquelles on n'eût montré plus tard que du dédain , et dont on se serait bien gardé de poursuivre l'exécution, du jour même où l'assemblée eût été séparée.

de votre fidélité, de votre patriotisme et de vos vertus !....

« Le préopinant a demandé comment, de simples députés de bailliages, nous nous étions tout-à-coup transformés en convention nationale. Je répondrai : Le jour où, trouvant la salle qui devait nous rassembler, fermée, hérissée, souillée de baïonnettes, nous courûmes vers le premier lieu qui put nous réunir, jurer de périr plutôt que de laisser subsister un tel ordre de choses ; ce jour-là même, si nous n'étions pas convention nationale, nous le sommes devenus : les députés du peuple ont formé une convention nationale, lorsque par un acte de démence vraiment sacrilége le despotisme a voulu les empêcher de remplir leur mission sacrée ; ils ont formé une convention nationale pour détruire le pouvoir arbitraire, et défendre de toute violence les droits de la nation.....

« Quels que fussent nos pouvoirs, ils ont changé de nature le 20 juin, parce que cela était nécessaire au salut de la patrie ; que s'ils avaient besoin d'extension, ils l'ont acquise le jour mémorable où, blessés dans notre dignité, dans nos droits, dans nos devoirs, nous nous sommes liés au salut public par le serment de ne nous séparer jamais que la constitution ne fût établie et affermie.

« Les attentats du despotisme, les périls que

nous avons conjurés, la violence que nous avons réprimée, voilà nos titres : nos succès les ont consacrés; l'adhésion, tant de fois répétée, de toutes les parties de l'empire, les a légitimés, les a sanctifiés.

« Que ceux qui nous ont fait cet étrange reproche de nous être servis de mots nouveaux pour exprimer des sentimens et des principes nouveaux, des idées et des institutions nouvelles, cherchent maintenant, dans la vaine nomenclature des publicistes, la définition de ces mots, *convention nationale!* Provoquée par l'invincible tocsin de la nécessité, notre convention nationale est supérieure à toute imitation comme à toute autorité; elle ne doit de compte qu'à elle-même, et ne peut être jugée que par la postérité.

« Messieurs, vous connaissez tous le trait de ce Romain qui, pour sauver sa patrie d'une grande conspiration, avait été contraint d'outre-passer les pouvoirs que lui conféraient les lois. Un tribun captieux exigea de lui le serment de les avoir respectées. Il croyait par cet interrogat insidieux placer le consul dans l'alternative d'un parjure ou d'un aveu embarrassant : *Je jure*, dit le grand homme, *je jure que j'ai sauvé la république.* Messieurs, je jure aussi que vous avez sauvé la chose publique. [1] »

[1] Ce discours, qui produisit la plus vive impression,

« A ce magnifique serment, dit Ferrières, l'as-
« semblée tout entière, comme si elle eût été en-
« traînée par une inspiration subite, ferma la
« discussion et décréta que les assemblées électo-
« rales ne s'occuperaient point de l'élection de
« nouveaux députés, que cette élection ne pour-
« rait avoir lieu que lorsque la constitution serait
« près d'être achevée, qu'alors l'assemblée natio-
« nale prierait le roi de proclamer le jour où les
« assemblées électorales se formeraient et éliraient
« la première législature. »

Le 22 avril, le général Paoli se présenta à l'assemblée nationale, à la tête d'une députation de
l'île de Corse qui, d'après la demande de ses habitans, venait d'être constitutionnellement réunie
à la France. Après un discours prononcé par
l'un des membres de la députation, le grand citoyen qui avait si long-tems combattu pour l'indépendance de sa patrie, et qui avait mérité
l'admiration de ses ennemis eux-mêmes, exprima
toute sa reconnaissance pour les égards généreux que les Français lui avaient toujours té-
moignés dans sa captivité.

« Ce jour, dit Paoli, est le plus heureux et le

fait d'autant plus d'honneur à Mirabeau, que, contre la
coutume de ce célèbre orateur, ce fut à l'inspiration du
moment qu'il dut une si éloquente improvisation.

plus beau de ma vie; je l'ai passée à rechercher la liberté, et j'en vois ici le plus noble spectacle. J'ai quitté ma patrie asservie, je la retrouve libre, je n'ai plus rien à désirer.

« Je ne sais, depuis une absence de vingt ans, quel changement l'oppression aura fait sur mes compatriotes. Il n'a pu être que funeste, car l'oppression ne fait qu'avilir; mais vous venez d'ôter aux Corses leurs fers, vous leur avez rendu leur vertu première.

« En retournant dans ma patrie, vous ne pouvez pas douter de mes sentimens; vous avez été généreux pour moi, et jamais je n'ai été esclave; ma conduite passée, que vous avez honorée de votre suffrage, vous répond de ma conduite future. J'ose dire que ma vie entière a été un serment à la liberté. C'est déjà l'avoir fait à la constitution que vous établissez; mais il me reste à le faire à la nation qui m'adopte, et au souverain que je reconnais. C'est la faveur que je demande à l'auguste assemblée. » Ce discours fut accueilli par les plus vifs applaudissemens.

Il s'était formé à cette époque dans l'église des Capucins, rue St-Honoré, un nouveau club où se réunissaient un grand nombre de députés de la noblesse et du haut clergé, ainsi que quelques députés des communes appartenant en partie à la magistrature. « Là, dit le marquis de Ferrières,

« vinrent gémir longuement sur la ruine de la
« religion, sur l'anéantissement de l'autorité
« royale, l'archevêque d'Aix et d'Espréménil : là,
« l'abbé de Barmont et le président de Frondeville
« assurèrent que la plupart des décrets de l'assem-
« blée nationale étaient attentatoires aux droits
« des personnes et des propriétés. » Comme ils
espéraient tous pouvoir rattacher la vente des
biens ecclésiastiques au refus de déclarer la
religion catholique religion nationale, ils rédi-
gèrent une protestation contre la détermination
prise par l'assemblée, et la répandirent avec profusion dans la capitale et dans les provinces. Tout
le monde savait que M. de Virieu était l'un des
signataires de cette protestation. Porté le 27 avril
par le côté droit à la présidence de l'assemblée,
on allait proclamer le résultat du scrutin, lorsque
M. Bouche demanda la parole : « Chez tous les
peuples, dit-il, les assemblées civiles ou politiques ont exigé de leurs chefs des sermens particuliers et établi des formalités pour leur récep-
tion ; ainsi je propose de décréter que tout député, entrant dans l'exercice des fonctions que lui
aura confiées l'assemblée, soit tenu de renouveler le serment du 4 février, et de jurer qu'il n'a
jamais pris et qu'il ne prendra jamais part à aucun acte, protestation, déclaration, contre les
décrets de l'assemblée nationale acceptés et

sanctionnés par le roi, ou tendant à affaiblir le respect et la confiance qui leur sont dus. »

Cette motion ayant été adoptée, M. de Bonnay déclara que le résultat du scrutin donnait la présidence à M. de Virieu. Ici, nous laisserons parler le marquis de Ferrières :

« Virieu, dit-il, affirme, quoique d'un ton « très-embarrassé, qu'il n'a point ambitionné les « honorables fonctions auxquelles vient de l'élever « la majorité des suffrages ; qu'il ne se croit plus « à lui-même du moment que cette majorité a « prononcé sur son sort; qu'il va chercher dans les « décrets de l'assemblée la conduite que les cir- « constances lui imposent; qu'un homme livré à « la chose publique dans un long intervalle d'é- « vénemens critiques, a pu ne pas approuver tou- « tes les opinions, sans qu'on en doive conclure « contre son zèle pour le bien public, et sans qu'il « en ait moins de droit à l'indulgence; d'ailleurs, « si l'on connaît quelque protestation faite par « lui, de la nature de celles annoncées dans la « motion de M. Bouche, il est prêt à se retirer « du moment qu'elle lui sera présentée. Sa mé- « moire ne lui rappelant aucun acte de cette na- « ture, il accepte l'honneur qui lui est offert, et « renouvelle, en sa conscience, le serment d'être « fidèle à la nation, à la loi, au roi; d'obéir aux « décrets de l'assemblée nationale, de n'avoir pris

« et de ne prendre jamais part à aucun acte, dé-
«claration, protestation, contraire aux décrets
«acceptés et sanctionnés par le roi, ou tendant
«à affaiblir le respect et la confiance qui leur sont
«dus.

«Les signataires de la pétition, continue M. de
«Ferrières, n'avaient vu qu'avec peine Virieu dés-
«avouer en quelque sorte sa signature, et se
«soumettre à un serment qui devenait pour eux
«une exclusion des places dignitaires de l'assem-
«blée. M. de Rochebrune, d'après un petit conseil
«tenu entre Cazalès, Montlosier, l'abbé Maury,
«prie M. de Virieu de s'expliquer sur la nature du
«serment qu'il vient de prêter, parce que le décret
«qui ordonne ce serment lui parait contraire à la
«liberté des opinions et à l'intérêt de ses commet-
«tans. Virieu répond que le serment qu'il a prêté
«ne s'étend et qu'il n'a entendu l'étendre qu'aux
«décrets acceptés et sanctionnés par le roi; que
«s'il existe d'autres actes revêtus de sa signature,
«contre des décrets non sanctionnés, il ne les ré-
«tracte pas et ne les rétractera jamais. Je ne nie
«donc pas, ajoute Virieu, et plusieurs d'entre
«nous ne sauraient nier, que n'ayant point eu
«un avis conforme à celui de la majorité, nous
«avons signé une déclaration de notre opinion et
«de quelques faits essentiels à notre justification.
«Comme il ne doit demeurer aucun doute sur la

«conduite d'un honnête homme, si l'on exige des
«éclaircissemens, je suis prêt à les donner.

«Alexandre Lameth, saisissant ces dernières pa-
«roles, interpelle Virieu de déclarer si sa discul-
«pation porte sur ce que les décrets contre les-
«quels il a protesté ne sont pas encore acceptés
«par le roi, et s'il entend que les membres de l'as-
«semblée ne doivent pas être soumis à ses dé-
«crets, même avant la sanction, quoique non
«obligatoires encore pour le reste du royaume.
«Les décrets non sanctionnés sont obligatoires
«pour les membres de l'assemblée, parce que le
«premier principe de tout corps délibérant est
«la soumission passive de la minorité aux déci-
«sions de la majorité. Si donc M. le président a
«signé une protestation contre un décret non
«sanctionné, je fais la motion expresse qu'il soit
«procédé à une nouvelle nomination, et je de-
«mande que M. de Bonnay reprenne le fauteuil,
«un membre ne pouvant présider une assemblée
«devant laquelle il est en cause.

«Les révolutionnaires [1] crient à Virieu de des-
«cendre du fauteuil; les signataires lui enjoignent
«d'y rester. Virieu répond qu'il va consulter l'as-
«semblée. Les révolutionnaires soutiennent que

[1] Expression habituelle de M. de Ferrières pour désigner les constitutionnels.

«Virieu ne peut pas même consulter l'assemblée.
«Virieu, au milieu des cris et du tumulte, veut par-
«ler; sa voix est étouffée sous mille motions qui se
«croisent et se contredisent. Epuisé de fatigue, il
«prie le marquis de Bonnay de présider à sa place.
«Bonnay assure qu'il n'y a pas même lieu à interpel-
«lation, d'après la manière dont Virieu s'est justifié.

«Il est question, répond Charles Lameth,
«d'une déclaration qui cause une inquiétude gé-
«nérale et de véritables alarmes à plusieurs mem-
«bres de cette assemblée. Si cette déclaration est
«faite contre un décret non sanctionné, elle n'en
«est que plus coupable, parce qu'elle peut in-
«fluer sur l'esprit du monarque, retarder et même
«empêcher sa sanction. Mais je demande, ajoute
«malicieusement Charles Lameth, si quelqu'un
«de nous a cru que M. de Virieu avait signé aucun
«acte contraire aux décrets, lorsqu'on l'a entendu
«prononcer son serment; je demande de quel
«œil le public regardera sa restriction jésuitique;
«je demande si c'est le moyen d'établir la con-
«fiance due aux décrets de l'assemblée, de voir
«son président lui-même souscrire une décla-
«ration contre une des plus importantes de ses
«déterminations [1]. La plupart des députés entrè-
«rent dans la discussion, et parlèrent selon les

_____

[1] Le rejet de la proposition de dom Gerles.

«intérêts divers des hommes dont ils étaient les
«organes. Virieu, las du rôle désagréable qu'il
«jouait depuis deux heures, profita d'un mo-
«ment de silence, occasioné par la lassitude
«des deux partis, et déclara qu'il résignait entre
«les mains de l'assemblée une place qu'il ne
«croyait pas pouvoir occuper. Tous les journaux
«révolutionnaires crièrent le soir même : Faux
«serment de M. de Virieu, et sa destitution de la
«place de président de l'assemblée nationale, à
«laquelle il avait été nommé par les aristo-
«crates [1]. »

M. de Virieu écrivit le lendemain à l'assemblée
pour donner de nouveau sa démission de la pré-

---

[1] En lisant ce passage sur la conduite que tint alors M. de
Virieu, il semble évident à tout homme de bonne foi que
M. de Virieu ne remplit en cette occasion aucun des devoirs
que sa conscience lui imposait. En effet, il n'était point
douteux qu'il n'eût protesté contre une des déterminations
prises par l'assemblée dont il fesait partie, et que cet acte de
protestation n'eût eu, par sa nature, un caractère séditieux.
La manière peu franche dont il se défendit, pour se maintenir dans la présidence, ne pouvait qu'ajouter à ses torts.
Aussi, quoiqu'il dût compter sur cette même majorité qui
l'avait nommé, il n'en crut pas moins devoir renoncer à la
présidence, et tous ses partisans jugèrent, comme le démontre le récit même de M. de Ferrières, que les sentimens de convenance et le respect pour la bonne foi ne leur
permettaient pas d'entreprendre sa justification.

sidence ; sa lettre contenant des expressions qui parurent injurieuses, elle ne fut point, par ce motif, insérée dans le procès-verbal ; plusieurs membres du côté droit ayant réclamé contre cette omission, la discussion s'échauffa et devint un nouveau sujet de querelle. Quoique l'assemblée eût décidé une première fois qu'elle passait à l'ordre du jour sur la rectification du procès-verbal, le marquis de Digoine insista avec violence pour obtenir la parole ; M. de Foucault la réclama ensuite, espérant contraindre l'assemblée à l'entendre, à l'aide de sa voix de stentor. Une longue agitation ayant été la suite de la résistance de ces deux membres, l'assemblée, de nouveau consultée, déclara une seconde fois qu'elle allait continuer la discussion sur l'établissement des jurés. Déjà M. de Fermont était à la tribune, lorsque de violentes clameurs, parties du côté droit, l'interrompent et couvrent sa voix. Un député de ce côté se lève et s'écrie : « Trois cent soixante membres parmi nous ne peuvent prêter le serment qu'on a voulu exiger de M. de Virieu : il faut décider s'ils sont députés ou s'ils ont cessé de l'être : qu'on réponde.... Nous voulons dissoudre l'assemblée. » Vainement le président rappelle à l'ordre le côté droit : « Nous vous empêcherons de délibérer, s'écrient les uns, si vous ne voulez pas nous écouter. — Nous l'exigerons

bien », disent les autres. L'abbé Maury, le vicomte
de Mirabeau et le chevalier de Murinais se font
distinguer dans le tumulte : « Il n'y a pas d'ordre
« du jour, disent-ils, nous n'y passerons pas que
« M. de Digoine n'ait été entendu. » Le côté gauche
se lève avec indignation : « Ce désordre est pré-
médité, dit M. de Biauzat, on a des projets funestes; si l'on nous tend des piéges, nous saurons
bien les déjouer; soyons calmes.... le calme sera
terrible... que les bons citoyens fassent silence. »
Les membres de la droite poussent de violentes
clameurs. Le président, M. de Bonnay, veut parler, mais sa voix est étouffée par le tumulte; enfin on parvient à renvoyer au lendemain l'objet
pour lequel M. de Digoine demandait la parole;
le trouble cependant ne s'apaise point.

M. de Fermont, resté à la tribune, commence
la discussion sur les jurés; M. de Foucault l'in-
terrompt; on rappelle ce dernier à l'ordre, il
continue : «Il serait impossible, dit-il, d'empêcher de parler un membre qui serait libre. »

M. de Fermont : «Je demande à présenter quelques réflexions sur le point..... » M. de Foucault :
«Le point est que je veux parler, et que je parlerai.»

Des cris, « à l'ordre», s'élèvent de tout le côté
gauche. « Eh bien! reprend M. de Foucault en
montrant successivement à l'assemblée et aux
galeries un papier qu'il tient à la main, eh bien!

voilà ma déclaration : je me retire d'une assemblée où je suis esclave, je me retire. »

Cette menace n'ayant produit aucun effet sur la majorité, le calme se rétablit, et M. de Foucault ne s'en alla point. M. de Fermont reprit alors la parole sur la question constitutionnelle du jury; mais nous ne le suivrons pas maintenant dans cette nouvelle discussion, parce que, d'après l'ordre de travail récemment adopté, la délibération sur les jurés fut interrompue par une question de finances, et qu'avant de poser cette base essentielle de l'organisation judiciaire, l'assemblée eut à s'occuper encore des moyens de pourvoir aux dépenses nationales.

Au nombre des ressources publiques, on avait placé les domaines de la couronne, et l'assemblée était d'autant plus disposée à les comprendre dans la vente des biens nationaux, que l'administration et l'entretien de ces domaines en absorbaient presque entièrement les produits. Cependant, comme l'une des maximes de l'ancienne monarchie les déclarait inaliénables, il était facile de prévoir que ce projet rencontrerait de nombreuses oppositions, et qu'avant tout il importait de décider la question de l'aliénabilité, afin de ne point laisser de prétexte pour discréditer les assignats, en attaquant la réalité de la garantie sur laquelle ils devaient reposer.

Le comité des domaines fut chargé de l'examen de cette importante question, et il choisit Barrère pour son interprète. Après avoir rappelé les circonstances qui imposaient le devoir de changer les principes d'après lesquels avait été régie jusqu'alors cette nature de biens, le rapporteur établit d'une manière incontestable les droits et l'intérêt de la nation. Il dit que, dans l'ancien ordre de choses, les domaines de la couronne étaient inaliénables, parce qu'alors il n'y avait qu'un administrateur, et non pas un propriétaire; un roi et ses ministres, et non pas une nation; mais que, depuis qu'elle avait nommé des représentans, il leur appartenait de modifier la maxime et d'aliéner le domaine, car la maxime inventée pour le conserver n'avait servi, au contraire, qu'à le détruire.

Ayant passé en revue plusieurs des maisons royales, onéreuses par un entretien dont les frais n'étaient point couverts par les revenus, Barrère fit naître l'occasion de parler de la Bastille, qui formait aussi une dépendance du domaine de la couronne, et sur l'emplacement de laquelle il était alors question d'élever un monument en l'honneur de la liberté : « Loin de nous, dit-il, toute idée de dépenses, de décorations et de places publiques sur un terrain souillé par tant de vengeances ministérielles. Ce n'est pas dans de pareils lieux que les arts doivent ou flatter les rois, ou célébrer le courage des peuples. Ce sont des *ruines* qu'il faut y conserver : c'est sur leur masse hideuse que la postérité doit venir apprendre à détester le despotisme, et jurer de défendre la liberté....... Un simple obélisque s'élevera au milieu de ces cachots entr'ouverts ; on y gravera l'époque de leur destruction, et les noms des victimes qui y ont été renfermées. »

La rigueur des principes proclamés par Barrère, et l'énergie de son langage, semblaient annoncer des conclusions sévères. Cependant elles ne le furent point autant qu'on aurait pu le croire. « Lorsqu'il s'est agi de la liste civile, continue le rapporteur, vous vous êtes montrés heureux des jouissances que vous veniez offrir au roi, et vous lui avez envoyé une députation solennelle pour vaincre la sévérité de ses mœurs en faveur de la dignité de la couronne [1]. Une nouvelle occasion se présente aujourd'hui de consacrer

[1] L'assemblée, par un sentiment de délicatesse, et pour donner au roi un témoignage de respectueuse déférence, avait invité le monarque à fixer lui-même les dépenses que pouvaient exiger la majesté et la représentation du trône. Par un sentiment de même nature, le roi avait ajourné sa réponse, et ce ne fut que plus tard et sur de nouvelles instances de la part de l'assemblée, qu'il se décida à déterminer la somme qu'il jugea nécessaire pour sa liste civile, et qui fut votée par acclamation.

une partie des domaines aux plaisirs personnels du roi, et à la pompe nécessaire à la représentation du pouvoir exécutif. Il cherche depuis si long-tems son bonheur dans celui de son peuple; c'est aux représentans du peuple à chercher aujourd'hui tout ce qui peut influer sur le sien. »

Le projet de décret proposé par Barrère déclarait aliénables par la nation, et en vertu d'une loi spéciale de ses représentans, tous les domaines de la couronne indistinctement. Il en ordonnait en conséquence la mise en vente, à l'exception toutefois des châteaux, forêts, maisons royales qu'il *plairait* à sa majesté de se réserver. Cette conclusion paraissait bien peu d'accord avec les dispositions principales du projet, et on aurait lieu de s'étonner qu'elles eussent pu être même présentées, si l'on ne fesait connaître que l'assemblée, principalement attachée à établir des institutions fortes et basées sur des principes franchement libéraux, avait cette disposition, que l'on retrouve encore aujourd'hui, à être aussi généreuse qu'elle supposait que l'eût été la nation elle-même, dans les objets personnels au roi et étrangers à la constitution. C'était un dédommagement à de grands sacrifices, et l'on voulait, en donnant au roi quelques maisons de campagne, lui offrir d'agréables délassemens, et particulièrement celui de la chasse, plaisir auquel les Bourbons attachent en général un si grand prix ; mais l'assemblée n'avait cependant pas l'intention d'ajouter huit ou dix millions à une liste civile déjà bien digne de la munificence nationale. L'extrême complaisance du comité, et quelques circonstances particulières, donnèrent croyance au bruit, assez généralement répandu alors, que quelques membres du comité n'avaient point été inaccessibles aux séductions employées pour s'assurer de leurs suffrages.

« Les domaines de la couronne, dit Montlosier, sont en propre les domaines de la maison de Bourbon. Ils lui appartiennent comme ils appartiendraient à une maison particulière ; mais les rois, chargés des affaires publiques, ne pouvaient administrer leurs propriétés ; ils les ont, pour ainsi dire, mises sous la tutelle de la nation ; ils ont consenti, par un acte de leur propre volonté, à ce que ces biens ne pussent être aliénés sans son consentement. Ainsi la nation est devenue, en quelque sorte, conservatrice des biens de nos rois ; mais de ce que son consentement est nécessaire pour l'aliénation des domaines royaux, il ne s'ensuit pas ni qu'ils soient devenus son patrimoine, ni qu'elle ait le droit d'en disposer. On ne peut nier que, jusqu'à l'ordonnance de Moulins, les rois n'aient eu l'administration de leurs biens. Le traité des Andelys contient cette clause, que ce que les rois, par un effet de leur munificence, donneraient aux églises ou à leurs fidèles ou leudes, seront des concessions à perpétuité. Les capitulaires de Charlemagne et de Charles-le-Chauve et le traité de Paris, en 1614, sont conformes à ces dispositions. Le patrimoine du roi est donc une propriété particulière : il en jouit, il est vrai, comme un mineur, comme un interdit ; mais vous ne pouvez en disposer, autrement vous porteriez l'usurpation là où vous êtes spécialement chargés du soin de conserver. »

« Le principe le plus universellement reconnu en matière de domaines, répondit Rœderer, c'est que le roi est le seul individu de la nation qui ne puisse avoir de domaines individuels et qui n'en ait jamais eu que comme usufruitier. Le roi n'a jamais eu de domaines en France qu'au même titre que les ecclésiastiques ; il n'en a jamais eu que comme le premier fonctionnaire public. Ce que je dis est si vrai, que Louis XII, surnommé le père du peuple, ayant reçu de son mariage avec Anne de Bretagne la souveraineté de cette province, crut en avoir acquis la propriété par son contrat de mariage : en conséquence, il disposa d'une partie de la Bretagne ; son testament fut cassé, et l'on décida que cette province était acquise au domaine de la couronne, comme propriété incommutable.

« Louis XVI a reconnu que la nation pouvait

disposer, et disposer seule, des domaines de la couronne. Il a reconnu qu'il n'était qu'usufruitier, et qu'il ne pouvait faire des aliénations sans y être autorisé. On proposa, en son nom, à l'assemblée des notables de 1788 un projet d'aliénation générale sous le titre d'inféodation. Les notables répondirent qu'ils n'étaient point compétens, et qu'il n'appartenait qu'à la nation de disposer ou d'autoriser cette disposition. Non-seulement il est constitutionnel de décréter que les domaines seront vendus, mais il me semble qu'il serait encore constitutionnel d'ajouter que, désormais, la couronne ne pourra plus avoir de domaines. Les rois n'acquièrent jamais qu'à un prix ruineux, parce que ce sont les courtisans qui leur vendent, et ensuite ils donnent à vil prix, parce que ce sont les courtisans qui achètent. »

M. Fréteau ajouta : « Rappelez-vous les paroles prononcées par Henri IV, après la guerre de huit ans : il voulait que le parlement déclarât qu'il avait la libre disposition de ses domaines. Le parlement refusa et fit valoir la loi; le monarque céda, plia devant la loi. Ce que Henri IV a fait, une déclaration de Philippe-le-Long l'avait établi. Voilà la doctrine des bons princes, et l'on vient, dans ce moment, s'élever contre cette doctrine. Je demande que la discussion soit fermée. On ne peut la continuer sans attenter aux décrets rendus par

11.

l'assemblée nationale et sanctionnés par le roi. »

L'assemblée décréta, à une forte majorité, que tous les domaines de la couronne pourraient, sans exception, être aliénés en vertu d'un décret spécial, et que les propriétés foncières du prince qui parvenait au trône, de même que celles qu'il acquérait durant son règne, à tout autre titre qu'à titre singulier, devaient être, de plein droit, unies et incorporées aux domaines de la couronne.

On a vu plus haut que divers projets sur l'organisation de l'ordre judiciaire avaient été soumis à l'assemblée. Trois, entre autres, se partageaient les voix pour la priorité : c'étaient ceux du comité de constitution, de Chabroud et d'Adrien Duport. Un quatrième vint leur disputer les suffrages. Il parut imprimé et portait le nom de Syeyes. Chacun de ces plans renfermait des vues neuves, des idées utiles, mais tout en se rapprochant sur plusieurs points, ils différaient sur le plus grand nombre. Si l'assemblée les avait discutés séparément et en détail, elle se fût jetée dans le vague, et eût perdu beaucoup de tems sans utilité. Barrère proposa un mode de délibération qui rendit la discussion plus méthodique, et par conséquent plus facile : c'était de la réduire à une série de questions, renfermant les bases principales de tous les plans : cette marche fut adoptée.

L'une des premières bases de l'organisation judiciaire, l'établissement des jurés, était aussi celle sur laquelle les esprits étaient le plus divisés. Cette institution, d'origine antique, commune autrefois à la plupart des nations, protectrice des droits et de l'égalité des citoyens, et que le peuple le plus libre, et alors le plus éclairé de l'Europe, regardait comme le plus ferme rempart de sa liberté, devait-elle être adoptée et rétablie en France?

L'affirmative ne pouvait être douteuse, et les avantages, la nécessité même d'instituer des jurés, furent reconnus et proclamés, malgré une légère opposition de la part du petit nombre d'hommes, épris des habitudes et des formes anciennes, qui jusqu'alors avaient nié tous les principes. Mais cette institution si tutélaire n'était pas même en Angleterre exempte de défectuosités : fallait-il l'introduire sans modification au milieu d'une législation obscure et compliquée? C'est ici que se divisèrent les meilleurs esprits, unanimes d'ailleurs sur la nécessité d'établir le jugement par jurés dans les affaires criminelles.

La nature des circonstances, la différence entre les mœurs et la situation politique de l'Angleterre et de la France, et surtout la complication des lois et la variété des coutumes étaient présentées comme des obstacles insurmontables à l'établissement des jurés en toute matière : le rapporteur du comité de constitution, Thouret, que ses nombreux travaux ont rendu célèbre, ne chercha pas à les atténuer : il proposa à l'assemblée de n'établir les jurés qu'en matière criminelle, de même que pour les délits militaires et ceux de la presse, et d'ajourner à la législature suivante la question de savoir s'il fallait aussi les constituer au civil. « Il ne s'agit pas ici, dit Thouret, d'un peuple nouveau, simple dans ses mœurs et dans ses transactions civiles, à qui l'on présente pour la première fois un plan d'ordre judiciaire ; c'est une régénération qu'il s'agit de faire chez un peuple ancien. Pour savoir jusqu'à quel point il est permis de changer chez ce peuple les institutions dont il a l'expérience et l'habitude, il faut examiner 1° quel est l'état de sa législation ; 2° quelle est sa situation politique ; 3° ce qu'on doit craindre ou espérer de l'opinion.

« On propose ici, pour le moment actuel, une organisation réduite aux derniers termes de la simplicité, lorsque notre législation est la plus étendue, la plus compliquée, la plus subtile et la plus obscure qu'on puisse imaginer. Ces deux choses sont tellement inconciliables, que l'obstacle qui en résulte ne pourrait être levé que lorsque nos lois seraient simplifiées, éclaircies et

mises à la portée de toutes les classes des citoyens;
lorsque les livres, les légistes et les praticiens auraient disparu; lorsque le règne de l'innocence et
de la loyauté se serait établi sur les débris de la
chicane; et lorsque enfin la vertu seule donnerait
la capacité nécessaire pour être juge.

« Nous voulons sans doute éclaircir, abréger
nos lois, et surtout simplifier nos formes : je ne
parle point du tems que cette grande entreprise
exigera; mais il est essentiel de ne pas s'exagérer
l'effet de ces réformes. Chez une grande nation,
riche, active, industrieuse, et où la civilisation,
parvenue à son dernier période, développera sans
cesse les combinaisons infinies qui agitent et croisent tous les intérêts, on aura beau vouloir simplifier la législation, il est impossible qu'elle ne
soit pas toujours la matière d'une science étendue, et que la juste application des lois aux cas
particuliers ne soit pas un talent difficile, fruit
tardif de l'étude et de l'expérience réunies.

« Aucune grande société ne peut subsister sans
un code de lois variées : partout où il y a un tel
code il est utile qu'il y ait des légistes; on en
trouve chez tous les peuples civilisés; ils y sont
d'autant plus honorés que le peuple est plus libre, plus ami de ses lois, plus soigneux de les
conserver.....

« La situation politique de la nation, dans le

moment actuel, est une seconde considération qui mérite d'être pesée avec exactitude.... Dans un tems de fermentation et au milieu des mécontentemens individuels, la prudence oblige d'être réservé dans les changemens, qui pourraient, en grossissant le parti de l'opposition, augmenter l'indisposition des esprits, et par elle les forces de résistance.....

« Il est une troisième considération relative à ce qu'il faut espérer ou craindre de l'opinion publique. En France, le service de la justice distributive a toujours fixé l'attention des individus, parce que chacun s'y trouve directement intéressé, pour sa fortune, pour son honneur, pour sa vie, c'est-à-dire pour tout ce que l'homme a de plus cher et de plus précieux. Il faut donc, avant de hasarder de grands changemens dans le régime judiciaire, consulter avec soin les convenances, les habitudes, les mœurs et les lois de la nation, parce que toute organisation judiciaire qui n'a pas ces bases pour appui, ne peut ni s'établir avec faveur, ni subsister avec confiance.....

« Je passe maintenant à l'examen du degré d'intérêt que, dans notre constitution actuelle, nous devons attacher au juré [1], soit sous le rapport de

---

[1] Le mot de *juré*, dans la pensée de l'orateur, s'appliquait à l'institution même. Depuis on a, avec raison, éta-

notre liberté politique, soit pour le plus grand
avantage de la justice distributive, soit pour le
maintien de la liberté individuelle, soit enfin pour
la séparation du droit et du fait dans les jugemens.

« C'est sous le rapport politique que les Anglais se louent principalement de leur méthode
de jugement par jurés ; ils la regardent dans leur
constitution comme une des principales garanties de leurs libertés. Mais remarquez, messieurs,
qu'en Angleterre, c'est le roi seul qui nomme les
juges, et que dans les comtés il n'y a pas de corps
administratifs élus par le peuple. Quelle puissance
l'autorité royale n'aurait-elle pas acquise contre
la liberté publique, si, faute de l'institution des
jurés, le pouvoir judiciaire, remis à la disposition
exclusive des officiers du roi, eût été, par là, livré
totalement à l'influence de la couronne ! Quel
contre-poids aurait balancé cette influence, lorsqu'aucun administrateur choisi par la nation
n'eût veillé pour dénoncer les entreprises locales
qui pourraient attaquer la constitution ! Les Anglais ont craint, avec raison, la partialité du juge
envers son protecteur, dans les contestations *entre
la couronne et le sujet* : cette expression est d'un

bli une distinction entre les hommes et la chose, en donnant le nom de *jury* à l'institution, et celui de *jurés* aux
citoyens appelés par la loi à composer le jury.

de leur publicistes : ils ont craint encore qu'en
général le juge ne prît des dispositions trop favorables à l'autorité dont la sienne dérive. Ces motifs, qui rendent le juré particulièrement précieux aux Anglais comme institution politique,
sont aussi ceux qui, sous le même rapport, lui
donnent un bien moindre intérêt pour nous;
pour nous qui élirons nos juges, et qui aurons
dans toutes nos administrations de département
et de district des sentinelles incorruptibles que
nous élirons aussi. En général, les éloges donnés
par une nation aux établissemens qu'elle possède,
en prouvent moins la bonté réelle et absolue que
leur avantage simplement relatif à l'état particulier de cette nation.....

« Quant à la bonne distribution de la justice
privée, le calcul des probabilités élève, en spéculation, un grand nombre de préjugés en faveur
des jurés; mais si l'on consulte les résultats de
faits et les produits de l'expérience, dans les pays
où cette méthode est en pratique, on ne trouve
pas dans ses effets cette excellence si préconisée
en Angleterre par quelques écrivains. Parmi les
publicistes de cette nation, il en est même qui
conviennent franchement des vices naturels du
juré, et de l'injustice qui en dérive dans les jugemens : ils mettent au nombre de ces vices principaux, l'ignorance, l'inexpérience, le défaut de

ce tact formé par l'habitude des affaires, qui produit seul la clairvoyance et la sûreté dans les décisions judiciaires; ils y mettent surtout la propension, presque invincible, du juré à partager les affections et les inspirations populaires. William Paley loue, comme un Anglais, le système qui unit dans son pays la judicature permanente des officiers de justice à la judicature éventuelle des jurés; mais, en observateur exact et en écrivain véridique, il est cependant obligé de convenir que souvent le jugement par jurés n'est pas entièrement conforme aux règles équitables de la justice: « Cette imperfection, dit-il, se remarque «principalement dans les disputes où il inter-«vient quelque passion ou préjugé populaire; « tels sont les cas où un ordre particulier d'hom-« mes exerce des demandes sur le reste de la so-«ciété, comme lorsque le clergé plaide pour la « dîme; ceux où une classe d'hommes remplit «un devoir incommode et gênant, comme les « préposés au recouvrement des revenus publics; « ceux où l'une des parties a un intérêt commun « avec l'intérêt général des jurés, tandis que celui « de sa partie adverse y est opposé, comme dans « les contestations entre les propriétaires et leurs « fermiers, entre les seigneurs et leurs tenanciers. » (Ces cas se diversifient à l'infini, comme entre les ouvriers et ceux qui les emploient, entre les né-

gocians et armateurs et les capitaines de navire,
entre les assureurs et assurés, etc.) « Enfin ceux
« où les esprits sont enflammés par des dissen-
« sions politiques ou par des haines religieuses.»

« ...... Si l'on examine l'établissement des jurés
sous le rapport de son utilité pour le maintien de
la liberté individuelle, il présente, en matière
criminelle, un avantage sûr et inappréciable.
Voulez-vous savoir comment les juges dans les
provinces, les grands tribunaux surtout, étaient
parvenus à inspirer tant de terreurs à leurs concitoyens, et à les réduire à une sorte d'asservisse-
ment? N'en cherchez pas la cause ailleurs que
dans le droit de vie et de mort, dans cette terrible puissance du glaive dont ils étaient armés.
Quoi de plus redoutable en effet que ces nombreuses corporations d'hommes qui, mettant
l'intérêt de leur autorité en commun, pouvaient
y mettre aussi leurs passions et leurs ressentimens? La France va être délivrée de ces corps
menaçans, et notre constitution ne laisse plus
lieu de craindre que la nouvelle judicature puisse
inquiéter la liberté publique; mais il faut faire
encore un pas de plus; il faut que, sous la franchise du régime électif, il n'y ait pas un seul juge
qui puisse influer sur un seul citoyen, retenir ou
détourner un seul suffrage, en exerçant un pouvoir exclusif sur l'honneur et sur la vie : c'est l'in-

troduction du juré dans le jugement des procès criminels qui consommera cette intéressante partie de notre régénération. Lorsque le ministère du juge, entièrement subordonné à la décision préalable des pairs de l'accusé sur le fait, sur la preuve, et sur le caractère du délit, se bornera à appliquer passivement la loi, la liberté individuelle n'aura plus rien à craindre de l'autorité judiciaire : voilà la principale raison, très-indépendante du parti à prendre pour les procès civils, qui a déterminé le comité à vous proposer, dès à présent, l'établissement constitutionnel des jurés en matière criminelle.

« Il en a eu une seconde ; c'est que, autant le long exercice est utile pour former un bon juge au civil, autant l'habitude de juger au criminel y rend moins propre, en détruisant les qualités morales nécessaires pour cette délicate fonction. Dans le jugement des crimes, si d'une part la société demande vengeance du coupable convaincu, de l'autre la sûreté personnelle, ce premier droit de l'humanité, ce premier devoir de la société envers tous ses membres, réclame en faveur de l'accusé, droiture, impartialité, protection, sollicitude infatigable à chercher l'innocence, toujours possible avant l'impérieuse conviction. Examinez un jeune magistrat commençant sa carrière ; il est inquiet, hésitant, minutieux jusqu'au scrupule, épouvanté du ministère qu'il va remplir, lorsqu'il doit prononcer sur la vie de son semblable ; il a déjà vu plusieurs fois la preuve, et il cherche encore à s'assurer de nouveau qu'elle existe : voyez-le dix ans après, surtout s'il a acquis la réputation de ce qu'on appelait au palais un grand criminaliste ; il est devenu insouciant et dur, se décidant sur les premières impressions, tranchant sans examen sur les difficultés les plus graves, croyant à peine qu'il y ait une distinction à faire entre un accusé et un coupable, et envoyant au supplice des infortunés dont la justice est obligée, bientôt après, de réhabiliter la mémoire ! Ce dernier excès de l'abus est l'effet presque inévitable de la permanence des fonctions en matière criminelle : on ne tarde pas à faire par routine ce qu'on ne fait que par métier ; la routine éteint le zèle, et l'habitude d'être sévère conduit à quelque chose de pire que l'insensibilité.....

« La liberté et la sûreté individuelles ne sont pas de même intéressées à l'établissement du juré dans les affaires civiles ; ce n'est pas par l'autorité que les juges exercent dans le jugement des causes d'un simple intérêt pécuniaire, qu'ils peuvent ou comprimer la liberté publique ou acquérir sur les individus une influence capable de les asservir. »

Tout en combattant l'établissement des jurés en matière civile, Thouret n'en était pas moins forcé de reconnaître les dangers de la délibération simultanée sur le fait et sur le droit, et la nécessité de constater le fait avant d'appliquer la loi, afin d'éviter l'étrange abus, justement reproché aux anciens tribunaux, d'avoir souvent rendu leurs jugemens contre la majorité réelle des suffrages ; mais il soutenait, en même tems, que si l'institution des jurés présente la théorie du fait et du droit réduite en pratique, elle n'établissait cependant pas l'impossibilité de parvenir au même résultat sans les jurés ; qu'en rendant commune aux questions de fait, dans tous les procès, l'ordonnance de 1667 sur *les nullités et les fins de non-recevoir*, on pouvait obliger les juges à prononcer sur le fait avant de pouvoir ouvrir aucune opinion sur le droit, et que ces deux opérations pouvaient être confiées utilement aux mêmes personnes dans les affaires civiles, sans craindre que l'opinion de chaque juge sur la première question pût influer sur la décision de la seconde.

« En résumant ce qui vient d'être dit sur le juré, continue-t-il, il me semble que quatre vérités sont démontrées : la première, que l'intérêt politique de cette institution est infiniment moindre dans notre constitution que dans celle des Anglais ; la seconde, que l'utilité du juré dans la distribution de la justice privée se trouve, par des résultats pratiques, fort au-dessous de ce que la spéculation promet ; la troisième, que le juré, indispensable au criminel pour le maintien de la liberté et de la sûreté individuelles, est entièrement inutile au civil pour ce double objet, soit parce que le juge ne peut pas sous ce dernier rapport acquérir une influence dangereuse, soit parce que, fût-elle possible, le juré ne la détruirait pas ; la quatrième, enfin, que l'instante nécessité d'établir dans la reddition des jugemens la forme de délibérer séparément sur le fait et sur le droit, ne fournit pas une raison absolue et invincible d'adopter le juré, parce qu'il est possible d'obtenir sans lui cette forme de délibération séparée. »

Barnave répondit sur-le-champ à Thouret, et s'efforça de conserver au jury toute sa pureté en le fesant décréter comme partie intégrante de la constitution, pour résoudre les questions de fait tant au civil qu'au criminel. « Ce serait avec une extrême défiance, dit-il, que je présenterais quelques idées, après les intéressans développemens que vient de vous offrir un homme auquel vous êtes accoutumés à accorder votre confiance, si mes opinions n'avaient leurs principes et leurs racines dans ses propres principes, et si la décision que je vous propose ne naissait des conséquences même qu'il en a déduites. En effet, que l'établissement des jurés en matière civile soit difficile, c'est ce que je suis loin de contester; la seule décision que vous ayez à prendre, c'est de consacrer le principe. Deux décrets vous obligent à vous y renfermer : l'un est un article de la constitution, dans lequel vous avez dit que les législatures suivantes pourront changer l'ordre judiciaire, en se conformant aux bases qui seront établies par vous; le second est la série de questions que vous avez adoptée et qui vous force également à reconnaître ce principe. D'après cela, je soutiens que si l'établissement des jurés est plus difficile au civil qu'au criminel, que s'il est convenable de retarder cet établissement, il n'en est pas moins vrai que les jurés sont nécessaires à la liberté, et qu'il y a des rapports incontestables entre les jurés au civil et les jurés au criminel. Pour arriver à ce résultat, il faut se faire une juste idée de l'institution des jurés. Les hommes vivant en société ont reconnu que les atteintes les plus fortes contre la liberté étaient portées par le pouvoir judiciaire, dont l'action puissante ne peut être interrompue. C'est pour arrêter ce pouvoir qu'ils ont institué les jurés. Les jurés ne sont pas seulement des pairs, qui, magistrats un moment, rentrent dans la société et peuvent être jugés à leur tour; ils sont, de plus, moins accessibles aux influences

étrangères, à la haine, à la vengeance, à la faveur, à l'intérêt, que des hommes revêtus de
fonctions publiques, et relevant d'un pouvoir
quelconque, auquel ils doivent nécessairement
chercher à plaire.

« Il ne peut exister de cause sans fait, de jugement sans droit : de cette distinction naturelle, il
suit que le fait est destiné à être confié aux pairs
de l'accusé, à des hommes qui, habitant les mêmes lieux, ont une exacte connaissance des faits
et des circonstances, à des hommes qui, pris au
milieu d'un grand nombre d'hommes, doivent
être mus par une impartiale équité; mais pour
l'application de la loi il a fallu des juges qui eussent, tout à la fois, et la connaissance des lois,
et l'autorité nécessaire pour faire exécuter leurs
jugemens.

« Un autre principe, c'est que, lorsque des juges prononcent sur le fait et sur le droit, il est
souvent impossible que les jugemens soient rendus à la majorité. Ce principe a été prouvé d'une
manière évidente; je ferai seulement observer
que la méthode proposée par le préopinant, de
faire statuer séparément les mêmes juges sur le
fait et sur le droit, présenterait plus d'inconvéniens que l'ancienne forme d'opiner [1]. Vous ne

---

[1] C'est cependant ce qui existe aujourd'hui dans le cas

remédiez pas à la nécessité des deux tribunaux,
et vous gênez de plus l'opinion des juges, en les
obligeant à prononcer ou contre leur conscience
ou contre la loi.

« Quelle est la différence entre les affaires
civiles et les affaires criminelles? Dans les unes,
il s'agit de la vie ou des souffrances des hommes;
dans les autres, de leur fortune ou de leur honneur. Je le demande à vous tous, messieurs,
comme législateurs, comme hommes, comme
Français, quel est celui de vous qui met moins
d'importance à son honneur qu'à sa vie?

« L'honneur peut être attaqué tous les jours :
ainsi même importance quant à la gravité des
cas: plus grande importance au civil, parce que
les cas se présentent plus souvent.

« S'il existe une différence, elle est uniquement
dans la plus grande difficulté de l'application du
principe au civil qu'au criminel; aussi ne vous
proposerai-je pas d'établir aujourd'hui en toute
matière, les jugemens par jurés: mais si vous re-
connaissez la nécessité de l'établissement des ju-

où les juges doivent se réunir aux jurés, puisque alors ils
remplissent la double fonction de prononcer sur la culpabilité, et de faire l'application de la loi. On ne peut se le
dissimuler, c'est une véritable corruption introduite à
dessein, par les lois de l'empire, dans l'institution du
jury.

12.

rés dans l'avenir comme un point fondamental de la liberté, vous devez dès aujourd'hui consacrer le principe, en vous réservant de statuer sur le moment et sur les formes de l'application.

« Je dois terminer par quelques réflexions sur les considérations exposées pour prouver l'impossibilité d'instituer dès ce moment les jurés au civil.

« On vous a dit d'abord que les esprits ne sont pas préparés, que la législation est trop compliquée et trop obscure, et que l'ignorance des citoyens empêcherait de se procurer des jurés. Il fallait dire plutôt que les formes et les lois tiennent aux tribunaux et aux juges, que si ceux-ci changent d'abord, les autres changeront bientôt, et que pour simplifier la législation et la procédure, il faut, dès à présent, simplifier les tribunaux; autrement, ce serait accorder l'immortalité aux abus de l'ordre judiciaire.

« On parle de l'ignorance des jurés pour les causes civiles. On reconnaît donc qu'il faut moins de lumières pour prononcer sur la vie des hommes que sur leurs propriétés. Cette ignorance reprochée aux jurés est une confusion dans les mots.

« Les jurés sont des citoyens élus dans toutes les classes, et l'on en pourra borner le choix à celles qui sont les plus éclairées. Dans ce cas, croyez-vous qu'ils ne vaudront pas ceux que leur naissance appelait à prononcer sur nos destinées? Croyez-vous qu'il ne se trouvera pas, dans les chefs-lieux de districts, des hommes aussi instruits que ceux qui, avec la seule science qu'on achetait dans les universités, fesaient l'acquisition du droit de juger en dernier ressort toutes sortes de causes au civil et au criminel?

« On craint le mécontentement des personnes qui seraient privées de leur état; mais, par les jurés, on ne détruit pas les juges; mais, par les jurés, on ne diminue pas le nombre des citoyens livrés à l'instruction des procès. Avec les jurés, il faudra instruire le fait, il faudra instruire le droit, il faudra présenter les raisons des parties. Ainsi, quand on prédit un mécontentement général, on n'a pas mûrement examiné cet objet. Soit qu'il y ait des jurés, soit qu'il n'y en ait pas, quand vous simplifierez les formes de la législation, le résultat sera absolument le même.

« On dit que vous augmenterez le nombre des ennemis de la révolution. Je vous demanderai si vous avez eu de pareilles terreurs, lorsque vous avez décrété la disposition des biens des ecclésiastiques, et la destruction des ordres et du régime féodal? On vous menaçait aussi d'insurrection, lorsque vous avez établi ces diverses bases de la liberté publique, et cependant de pareilles craintes ne vous ont point arrêtés, et l'opinion générale a applaudi aux énergiques mesures que votre sagesse vous a inspirées. Les deux seules nations libres, jusqu'ici, sur la terre, sont plus attachées aux jurés qu'à toutes leurs autres institutions; et cependant vous paraissez élever des doutes sur l'adoption de cette inappréciable institution. En arrivant au même résultat que M. Thouret, je propose un article différent; le voici :

« L'assemblée nationale décrète que l'institution des jurés, pour juger des questions de fait, tant au civil qu'au criminel, est une partie de la constitution française, se réservant de statuer sur le mode et sur le moment de leur établissement dans les différentes matières judiciaires. »

La discussion continuée au lendemain, M. Régnier, depuis ministre de la justice et duc de Massa, prit la parole dans un sens entièrement opposé à Barnave. « On prétend, dit-il, qu'il y a parité entre les affaires civiles et les affaires criminelles; mais, en matière criminelle, les questions sont simples : il ne s'agit que d'examiner s'il y a un délit, quel est le coupable, et si les preuves sont concluantes. Quelle différence dans les affaires civiles! dans tous les différens actes, dans toutes les espèces de contrats, il se trouve très-souvent des clauses sur la signification desquelles les parties sont divisées : telle est l'origine de la plupart des procès civils. Les citoyens qui ont consacré leur vie à l'étude des conventions sociales craignent encore de n'être pas justes, et des jurés, tout neufs pour les affaires, croiraient pouvoir juger des contestations difficiles sans autre règle que le bon sens.... »

Il y avait dans l'assemblée un grand nombre de membres qui se croyaient personnellement intéressés à ce que les jurés ne fussent point établis en matière civile [1]. Aussi, après l'opinion de M. Régnier, demandèrent-ils avec instance à aller aux voix. Cette proposition, fortement appuyée, était sur le point d'être accueillie, lorsque Charles Lameth parut à la tribune et réclama vivement la parole : « Il me semble, s'écria-t-il, qu'on sacrifie en ce moment l'intérêt public à quelque intérêt particulier ; mais, dussent mes avis être reçus avec peu de faveur, il est de mon devoir de dire à l'assemblée qu'elle va donner la mesure de ses lumières, de son patriotisme et de sa vertu ;.... de sa vertu, sans laquelle il ne peut y avoir de constitution, sans laquelle l'état est perdu sans ressource. Je me suis, dès le premier jour, déclaré ennemi de toute aristocratie, et j'entends par

---

[1] Les hommes de loi, qui voyaient dans la nouvelle institution la perte de leur état et de leur fortune. C'était à eux que Barnave, homme de loi lui-même, mais plus généreux ou plus éclairé, adressait l'espèce de reproche contenu dans son discours.

aristocratie le désir de dominer, si contraire à l'égalité politique. Je fesais autrefois partie d'un ordre qui comptait quelques avantages aristocratiques : j'ai renoncé avec joie à ces avantages, parce qu'ils étaient contraires aux droits de la nation. Je me suis fait ainsi des ennemis de gens que j'estimais, au reste, beaucoup : maintenant je cours risque d'en trouver d'autres parmi ceux que j'avais pour amis. Je ne puis que m'étonner de l'empressement extraordinaire qu'on met à étouffer la discussion sur les jurés, malgré les avantages reconnus de cette institution pour l'intérêt du peuple. Je retrouve ici une précipitation, présage toujours fâcheux pour la liberté. Les difficultés élevées par M. Thouret n'ont point détruit l'opinion de M. Barnave. Pour moi, il me semble impossible de juger sainement, même au civil, sans jurés. C'est comme si l'on disait au peuple : Nous voulons bien vous laisser le droit de défendre votre vie ; mais votre fortune est une branche de commerce que les villes ne veulent pas laisser aux campagnes....

« MM. le vicomte de Mirabeau et Thouret vous ont parlé de l'empire des circonstances. Eh! depuis quand l'assemblée nationale capitule-t-elle avec les circonstances, au lieu de les maîtriser? Je demande à M. de Mirabeau, à tous les députés qu'on appelait députés des communes, quand il n'y en avait pas d'autres, si, dans le moment où l'assemblée était entourée de trente mille soldats étrangers, elle a capitulé avec les circonstances, et comment, après avoir triomphé tant de fois des circonstances, elle pourrait maintenant reculer ou mollir devant ce prétexte banal de toutes les faiblesses politiques!

« On a parlé de l'opinion publique. Elle nous soutient; c'est elle que j'invoque, c'est elle qui vous commande de discuter avec maturité. L'opinion publique se forme de tout ce qu'il y a d'utile pour les peuples. L'opinion de la capitale influe sur celle des provinces. Elle s'est déjà manifestée, et elle ne cessera d'être favorable à l'établissement des jurés en toute matière. Si cela n'était pas, il faudrait éclairer l'opinion; il faudrait la former, pour lui rendre les bienfaits que nous tenons d'elle. »

La vive impression produite sur l'assemblée par cette improvisation patriotique la détermina à continuer la discussion. Alors un grand nombre d'orateurs furent encore entendus. Comme les adversaires des jurés au civil mettaient toujours en avant l'impossibilité de les établir en France, au milieu d'une législation obscure et compliquée, Adrien Duport développa les moyens d'exécution qu'il avait conçus pour les instituer en toute matière, et tenta, par un dernier effort, de vaincre les résistances qu'on ne cessait de leur opposer. « Toute société, dit-il, a besoin de lois. Elle fait ses lois par ses représentans. La loi est le résultat de toutes les volontés ; chacun est libre, lorsque chacun n'obéit qu'à sa propre volonté. La société ne peut elle-même exécuter ses lois ; elle est obligée d'en déléguer l'application. Ses délégués sont des juges ; mais avec ces juges, mais en obéissant à la loi, les hommes doivent toujours rester libres. Un juge, chargé d'appliquer la loi, doit tenir ce langage aux parties : Êtes-vous d'accord sur les faits ? Je n'ai point de mission pour juger les faits. Si vous n'êtes point d'accord, je vais assembler vos amis, vos voisins ; ils vous accorderont, et alors je vous dirai ce que prononce la loi. Si cette opération préalable n'est pas faite, le juge pourra déterminer à son gré la question : il ne sera pas forcé sur l'application de la loi ; il appliquera la loi qui servira ses passions. Ainsi, on n'obéira pas à la loi, mais on obéira au juge. Le peuple n'est pas libre, quand le juge peut substituer sa volonté à celle de la loi. C'est ainsi que je suis arrivé à la nécessité d'établir des jurés. J'ai dit encore qu'en jugeant ensemble le fait et le droit on jugeait souvent à la minorité, et personne n'a répondu à mes calculs.

« J'ai prouvé la nécessité de la distinction du

fait et du droit, et je ne sais personne au monde
qui puisse n'en pas convenir. Séparer le fait du
droit est une chose très-difficile; mais bien juger
sans cette séparation est une chose impossible.
Si l'on me dit que cette séparation se fera par les
juges, je réponds que c'est donc le nom seul des
jurés qui fait peur.... C'est un droit du peuple,
c'est un droit éternel et inattaquable, de garder
entre ses mains les pouvoirs qu'il peut exercer.
Or, il peut exercer celui de décider du fait; donc
il faut le lui conserver. On peut séparer le fait et
le droit; je le prouve par des exemples. Cette distinction se fesait à Rome. Rappelez-vous les *judices
ordinarii*, les *centumviri*, les préteurs, dont le tribunal était tribunal de fait et de droit. En France,
on a long-tems connu cette distinction; en Italie,
dans le tribunal de la *Rotte*, on sépare le fait du
droit. Il y a en Espagne, en Artois, en Flandre,
des tribunaux d'*erreur*, où l'on distingue *proposition d'erreur de droit*, *proposition d'erreur de fait*.
Ces mêmes *propositions d'erreur* avaient lieu en
France avant l'ordonnance de 1667; vous les avez
encore au conseil des parties. La séparation du
fait et du droit a lieu en Angleterre et en Amérique; elle y est regardée, avec raison, comme la
sauvegarde de la liberté politique et de la liberté individuelle. On vous a dit hier qu'en Angleterre la procédure était différente. Elle est

très-compliquée ; son obscurité et sa cherté ne viennent pas de l'institution des jurés. En Angleterre, comme à Rome, on n'agit que par formule. Il y avait d'abord plus d'actions que de formules. Il fallut établir un tribunal pour faire des formules nouvelles. Ce tribunal fut appelé *la Cour d'Équité*. Ces formules se sont multipliées : les gens de loi les connaissent seuls. Cette connaissance exclusive leur a donné un grand empire. Quand les gens de loi ont besoin d'être très-éclairés, ils sont très-nombreux, et quand on ne peut se passer d'eux, ils mettent un grand prix à leurs services.

« On a dit que les jurés seraient des hommes simples, et qu'ils ne pourraient faire une distinction difficile. Cette distinction est très-facile ; elle est chaque jour usitée parmi nous. En effet, tous les mémoires des jurisconsultes distinguent d'abord les faits, puis les moyens.

« Si vous n'admettez point les jurés au civil, tout ce que vous avez fait pour la liberté de votre pays est inutile. Qu'est-ce que des lois ? ce sont des principes, ce sont des abstractions qui ne se réalisent que par l'application. Si les lois peuvent être appliquées contre le peuple, le peuple n'est pas libre. Si votre organisation judiciaire est telle que la loi puisse être appliquée à d'autres circonstances que celles qui seront présentées ; si le

juge peut appliquer à la circonstance proposée
telle loi au lieu de telle autre loi qui appartient
réellement à cette circonstance, cédez vos places
aux juges, ce sont eux qui sont législateurs. Vous
admettrez donc dans les élections du peuple des
juges de tous les jours, qui tous les jours décide-
ront du sort du peuple, et pourront faire trem-
bler le peuple, et vous croiriez être libres! Comme
vous l'a dit un préopinant [1], qui certes ne manque
ni de réflexion ni d'expérience : Ployez la tête,
vous êtes indignes de la liberté [2] ! »

Des considérations individuelles l'emportèrent,
dans cette circonstance, sur les intérêts généraux.
Des vues d'intérêt privé rendirent inutiles les patriotiques efforts d'hommes pénétrés d'une conviction profonde, et habitués depuis long-tems

[1] M. Chabroud.

[2] Ayant long-tems médité sur les véritables bases de
l'organisation judiciaire, et s'étant particulièrement attaché aux institutions anglaises, Adrien Duport, doué d'un
esprit profond, et animé du plus ardent amour de la justice, peut être considéré comme le fondateur du jury
en France. Aussi, ne pourrais-je trop regretter que
la nature de cet ouvrage ne m'ait permis de faire connaître que par de courts extraits, ou une analyse rapide, les importans travaux de cet homme de génie, sur
l'administration de la justice, si M. Bellon, avocat, ne
devait bientôt publier le recueil complet de ses discours,
qu'il fera précéder d'un essai sur l'histoire des institutions
judiciaires chez les différens peuples de l'Europe.

à compter pour rien les sacrifices personnels,
quand il s'agissait de la liberté publique et de la
prospérité du pays. Le 30 avril 1790, le président
proclama les deux décrets suivans : «L'assemblée
nationale décrète qu'il y aura des jurés en matière criminelle.»—«L'assemblée nationale décrète
qu'on n'établira pas de jurés en matière civile. »
L'assemblée renvoya aux comités de constitution
et de jurisprudence criminelle la rédaction d'une
loi pour mettre les jurés en activité.

Lorsque l'assemblée s'était occupée de la division du royaume et de l'administration municipale, elle avait cru devoir faire une exception en
faveur de la ville de Paris, qui, par son immense
étendue et sa nombreuse population, lui avait paru
susceptible d'une organisation spéciale, pourvu,
toutefois, qu'elle reposât sur des bases communes,
et sur les principes généraux du système municipal,
établi par ses décrets. La formation de la municipalité de Paris étant devenue l'objet d'une délibération particulière, elle fixa l'attention publique
d'une manière sérieuse. Chacun présenta ses vues;
et, tandis que les uns voulaient maintenir la composition actuelle, comme plus propre à imprimer
à la révolution la direction qu'ils jugeaient la plus
favorable à leurs intérêts, les autres soutenaient,
avec non moins de vivacité et plus de raison, que,
si l'établissement des soixante districts avait pu

être favorable à la régénération publique , lorsqu'un seul et même sentiment animait tous les citoyens, il pouvait plus tard lui devenir funeste par la diversité et la lutte des opinions, au sein d'une vaste cité agitée par les partis.

Les *sections* furent les premières à faire connaître leur opinion et leurs vœux [1] sur la nature de l'organisation qu'elles jugeaient convenir à la capitale. Paris ayant réellement donné l'exemple d'un dévouement sans bornes à la cause de la liberté, il était assez naturel qu'il se crût appelé à jouer un rôle supérieur dans la hiérarchie administrative. Aussi les hommes les plus accrédités dans les sections, s'exagérant l'existence que cette ville devait obtenir dans l'organisation générale, se livrèrent-ils aux orgueilleuses pensées de ces cités de l'antiquité, qui, fières de leur haute influence, croyaient pouvoir disposer seules du sort de la patrie. Ils pensaient que la dénomination de *capitale*, accordée à la ville la plus importante d'un grand royaume, justifiait en quelque sorte cette prétention à la suprématie ; que la ville qu'on qualifiait *la tête de l'empire*, en transportant dans l'ordre politique les idées de supériorité que ce titre rappelle, devait être naturelle-

[1] Ces vœux n'allaient à rien moins qu'à faire déclarer la permanence des soixante districts.

ment appelée à exercer une grande influence dans la direction des affaires publiques. Ainsi, la superbe Rome, qui se nommait *urbs* par exception, qui n'accordait aux rois le droit de cité que comme la plus insigne faveur, concentrait dans ses murs la puissance souveraine, et présidait aux destins d'un empire qui s'étendait jusqu'aux limites du monde.

Les prétentions des districts de Paris, aussi contraires à l'égalité des citoyens qu'à l'unité et à la force de la nation, ne furent ni approuvées ni favorisées par le comité spécial nommé pour l'organisation de la municipalité. M. Desmeuniers, chargé du rapport, après avoir passé en revue les plans qui avaient été envoyés en assez grand nombre, et qui tous étaient rédigés suivant les intérêts divers de leurs auteurs, annonça que le comité avait vu avec douleur plusieurs communes du royaume faire une fausse application des grands principes du pouvoir constituant et du pouvoir législatif, et chercher leur force en elles-mêmes, au lieu de la puiser dans la constitution et dans l'unité nationale; et il ne dissimula pas que le projet d'étendre les droits de la municipalité de Paris au-delà de l'exercice des fonctions municipales porterait atteinte à l'autorité souveraine de la nation et au pouvoir du corps législatif.

Desmeuniers soumit ensuite à l'assemblée les

bases adoptées par le comité. Le corps municipal était composé, d'après ce projet, d'un maire et de quarante-huit officiers municipaux, parmi lesquels seize, sous le nom d'administrateurs, formeraient le bureau, et les trente-deux autres le conseil municipal. Il devait y avoir, en outre, quatre-vingt-seize notables, de manière à ce que le conseil général comptât cent quarante-cinq membres. Paris devait être divisé en quarante-huit sections, qui devaient avoir chacune un commissaire de police.

Le rapporteur termina par des éloges et des conseils aux citoyens de la capitale. « Paris, qui a servi de modèle au moment de la révolution, Paris, qui a montré un dévouement si généreux, et donné depuis un exemple si remarquable de soumission à la loi, doit conserver ce noble avantage pour établir la liberté, et ne point calculer ses sacrifices; mais aujourd'hui, qu'on ne peut plus avoir de doutes raisonnables sur la liberté, il faut que la capitale songe à ses nombreux enfans, et qu'elle craigne de les précipiter dans la misère.

«Après une secousse si forte, après les convulsions qui viennent de l'agiter, elle a besoin de calme et de repos. Si l'agitation se prolonge, elle perdra toutes ses richesses: son commerce disparaîtra, ses arts et ses ateliers s'anéantiront; les gens aisés, les hommes paisibles, les étrangers,

fuiront cette cité orageuse, où un zèle mal entendu produirait une confusion inévitable, et,
ce qui serait un grand malheur pour le genre humain, on la verrait un jour regretter sa servitude
et maudire sa liberté. »

L'abbé Maury combattit les principes et les
conclusions de ce rapport. Il dit que, pour une
ville comme Paris, remplie d'une foule d'étrangers qui souvent venaient y chercher un asile
après le crime, il fallait une police plus spéciale,
qui partout ailleurs serait une inquisition odieuse;
et que c'était encore une grave question de droit
public, de savoir si la police d'une capitale devait
être soumise à la municipalité ou au pouvoir
exécutif.

Le côté droit avait applaudi l'abbé Maury; il
applaudit ensuite Robespierre, qui parla dans un
sens entièrement opposé. Ce n'était point la première fois que les deux extrémités de l'assemblée
soutenaient les mêmes opinions dans des vues
contraires, mais qui cependant avaient un but
commun; celui de vouloir autre chose que ce qu'on
s'efforçait d'établir. Néanmoins il était facile de
juger que, dans cette circonstance, l'approbation du côté droit était ironique. En effet, Robespierre réclamait avec instance la permanence
des sections. « Lorsqu'il s'est agi, disait-il, d'une
exception en faveur de la ville de Paris, j'ai cru,

je l'avoue, que vous aviez le projet de conserver les assemblées de district, qu'exige impérieusement l'immense population de la capitale. Dans cette ville, séjour de factions en présence, il ne faut pas se reposer sur la ressource des moyens ordinaires contre ce qui pourrait menacer la liberté; il faut que la généralité des habitans de cette ville conserve son courage et soutienne le nôtre. Quoique vous ayez beaucoup fait, vous n'avez point fait tout encore. Qui de vous pourrait garantir que, sans la surveillance active des sections, l'on n'aurait pas employé des mesures plus efficaces pour nous séparer et renverser la constitution. Ne nous laissons donc pas séduire par un calme peut-être trompeur. Il ne faut pas que la paix soit le sommeil de l'insouciance. »

Robespierre demanda qu'avant de décréter aucun article, on autorisât les districts à s'assembler aussi souvent qu'ils le jugeraient convenable, jusqu'à l'entier affermissement de la constitution, et même encore après cette époque, mais seulement une fois par mois, afin d'entretenir l'esprit public.

Mirabeau, s'associant aux sentimens que l'assemblée fesait éclater, réfuta les deux opinions opposées. « Je pense, dit-il, comme M. l'abbé Maury, qu'il y a dans le plan une confusion d'articles dont on pourrait le nettoyer; mais je ne

13.

pense pas, comme lui, que ce soit une grande question de droit, de savoir si la police de la capitale sera attribuée à la municipalité ou au pouvoir exécutif.

« Un de ces hommes fugitifs, invité à revenir en France, dans un moment où les agitations de l'enfantement de la liberté la secouaient encore, refusait de le faire en disant : *Je veux ma bastille, je veux mon Lenoir*[1]. Cette phrase serait la version fidèle du système de M. l'abbé Maury, si la police qu'il voudrait établir était celle de l'ancien régime.

« M. de Robespierre, qui a parlé après M. l'abbé Maury, a apporté à la tribune un zèle plus patriotique que réfléchi. Il a oublié que ces assemblées primaires, toujours subsistantes, seraient d'une existence monstrueuse ; dans la démocratie la plus pure, jamais elles n'ont été administratives. Comment ne pas savoir que le délégué ne peut entrer en fonction devant le déléguant ? Demander la permanence des districts, c'est vouloir établir soixante sections souveraines dans un grand corps, où elles ne pourraient opérer qu'un effet d'action et de réaction capable de détruire notre constitution. Lorsqu'on fixera la rédaction, je proposerai aussi quelques amendemens ; mais

[1] Lieutenant-général de police à l'époque de 89.

surtout ne prenons pas l'exaltation des principes
pour le sublime des principes. »

Le projet du comité fut alors adopté avec
quelques modifications. La municipalité de Paris,
ainsi constituée, rendit d'importans services; mais,
quelques années plus tard', malgré ses courageux
efforts pour le maintien de l'ordre et de la constitution, elle succomba sous l'influence de la
nouvelle commune, puissance formidable qui,
s'appuyant sur les classes les plus inférieures,
parvint à renverser la monarchie et à fonder sur
ses débris sa funeste domination.

L'assemblée, poursuivant ses travaux, sentait
la nécessité de surveiller les efforts des divers
partis, que la nature des événemens avait dû
réunir contre elle. En effet, en substituant une
ère nouvelle à celle que des siècles avaient consacrée, en suivant une ligne de principes qui
avaient en leur faveur la conscience du genre humain, elle avait détruit trop d'intérêts privés,
froissé trop de vanités, renversé trop d'existences,
en un mot, heurté trop de préjugés, pour n'avoir
pas à vaincre une opposition que les revers ne
pouvaient abattre, parce qu'elle prenait sa source
dans les passions les plus actives qui puissent re-
muer le cœur de l'homme, et que, si le droit lui
refusait son appui, elle pouvait réclamer l'autorité des temps et la force des habitudes.

Jusqu'à ce moment, les divers élémens d'opposition n'avaient pu trouver encore un lien propre à rallier les intérêts et à donner à leurs efforts une direction commune; ils avaient en vain cherché à se réunir sous différentes bannières, mais elles n'étaient point assez élevées pour fixer les regards de tous. Cette opposition sentait bien qu'il fallait s'adresser à un sentiment qui pût parler à tous les cœurs, trouver un étendard qui fût de nature à enflammer les imaginations, et inspirer ce courage que l'exaltation fait naître, plus encore que tout autre mobile.

C'est d'après ces idées que le parti se décida à appeler à son secours les croyances religieuses, sous le voile desquelles il espérait que le fanatisme pourrait renaître de ses cendres. On avait profité, pour parvenir à ce but, de la simplicité du chartreux dom Gerles, qui, élevé dans le cloître et livré à la mysticité, était entièrement étranger aux affaires temporelles, et n'avait jamais eu la pensée qu'on pût faire servir la religion à la protection d'intérêts mondains, et surtout à obtenir ou à conserver la domination.

La proposition de dom Gerles, de déclarer national le culte catholique, et le décret qui l'avait rejetée, furent tout à la fois le prétexte et le signal de l'insurrection contre-révolutionnaire. Son premier acte fut, comme nous l'avons dit, la protestation des évêques. Une fois l'étendard déployé, tous les hommes du parti furent appelés à réunir tous leurs moyens en faveur d'une cause que l'on qualifiait de sacrée. Le clergé prit l'initiative. La protestation signée par un grand nombre de prélats dans l'église des capucins, et qui déjà avait été dans l'assemblée un sujet de scandale, fut envoyée et distribuée avec profusion dans toute la France. Les provinces méridionales, où les opinions religieuses, déjà exaltées par l'influence du climat, semblaient devoir être d'autant plus ardentes, que les deux religions rivales étaient en présence, furent choisies comme le théâtre le plus favorable à l'exécution du plan qui avait réuni les suffrages. Le clergé espérait trouver dans ces contrées les esprits plus dociles à ses insinuations. Aussi, Toulouse, Montauban, Nîmes, Usez, Montpellier, et plusieurs autres villes, furent-elles activement travaillées par ses émissaires. Persuadé qu'on ne pouvait étouffer une passion vive que par une passion plus forte encore, et que l'ardeur du zèle religieux était seule capable de l'emporter sur l'amour de la liberté, le clergé s'efforça de réveiller dans les cœurs le fanatisme des siècles précédens, et jeta dans une partie de la France des brandons de discorde, propres à allumer la guerre civile.

Un mois s'était à peine écoulé depuis que ces

criminels projets avaient été concertés , que
M. Huot de Goncourt fit à l'assemblée le rapport
suivant des troubles graves qui venaient d'éclater
à Toulouse :

« Le fanatisme et la superstition , déguisés sous
le voile de la religion , ont essayé depuis quelque temps d'alarmer les citoyens de cette ville
sur plusieurs de vos décisions. C'est au nom de
Dieu , c'est en invoquant la puissance céleste,
c'est par des sermens prononcés dans les églises ,
c'est par des insinuations plus mystiques encore,
c'est par des pratiques religieuses , étrangement
multipliées ; par des processions, des pélerinages,
des adresses anonymes , dont l'une est cependant revêtue de la signature et de l'autorisation
du vicaire-général de M. l'archevêque de Toulouse ; c'est en un mot par de telles manœuvres
qu'on est parvenu à rassembler dans les églises,
le 18 avril dernier, un grand nombre de con-
fréries, de corporations , et qu'on a en quelque
sorte profané les temples par des motions et
des délibérations également perfides et criminelles.

« C'est à l'aide des mêmes moyens que le lendemain, 19 avril, un nombre considérable de
citoyens s'est tumultueusement réuni dans la
salle des Grands-Augustins, où les mêmes motions ont été reproduites sous les formes les plus

dangereuses, et ont donné lieu à des querelles, à des menaces et aux violences les plus funestes à la tranquillité publique. Tel a été le prélude des scènes encore plus graves qui se sont passées dans la salle de l'académie des sciences, lorsque le désordre s'est accru, que les passions se sont exaltées, que la fureur s'est emparée des esprits, et que, dirigée contre les plus paisibles citoyens, l'insurrection menaçait de devenir générale, si, par une médiation imposante et patriotique, par des exhortations persuasives et conciliatrices, la municipalité ne fût parvenue à dissoudre une assemblée, où des Français ont osé refuser de renouveler le serment civique devant le buste de leur roi. »

Après avoir rendu hommage à la municipalité dont la prudence avait sauvé la ville, M. de Goncourt rappela le choix qu'on avait fait de l'époque à laquelle on célébrait à Toulouse l'anniversaire du massacre des Albigeois; par une procession solennelle, et par des pélerinages à la chapelle élevée sur le théâtre même de ce massacre.« Votre comité, dit en terminant le rapporteur, a repoussé avec indignation les idées alarmantes que peuvent faire naître le rapprochement des circonstances, et l'analogie des maximes professées dans les pièces imprimées, dont il est dépositaire. Dieu, qui veille sur les destinées de cet empire, et qui

a couronné vos augustes travaux par tant de succès, ne permettra pas qu'on fasse couler en son
nom le sang des vrais patriotes et des vrais chrétiens; ce sang si pur (vous en avez fait le serment) ne pourra désormais être répandu que
pour le soutien de la liberté et de la constitution
du pays. »

Conformément à l'avis de son comité, l'assemblée invita tous les citoyens à la paix et à l'union,
et approuva la conduite sage, prudente et patriotique de la municipalité et de la garde nationale de Toulouse.

Le signal, donné par le clergé, fut entendu
au-delà des Alpes. A la première manifestation
des troubles, les émigrés, réunis à Turin où se
trouvaient alors les princes français, hâtèrent
leurs préparatifs, et transmirent à leurs affidés,
dans l'intérieur, et jusque dans l'assemblée, les
instructions nécessaires pour concerter les moyens
d'attaques contre-révolutionnaires. Sentant le besoin d'agir simultanément, de profiter de l'influence du clergé sur l'esprit du peuple, de la di-
version qui devait naturellement s'opérer dans
les provinces méridionales, et des désordres qui
éclataient déjà, les émigrés firent jouer tous les
ressorts sur lesquels ils fondaient leurs espérances
de succès. Mais, avant de rendre compte des premiers actes d'hostilité de l'émigration, contre le

nouvel ordre des choses, il est nécessaire de dire comment elle était composée, et quels étaient son esprit, ses moyens et son but.

L'émigration française est un événement sans exemple dans l'antiquité et parmi les modernes. Il y a bien eu dans les états anciens des hommes puissans, de grands citoyens qui ont été forcés par les troubles civils d'abandonner leur patrie. Quelques-uns, excités par l'esprit de vengeance ou par le désir de recouvrer d'anciennes supériorités, ont pu former le projet d'y rentrer les armes à la main et avec le secours de l'étranger. Thémistocle, Alcibiade et le sage Aristide furent bannis par la légèreté du peuple athénien ; mais, si le second de ces hommes illustres fut accusé d'ourdir des trames contre sa patrie, le vainqueur de Salamine préféra de se donner la mort, plutôt que de combattre contre Athènes : il l'avertit des dangers qui allaient fondre sur elle. Aristide fut la glorieuse victime d'une loi inspirée par la jalouse méfiance de l'esprit républicain ; car l'ostracisme, comme la Roche-Tarpeïenne, menaçait non-seulement l'ambition, mais la vertu.

A Rome, les Tarquins essayèrent de reconquérir le pouvoir, en se mettant à la tête d'une faction attachée à leur fortune ; mais ils n'avaient point été les maîtres de leurs déterminations : l'aristocratie, en les chassant, avait détruit la royauté.

Coriolan , aigri par l'injustice de ses concitoyens, et emporté par de profonds ressentimens, avait trahi ses devoirs envers Rome ; mais, plus fils que citoyen , et puni pour avoir cédé aux pleurs de son épouse et de sa mère, il périt par la main des étrangers, à la tête desquels il avait marché contre sa patrie.

L'émigration française ne présente pas les mêmes caractères. Aucun des personnages importans, qui avaient quitté la France après le 14 juillet, n'avait été banni ; aucun ne courait de dangers, au moins pour le moment, à l'exception de M. de Calonne ; car il existe dans le peuple un instinct tout-à-fait conforme à la nature du gouvernement représentatif : ce n'est point au prince qu'il attribue ses malheurs, c'est aux ministres, aux hommes qui ont abusé du dépôt du pouvoir remis entre leurs mains. L'émigration n'était point le résultat d'un plan, d'une combinaison préparée. Aucune idée fixe, aucun projet arrêté ne présidait à cette entreprise. Elle n'eut pas d'autre cause que les craintes exagérées, conçues par le petit nombre de personnes, que leur opposition aux vœux, qui se manifestaient d'une manière presque unanime dans la nation, avait mis le plus en évidence.

Une fois sortis de France avec éclat, ces personnages sentaient la difficulté d'y rentrer, si l'assemblée parvenait à établir un gouvernement constitutionnel qui renversât entièrement l'ancien édifice, objet de toute leur affection. Ils employèrent, en conséquence, tous leurs soins à former un parti assez puissant pour soutenir les espérances de ceux qui partageaient leur opinion.

A l'époque que nous retraçons, l'émigration était encore peu nombreuse; mais, indépendamment des princes, la plupart de ceux qui figuraient dans ses rangs avaient occupé des emplois élevés, tenaient à de grandes familles, et possédaient des fortunes considérables. M. le comte d'Artois se faisait distinguer par l'élégance de sa personne, et, prince ou soldat, les dons extérieurs de la nature ne sont pas sans influence; ses manières étaient gracieuses avec la jeunesse de la cour, et sa familiarité avec elle allait aussi loin que l'élévation de son rang pouvait le permettre. Cette popularité aristocratique obligeait cette brillante jeunesse, non pas à prendre un parti définitif, car on n'en était pas encore venu au point de brûler entièrement ses vaisseaux, mais à faire acte de présence à l'émigration, et à se faire immatriculer sur les registres de la contre-révolution, pour le cas où elle parviendrait à triompher. Ce ne fut cependant que lorsque les princes eurent obtenu de l'électeur de Trèves de venir résider à Coblentz, que le rassemblement commença à prendre quelque consistance.

M. le prince de Condé jouissait d'une assez grande importance. Son caractère n'était point attrayant, mais il soutenait cette réputation signalée de bravoure, apanage héréditaire de la branche des Condé. Il s'était montré avec distinction dans la guerre de sept ans, où il avait commandé en chef un corps d'armée. On avait rétabli pour lui, dans les derniers temps, la place de colonel-général de l'infanterie, charge qui avait effrayé la couronne dans les mains du duc d'Épernon [1]. Ses inspections générales l'avaient mis à même de connaître tous les chefs de cette arme importante, la base et la force d'une armée. Sa clientelle, si j'ose m'exprimer ainsi, n'était pas la même que celle de M. le comte d'Artois; mais, moins brillante, elle était plus solide, se composant de militaires expérimentés, moins disposés encore que la jeunesse à se plier au nouvel ordre

[1] Tout le monde connaît la fierté hautaine du duc d'Épernon. Se trouvant dans la voiture de M. le dauphin, qui passait devant la garde du château, les tambours battaient le rappel: le duc baissant la glace leur dit : *battez au champ, j'y suis.* (On ne battait au champ que pour le roi et le colonel-général.) Cette impardonnable jactance fit sentir combien étaient inconvenables les prérogatives du colonel-général, et la place fut supprimée.

de choses. Le maréchal de Broglie, le maréchal de Castries, quelques-uns des meilleurs officiers, et d'autres qui n'étaient pas sans réputation, des prélats, des hommes de robe, donnaient quelque consistance à ce parti, auquel se joignaient des nobles poursuivis pour dettes, n'ayant point assez de crédit pour obtenir des *arrêts de surséance*, et qui, n'ayant plus rien à perdre, se livraient volontiers à la chance des événemens.

L'émigration, comme on voit, n'était encore qu'un parti ; car le reste de la noblesse, quoiqu'en général opposé à la révolution, tenait au manoir, et se montrait peu disposé à renouveler la chevalerie et les croisades, en abandonnant ses biens pour aller chercher dans l'étranger des périls et des humiliations. Mais on employa tous les moyens, avec une activité et une constance remarquables, pour engager les nobles à quitter la France. On fatiguait ceux qui restaient sur le sol natal d'invitations, d'injures, de menaces ; on leur annonçait qu'ils seraient rayés du tableau de la noblesse, qu'ils seraient déclarés indignes de remplir aucun emploi ; on piquait leur amour-propre en leur envoyant des quenouilles ; on cherchait à les effrayer des dangers qu'ils allaient courir, lorsque les émigrés rentreraient à la tête des troupes étrangères. Ces manœuvres, quelque insidieuses et violentes qu'elles fussent, ne produisirent ce-

pendant pas d'abord tous les effets qu'on s'en
était promis. Quelques gentilshommes quittèrent,
à la vérité, les larmes aux yeux et le désespoir
dans le cœur, l'habitation paternelle et le domaine
de leurs aïeux, auxquels ils croyaient l'offrir en
sacrifice : mais le plus grand nombre résista aux
insinuations. Les uns préféraient, particulièrement
dans le midi, les chances de la guerre civile aux
fausses espérances que pouvait faire naître une
union suspecte avec l'étranger; les autres, incapables de détermination, s'abandonnaient au
cours des événemens.

Si les princes ne s'étaient pas décidés à quitter
brusquement la France, les événemens eussent
pris, suivant toute apparence, une tout autre
direction, et la révolution, un caractère différent.
Placés à la tête des mécontens, les princes eussent pu les rallier, en accroître le nombre, donner quelque ensemble à leurs efforts, établir,
comme ils l'ont fait depuis, un gouvernement
occulte. Soutenus dans leurs dispositions par la
plus grande partie du clergé, ils seraient parvenus
à fanatiser quelques provinces, et, lorsque les
moyens de résistance eussent été préparés, ils se
seraient mis à la tête du mouvement, ou y auraient placé le roi lui-même. Une telle détermination, qui se présentait naturellement à l'esprit
des adversaires du nouvel ordre de choses, leur

cût sans doute offert des chances plus heureuses que l'imprudente résolution de se confier aux secours des étrangers; car les habitudes des siècles précédens avaient tellement courbé la nation sous le joug du gouvernement arbitraire, que beaucoup de gens auraient cru prudent de se réunir à ce parti. Sans doute il n'aurait pas triomphé; mais on jugera, par les événemens que nous allons rapporter, et qui ont fait naître des inquiétudes si vives, que si les chefs, au lieu d'être au-dehors, se fussent trouvés placés de manière à juger par eux-mêmes la véritable direction qu'il fallait imprimer à ces événemens, ils eussent présenté de bien plus grands obstacles aux défenseurs de la cause nationale; et, en supposant le roi déclaré chef du parti aristocratique, la position de ce parti pouvait devenir telle, qu'il se vît à même d'entamer des négociations, et d'obtenir plus tard des transactions favorables à ses intérêts et à ceux du trône.

Le projet d'organiser, hors de la France, une réunion assez nombreuse, assez forte pour balancer la puissance de la nation, était assurément la conception la plus déraisonnable, la plus folle qui pût être adoptée. Aussi les chefs de l'émigration ne tardèrent-ils pas à acquérir la conviction de cette vérité, dans le refus des puissances étrangères de leur accorder aucun appui; ils n'eurent plus alors d'autres ressources que de chercher à fomenter des troubles dans l'intérieur.

L'insurrection du clergé en présentait une occasion favorable ; ils la saisirent. Reconnaissant la nécessité de s'assurer un poste avantageux, qui pût servir de point de ralliement aux mécontens, et recevoir les secours venant de l'étranger, dans le cas où ils parviendraient à organiser une armée, ils avaient déjà jeté les yeux sur la ville de Lyon, dont l'esprit semblait favorable à leurs projets. Leur choix avait encore été déterminé par les relations intimes que Lyon n'avait jamais cessé d'entretenir avec Genève, dont le gouvernement, par suite de la conformité des croyances religieuses ou du danger de sa position, qui la rendait si voisine des frontières de la France, avait toujours recherché plus ou moins l'appui et la protection de l'Angleterre [1]. Parvenus à se mé-

---

[1] Parmi les nombreuses industries qui ont rendu opulente et célèbre la ville de Genève, on en doit compter une d'un ordre supérieur, puisqu'elle appartient plus particulièrement au développement des facultés intellectuelles. A Genève, comme dans quelques parties de la Suisse, on élève avec un soin particulier beaucoup de personnes de l'un et l'autre sexe, que l'on destine à faire des éducations privées. On leur fait acquérir des connaissances plus ou moins étendues dans les sciences et la littérature, et les hommes influens du pays s'occupent de les placer dans les familles les plus puissantes et les plus ri-

nager des intelligences avec une partie des magistrats civils qui administraient cette seconde ville du royaume, ils avaient encore réussi, à l'aide du marquis de Lachapelle, commandant des troupes, et qui leur était entièrement dévoué, à s'assurer de la connivence de plusieurs des chefs militaires. Comme il s'était formé à Lyon une espèce de garde volontaire, indépendante de la garde nationale, et commandée par des officiers dont le parti se croyait sûr, le plan arrêté à Turin consistait à semer d'abord la division parmi

ches de Russie, d'Allemagne et d'Angleterre. On doit dire qu'en général ces jeunes instituteurs se distinguent par la manière dont ils s'acquittent de leurs délicates fonctions, mais ils portent chez tous les peuples l'esprit génevois, s'immiscent dans les affaires politiques du pays qu'ils habitent, s'efforcent de prendre de l'ascendant sur les élèves comme sur les familles de ces élèves, et reviennent ensuite dans leur patrie avec les économies qu'ils ont faites, et des relations dont ils savent tirer parti pour eux et leurs concitoyens. Les hommes qui se distinguent par des talens supérieurs s'emparent souvent d'un rôle plus important : ils se font publicistes, et ordinairement ils disposent de leurs talens en faveur de l'Angleterre. C'est ainsi qu'on a vu les Delolme, les Mallet-du-Pan, les Durovray, les sir Francis Duvernois, les Châteauvieux, etc., publier des écrits remarquables, qu'ils s'étaient efforcés de revêtir d'un caractère d'impartialité, mais qui, au fond, avaient pour but principal de favoriser les vues secrètes du cabinet britannique.

14.

les habitans, à fomenter des querelles, afin de protéger le coup de main que l'on voulait tenter, et dont l'exécution semblait d'autant plus facile, qu'une partie de la population paraissait disposée à le seconder. Déjà, d'après ce plan, on commençait dans la Savoie à réunir et à former en corps militaires les émigrés auxquels devaient se joindre tous les mécontens du Dauphiné, de la Bourgogne et des provinces méridionales, lorsque des renseignemens très-circonstanciés sur cette conspiration parvinrent au comité des recherches.

Le comité communiqua ces renseignemens aux hommes les plus influens du côté gauche, qui, déterminés à s'opposer à toute effusion de sang, pour des opinions, et même autant qu'il serait possible pour des actes politiques, en informèrent M. de Montmorin, en le pressant de déterminer le roi à employer les moyens qui étaient en son pouvoir pour arrêter ces entreprises criminelles.

Le ministre trouva d'autant moins d'obstacles à faire réussir sa demande, que le roi ni la reine n'avaient placé leur confiance dans le parti des princes, ne le croyant pas favorable à leurs intérêts. Toutes les personnes qui ont été à même de connaître ce qui se passait dans l'intérieur de la cour, ont partagé cette conviction, suffisamment justifiée d'ailleurs par la haine que les émigrés ont constamment portée au baron de Breteuil, qui n'a cessé de jouir de la confiance, presque exclusive, de Marie-Antoinette.

D'après ces dispositions, le roi envoya à Turin M. de Jarjaye, colonel attaché à l'état-major, très-dévoué à la famille royale, mais dont les sentimens étaient également patriotiques et constitutionnels, pour engager le roi de Sardaigne à employer ses bons offices, et, s'il était nécessaire, son autorité, pour s'opposer à la continuation de manœuvres contraires au devoir du bon voisinage, et qui devaient blesser ses sentimens particuliers. Le roi de Sardaigne, qui ne voyait qu'avec chagrin des menées propres à attirer la foudre sur ses états, se félicita d'être provoqué à faire cesser de dangereux rassemblemens, et donna l'ordre de leur dissolution.

On ne peut nier que, dans ces circonstances, l'assemblée n'ait fait preuve d'une prudente circonspection. Si elle eût rendu public tout ce qui était parvenu à la connaissance de son comité, elle eût, d'une part, excité ces passions violentes, qui depuis bouleversèrent la France et la couvrirent de deuil, et, de l'autre, elle eût fait connaître aux ennemis de la liberté l'étendue du mal, et fortifié dans leur esprit l'espoir du succès. Cette conduite réservée n'est pas l'un des

moindres services qu'ait rendus le comité des recherches; car, en ne livrant point à la publicité
les premiers renseignemens qu'il obtenait, non-
seulement il empêchait l'irritation populaire de
se soulever et de s'accroître, mais il acquérait les
moyens de suivre les trames qui s'ourdissaient
contre la liberté. Ce comité ne communiquait
ses découvertes qu'aux chefs du parti populaire,
et, quoiqu'il y eût dès-lors des divisions parmi
eux, ils se réunissaient promptement dans les
momens de crise. L'apparition des orages suffisait pour suspendre les dissensions; et, lorsque
les événemens réclamaient des mesures d'une politique éclairée, ou, lorsqu'il s'agissait de défendre
les principes, et la révolution qui n'en était
que le développement, les hommes les plus influens des divers partis du côté gauche se rapprochaient, convenaient de la marche la plus favorable à suivre, et de la direction à imprimer à
l'assemblée, pour la faire triompher des efforts
de tout genre dirigés contre elle. On peut le dire,
sans crainte d'être démenti par aucun des hommes qui ont pris une part active à la révolution,
l'assemblée fut assez bien conseillée pour montrer, au milieu des dangers qui la menacèrent,
une sagesse et une modération remarquables.

Cependant l'incendie allumé dans le Midi par
le fanatisme se communiquait rapidement de

ville en ville. Les troubles de Montauban prirent
un caractère plus grave encore que ceux de Toulouse. Une partie des habitans appartenait à la
religion réformée. Jusqu'alors la meilleure intelligence avait régné entre les protestans et les catholiques. Ils composaient ensemble la garde
nationale, et le zèle, l'activité, dont les premiers
avaient fait preuve dans le service, leur avaient
même obtenu la plupart des places d'officier.
Tous s'étaient déjà fait remarquer par les sentimens les plus patriotiques.

Pour contrebalancer l'influence que ne pouvait manquer d'exercer dans la ville une garde
ainsi composée, le parti aristocratique résolut de
créer huit compagnies de volontaires, sur le modèle des corps qui avaient été formés à Lyon
dans de pareilles vues; mais les patriotes s'y op-
posèrent, fesant observer que, d'après les décrets,
il ne pouvait exister deux espèces de garde nationale; que ce serait le moyen de faire naître
des divisions entre les citoyens, déclarant en
même tems qu'ils recevraient avec empressement
au milieu d'eux tous ceux qui voudraient se dé-
vouer à la défense de l'ordre public. Déjoués
ainsi dans une partie de leurs vœux, les adversaires de la révolution dirigèrent leurs efforts
d'un autre côté.

La municipalité de Montauban avait été éta-

blic au milieu des dissensions naissantes. Les manœuvres du clergé et son influence avaient dirigé
les choix sur des catholiques exaltés. Les mêmes
intrigues ne tardèrent pas à faire éclater une fâcheuse division entre les officiers municipaux et
la garde nationale. L'opposition de principes fit
naître de fréquentes occasions de querelles. La
municipalité devait procéder à l'inventaire des
biens des communautés religieuses, en exécution
d'un décret du 26 mars. Pour remplir ce devoir
qui lui paraissait pénible, elle choisit le dimanche,
et le moment où les ministres du culte catholique
venaient de faire retentir la chaire de déclama-
tions violentes contre les décrets de l'assemblée
nationale.

Que ces mesures fussent le résultat de l'impré-
voyance ou d'une combinaison coupable, elles
n'en causèrent pas moins de funestes événemens.
La population catholique, armée et insurgée
tout-à-coup, attaqua les protestans et les patriotes. Plusieurs de ces citoyens furent impitoya-
blement massacrés; un grand nombre d'autres,
la plupart négocians, furent jetés dans des prisons et menacés d'être sacrifiés à la fureur du
parti contre-révolutionnaire.

La nouvelle de ces événemens souleva d'indignation la ville de Bordeaux. La garde nationale
prit les armes et marcha vers Montauban, au

nombre d'environ cinq mille hommes. Au moment de partir, cette troupe avait envoyé un courrier à l'assemblée, pour lui rendre compte des sentimens qui l'animaient, et la prévenir qu'elle attendrait à Moissac les ordres des représentans de la nation, afin d'y conformer sa conduite ultérieure.

Cette petite armée était commandée par M. de Court-Pont; il avait quelques pièces d'artillerie; et de petits bâtimens, chargés de provisions et de munitions de guerre, remontaient la Garonne. Cette colonne arriva sans obstacle à Moissac, à quatre lieues seulement de Montauban, où le comte d'Esparbès avait sous ses ordres le régiment de Languedoc et fesait des préparatifs de défense. La population de Toulouse était fort agitée. Une des légions de la garde nationale avait pris le parti des contre-révolutionnaires; les patriotes, plus nombreux dans les autres légions, soutenaient les autorités municipales. Le comte de Lautrecht avait été arrêté et conduit au Capitole, où il était gardé à vue. Le vicomte de Mirabeau s'était rendu à son régiment en garnison à Perpignan, et s'efforçait de l'entraîner à la révolte. Enfin tout semblait présager l'explosion prochaine de la guerre civile; tout attestait qu'elle était imminente.

Dans ces circonstances, tous les chefs du

côté gauche firent sentir aux ministres combien
il était instant de prendre des mesures promptes
et rigoureuses pour éteindre, dès sa naissance,
un incendie qui menaçait de se répandre dans la
France entière; et, d'après leurs pressantes exhortations, le colonel Mathieu Dumas fut chargé
de porter à Bordeaux à M. de Verteuil, lieutenant-général, l'ordre de prendre le commandement supérieur dans les provinces de Guyenne,
de Périgord et du Haut-Languedoc, et de faire
toutes les dispositions qu'il jugerait convenables
pour arrêter des mouvemens si dangereux [1]. Cet
officier-général était alors dans sa terre de Sainte-
Croix, sur la route de Bordeaux à Montauban.
Le colonel Dumas l'y trouva extrèmement malade,
et entièrement hors d'état de se livrer à aucune
affaire. (Il mourut peu de tems après.) Le colonel
ne balança pas alors à se rendre à Moissac; et,
sans attendre de nouveaux ordres, déterminé
par les circonstances, il exerça l'autorité qui avait
été déférée à M. de Verteuil. Il eut bientôt ren-
contré l'armée bordelaise; mais, craignant d'exciter de nouvelles rixes, il lui donna l'ordre de

---

[1] Les ministres d'alors étaient comme plusieurs de ceux
qu'on a vus depuis et ceux même d'aujourd'hui. Ils ne
marchaient pas volontiers avec le côté gauche; mais ayant
été forcés de brûler leurs vaisseaux, ils s'opposaient au
triomphe de la contre-révolution, qui ne leur eût pas
pardonné ce qu'elle appelait leur défection.

s'arrêter, et se présenta seul, avec son beau-frère Delaruc, aide-de-camp de Lafayette, devant Montauban.

Le comte d'Esparbès, informé des nouveaux ordres du roi et des décrets de l'assemblée, et voulant mettre à couvert sa responsabilité, consentit à se retirer dans son château, à quelques lieues de la ville, et à laisser au colonel Dumas toute la direction des événemens. Celui-ci, sans employer les troupes, dont il se défiait, parvint à faire agir l'autorité municipale, dégagea les prisonniers qu'il rendit à leurs familles, rétablit l'ordre, et fit retourner à Bordeaux la garde nationale, dont la présence avait néanmoins rendu un éminent service.

La fermentation n'était pas moins vive à Toulouse. Le peuple, rassemblé autour du Capitole, s'opposait au départ du comte de Lautrecht, que l'assemblée venait de rappeler à son poste. Des menaces violentes se fesaient entendre de toutes parts. Le parti contre-révolutionnaire, appuyé par une des légions de la garde nationale, voulait enlever le prisonnier à main armée. Le colonel Dumas arriva sur ces entrefaites. Le succès qu'il avait obtenu à Montauban lui concilia la confiance des habitans de Toulouse. Après avoir fait exécuter l'ordre de l'assemblée, et vu partir M. de Lautrecht, il s'efforça de calmer les esprits;

mais il ne put que tempérer l'irritation violente
qui régnait de part et d'autre.

Au milieu des troubles de Montauban avait
figuré le marquis d'Escayrac, ancien guidon de
gendarmerie, devenu colonel au régiment de
Languedoc. Ce militaire qui, d'après l'influence
qu'il exerçait et le refus qu'il fit de venir prendre
place à l'assemblée, paraissait revêtu de quelque
mission secrète, se mit à la tête des adversaires
de la révolution dans le Quercy. Il donna des
preuves d'énergie et d'activité dans divers combats qui furent livrés aux patriotes dans cette
province. Il finit par périr avec plusieurs des siens,
au mois de janvier 91, dans le château du comte
de Clarac, après une vigoureuse résistance, et
sous les décombres de ce bâtiment auquel on
avait mis le feu.

La ville de Nîmes, l'une des plus considérables du Midi, ne pouvait rester étrangère aux
mouvemens contre-révolutionnaires qui l'entou-
raient de toutes parts. Sa position géographique
et la nature de sa population la rendant plus propre qu'aucune autre à devenir le centre de l'insurrection, le clergé ne négligea aucun moyen
de la faire servir à ses projets. Il usa de son influence sur une partie des classes les moins éclairées, pour s'emparer des nominations aux fonctions municipales, que l'extension du droit de

voter livrait trop à la multitude. Ce premier avantage obtenu, il lui fut plus facile d'intervenir dans la composition de la garde nationale, et de faire tomber le choix des officiers sur des catholiques dévoués. On osa leur faire prêter un serment différent de celui qui avait été prescrit ; on rédigea et distribua des libelles contre les décrets de l'assemblée ; on essaya sur la troupe l'effet des prédications ; enfin, ce parti porta l'audace jusqu'à faire arborer à ses agens la cocarde blanche. L'apparition d'un signe, que le roi avait quitté pour prendre les couleurs de la nation, produisit l'effet qu'on s'en était promis. Les hommes des partis opposés se rencontrèrent, se reconnurent, et la guerre civile éclata. Divers engagemens eurent lieu entre les protestans et les catholiques, entre les amis de la liberté et les fauteurs de la contre-révolution. Le sang coula de part et d'autre. Ces premiers désordres furent d'abord comprimés par le patriotisme du régiment de Guyenne et la fermeté de son commandant, M. de Bonnes-Lesdiguières ; mais l'animosité, le désir de la vengeance, fermentaient dans les cœurs, et les troubles ne tardèrent point à se reproduire. Dénoncés à l'assemblée, ils donnèrent lieu, comme nous le verrons bientôt, à une discussion qui excita d'autant plus l'intérêt, que certains membres, s'y trouvant compromis, eurent à se défendre personnellement, en parlant en faveur d'une cause à laquelle tous les moyens semblaient honorables, lorsqu'ils avaient pour but le rétablissement de l'ancien régime.

Dans les tems de crise, les réactions se suivent de près. Les mouvemens de Lyon, les troubles du Midi provoquèrent des événemens d'une autre nature. Les habitans de Marseille s'étant plaints au roi et à l'assemblée de ce que le colonel d'un des régimens de la garnison avait insulté un poste de garde nationale, il lui avait été enjoint de quitter la ville avec ses soldats; mais, comme il ne se montrait pas disposé à obéir aux ordres supérieurs qu'il avait reçus, les citoyens s'alarmèrent, et, rapprochant les intrigues de l'émigration et le soulèvement du clergé de l'inexécution des ordres adressés par l'assemblée et par le gouvernement lui-même, croyant voir en outre dans la conduite des commandans des manifestations hostiles contre leur sûreté et leur indépendance, ils supposèrent l'intention criminelle de livrer les forts aux princes réfugiés à Turin, ou même aux puissances étrangères.

Quelques hommes de la garde nationale s'emparent du fort de Notre-Dame de la Garde, et ensuite de ceux de Saint-Jean et de Saint-Nicolas. Les garnisons en sont désarmées, ou plutôt les soldats, qui les composent, se réunissent aux ci-

toyens, et font cause commune avec eux. Ils cé-
lèbrent ensemble leur victoire, et leur joie est
bientôt partagée par la multitude, qui malheureusement n'intervient que pour se livrer à de
plus funestes excès; elle immole à sa vengeance
M. de Beausset, l'un des officiers qu'elle soup-
çonnait le plus.

La municipalité semblait avoir sanctionné,
par son approbation, la conduite de la garde nationale. Aussi fut-elle accusée devant l'assemblée,
et sommée de faire évacuer les forts, sous peine
d'être déclarée personnellement responsable.
Dans la discussion qui s'éleva sur le choix des
mesures à prendre, Lafayette demanda la parole
et s'exprima en ces termes : « Lorsque le roi rappelle à son devoir une municipalité égarée, cherche les auteurs d'un assassinat, veille à la sûreté
des ports et arsenaux; lorsque, dans diverses
parties du royaume il réprime les désordres, je
ne puis voir dans cet exercice constitutionnel et
nécessaire de son autorité qu'un gage de salut
public. Je n'exagère ni ces mouvemens contre-
révolutionnaires, qu'il serait insensé de tenter,
pusillanime de craindre, et qu'il suffit de surveiller sévèrement; ni cette influence de je ne
sais quels calculs exaltés ou ambitieux contre
l'unité de la monarchie. Lors même que des voisins jaloux voudraient attaquer notre liberté nais-

sante, que ne peut une nation forte de ses anciennes qualités et de ses nouvelles vertus, unie par la liberté, animée tout entière par elle, sûre des principes de son chef; que ne peut-elle pas, dis-je, pour compléter cette grande révolution, qui sera toujours marquée par deux traits principaux, l'énergie du peuple et la probité du roi? Mais je dois saisir l'occasion de faire remarquer à l'assemblée cette fermentation nouvelle et combinée qui se manifeste de Strasbourg à Nîmes, et de Brest à Toulon, et qu'en vain les ennemis du peuple voudraient lui attribuer, lorsqu'elle porte tous les caractères d'une influence secrète. S'agit-il d'établir les départemens? On dévaste les campagnes, on désigne les victimes. Les puissances voisines arment-elles? Aussitôt le désordre est dans nos ports. Puisse la juste indignation de l'assemblée nationale contre ces violences illégales, préserver à l'avenir et nos commandans et nos arsenaux!

« Certes, on ne reconnaîtra dans ces excès ni les calculs, ni les intérêts, ni les sentimens du peuple; mais, lorsque des municipalités, des corps administratifs, excèdent leurs fonctions, lorsqu'en conservant les méfiances de l'ancien regime, après en avoir détruit les abus, on semble oublier que la tyrannie naît de la confusion des pouvoirs, un vain désir de popularité ne saurait

nous empêcher de poser le principe et d'y ramener nos concitoyens. »

Le duc de Larochefoucault, qui avait proposé
à l'assemblée d'exprimer par un décret son affliction profonde des désordres et de l'insubordination qui s'étaient manifestés à Marseille, voulant
ajouter à son projet que la municipalité serait
tenue de venir à la barre rendre compte de sa
conduite, Mirabeau se leva pour la défense de la
ville qui lui avait accordé ses suffrages, et à
laquelle il voulait témoigner sa reconnaissance :
« Vous ne voudrez pas, dit-il, condamner à
la hâte une cité importante, la métropole d'une
de nos provinces, la mère-patrie du commerce
et de l'industrie : lorsque le roi exige que les
gardes nationaux évacuent les forts de Marseille,
qu'ils ont surpris ou occupés d'une manière illé-
gale, il use d'un droit et rappelle un principe
constitutionnel, mais il n'a pas entendu qu'on
traitât une illégalité comme une rébellion; et
n'est-ce pas préjuger le délit, que de mander la
municipalité à la barre? Est-ce, d'ailleurs, le moment de donner au peuple, exalté par la liberté,
des craintes sur le sort de ses magistrats? Quelle
est donc cette nouvelle balance dans laquelle on
pèse si différemment des faits de même nature?
Que pouvait faire la municipalité, quand elle
voyait le peuple attaquer les forts, les forts prêts

à se défendre, les malheurs les plus affreux menacer la ville? que pouvait-elle faire? dire au
peuple : je vais obtenir ce que vous demandez;
dire aux forts: cédez à l'impérieuse nécessité; et
c'est aussi, messieurs, ce qu'elle a fait. Mais, s'il
était vrai que la garde nationale et la municipalité, liées par le même serment à la constitution,
eussent des preuves de projets funestes, de conspirations contre la constitution et la liberté!......
Pourquoi donc le 5 octobre ne serait-il pas coupable ici, et le 30 avril serait-il coupable à Marseille? Pourquoi la municipalité de Marseille ne
dirait-elle pas à ceux qui appellent sur elle les
foudres du pouvoir exécutif: Appelez donc aussi la
hache sur vos têtes? Êtes-vous donc assez étrangers aux mouvemens illégaux, pour oser récri-
miner sans connaître les faits? »

« Je m'empare de la dernière phrase du préopinant, s'écria le vicomte de Mirabeau; il assimile
la journée du 30 avril à celle du 5 octobre. Eh
bien! je demande que cette affaire soit renvoyée
aux juges chargés de connaître des forfaits de
cette horrible nuit. »

Lafayette, reprenant la parole, fut d'abord
interrompu par les murmures du côté droit; mais,
se tournant vers les interrupteurs, il ajouta :
« C'est avec la tranquillité d'une conscience pure,
qui n'eut jamais à rougir d'un seul de ses senti-

mens, ni d'une seule de ses actions; c'est avec le plus vif désir que toutes les circonstances de la révolution soient éclaircies , que j'adhère à la proposition de M. le vicomte de Mirabeau , de renvoyer les détails de l'affaire de Marseille au comité des rapports. » Ce renvoi fut en effet ordonné.

Cependant, le peuple sommé, en vertu des ordres du roi, d'évacuer les forts dont il s'était emparé, mais craignant surtout d'être obligé de les livrer à des troupes dont il ne connaîtrait pas les intentions, résolut de détruire ces forts, parce qu'il les supposait élevés plutôt contre sa liberté, que pour le protéger et le défendre contre les invasions étrangères [1]. Il se porta donc à la citadelle pour en commencer la destruction, malgré les représentations de l'autorité. La municipalité, contrainte de céder, ordonna , pour sauver le reste des fortifications, la démolition des batteries qui menaçaient la ville. Ces nouveaux événemens, dénoncés à l'assemblée, donnèrent lieu à diverses propositions. Les uns voulaient qu'on blâmât avec énergie la conduite de la municipalité; les autres, qu'avant de rien statuer on attendît que les faits fussent mieux éclaircis. L'as-

---

[1] On lisait sur la porte de la citadelle l'inscription suivante : *Ludovicus XIV ædificavit hanc arcem, ne fideles Massilienses nimium in libertatis amorem irruerint.*

15.

semblée, considérant que les forts ne 'sont pas
la propriété particulière des villes, mais qu'ils appartiennent à la nation, décréta de suspendre sur-
le-champ la démolition commencée, et pria le
roi de donner les ordres nécessaires pour assurer
l'exécution de son décret. La confiance qu'elle
inspirait au peuple, l'autorité dont elle jouissait,
firent plus que les mesures de rigueur, et les habitans de Marseille, plus disposés à obéir à sa
voix qu'à céder à l'emploi de la force, s'empressèrent d'obéir à ses injonctions, et remirent au
pouvoir exécutif la citadelle qui leur causait tant
d'inquiétudes.

L'exemple donné par Marseille fut suivi par
plusieurs autres villes. Les forts de Montpellier
furent pris par les citoyens, qui y placèrent une
garnison de garde nationale. Toulon et Valence
devinrent le théâtre de pareils désordres. Le commandant de cette dernière ville, M. de Voisin,
fut massacré par le peuple. Parmi les papiers
saisis sur lui, on trouva une lettre qui lui avait
été écrite par un émigré. Remise à la municipalité, cette lettre fut envoyée à l'assemblée qui,
sur la proposition de Barnave, supplia le roi de
faire poursuivre, par les voies légales, le meurtre
commis sur la personne du commandant de Valence. Elle ordonna en outre que les pièces trouvées sur M. de Voisin seraient adressées en ori-

ginal au comité des recherches[1], approuva au surplus la conduite de la municipalité et de la garde nationale, et donna des éloges aux efforts qu'elles avaient faits toutes deux pour prévenir les malheurs de la journée du 11 mai.

Tel fut, dans ces circonstances critiques, l'esprit qui dirigea l'assemblée. Telles furent les résolutions qu'elle adopta, pour comprimer à la fois les complots de l'émigration, les soulèvemens du clergé, l'effervescence des passions populaires. Nous ferons remarquer plus tard l'attitude nouvelle prise alors par le gouvernement, et les changemens qui se manifestèrent dans ses projets. Quant à l'assemblée, ne perdant point de vue l'accomplissement de sa mission, elle reprit la série de ses travaux constitutionnels sur la réorganisation de l'ordre judiciaire.

La manière, dont avaient été résolues les premières questions, devait nécessairement influer sur le sort des autres. Telle institution s'accordait avec les jurés, qui était incompatible avec l'établissement de tribunaux ordinaires; c'est ainsi, par exemple, qu'adoptés en toute matière, les jurés auraient rendu inutiles les tribunaux d'appel. Mais le jury n'ayant point été admis au civil, il devenait indispensable d'établir plusieurs degrés de juridiction.

[1] Voir à la fin du volume la note n° 1.

On trouve, dit Montesquieu, dans les lois romaines, et dans les institutions canoniques, les traces de la relation d'un juge à un autre, et de la dépendance des juridictions; mais ce n'est pas là qu'il faut chercher l'origine de l'appel parmi nous; c'est au sein de la féodalité, au milieu des combats judiciaires. L'appel ne fut d'abord qu'une prise à partie du juge, qu'un défi à un combat *par armes*, qui devait se terminer par le sang. Ce fut seulement lorsque saint Louis abolit, dans ses domaines, l'usage des combats judiciaires, qu'il fut permis d'appeler sans combattre, en portant l'affaire devant la cour du roi. Dans les premiers tems, les hommes libres furent seuls admis à se pourvoir ainsi contre l'injustice des seigneurs; mais, dans la suite, ce recours fut accordé à tous, et les parlemens reçurent tous les appels indistinctement.

Cette institution qui, à l'époque de la féodalité, forma les premiers liens de protection du roi envers les peuples, et servit à élever la puissance royale au-dessus des vassaux de la couronne, était-elle encore nécessaire, au sein de la France libre, pour défendre les citoyens, des préventions, de l'ignorance ou de la prévarication des juges?

M. de La Rochefoucault et Pétion de Villeneuve contestèrent l'utilité de l'appel : « Vous avez hier décrété l'établissement des jurés au criminel, dit le duc de la Rochefoucault, ainsi il n'y a pas lieu à l'appel en pareille matière. Je me bornerai donc aux causes civiles. Or, qu'est-ce qu'un jugement ? C'est l'opinion des hommes chargés de juger. Il se forme à la pluralité des opinions. En établissant des tribunaux d'appel, le jugement, rendu en dernier ressort, pourra être prononcé à la minorité des suffrages des deux tribunaux réunis. Il faudrait, d'ailleurs, supposer que les juges d'appel seront plus éclairés que les juges d'instance, et comment le penser, si ceux-ci ont également obtenu la confiance publique?

«Pison-du-Galand et Barnave signalèrent les avantages et démontrèrent la nécessité d'un second degré de juridiction, comme moyen d'éclairer la décision des juges. Je ne crois pas, dit Barnave, que l'appel puisse être une question sérieuse, depuis que vous avez rejeté les jurés en matière civile.

« La liberté individuelle ne peut exister avec des juges, qui, après avoir fait l'instruction, décideraient en dernier ressort le fait et le droit, dans de petits arrondissemens, où toutes les passions s'exercent avec une extrême activité. Plus rapprochés des justiciables, ils pourraient avoir des motifs d'intérêt, de préférence ou de haine, et il ne faut pas livrer sans retour les citoyens aux effets dangereux que ces motifs pourraient produire.

« Quand les juges d'appel ne seraient pas meilleurs que les premiers juges, au moins, plus éloignés des justiciables, ils échapperaient plus aisément à la séduction, ils seraient plus impartiaux soit qu'on les fixe dans le chef-lieu d'un arrondissement plus étendu, soit qu'on adopte les assises. Enfin, ils auront toujours cet avantage d'obliger les juges de première instance à apporter, dans leurs fonctions et dans l'instruction des affaires, plus d'examen, de droiture et d'exactitude, lorsqu'ils auront à craindre la censure d'un tribunal d'appel.......

« La cassation ou la révision ne remplace point l'appel. Elle ne peut suppléer au second degré de juridiction; elle n'aura d'effet que sur l'application de la loi au fait reconnu, et sur la forme. Le juge pourrait ainsi, en observant les formes, échapper à la révision, et l'injustice triompherait.

« L'objet direct du tribunal de cassation est d'assurer l'uniformité dans l'application de la loi, et d'empêcher ces interprétations qui varient avec les juges et avec les pays. Ce tribunal doit être nécessairement unique, soit qu'on le rende permanent, soit qu'on le fasse circuler par sections dans les chefs-lieux d'arrondissemens désignés. Comment serait-il donc possible de porter devant lui le jugement de toutes les causes d'appel ?

« On craint l'aristocratie des tribunaux ; mais, sans doute, d'après l'organisation que vous donnerez à l'ordre judiciaire , les juges ne pourront avoir que la supériorité des talens, de l'expérience et des lumières, et cette supériorité n'humilie personne.... Vous ne pouvez donc vous dispenser d'admettre l'appel , soit sous le rapport de la liberté individuelle , soit pour maintenir l'unité de jurisprudence ; sans cette précaution, vous verriez le caprice , l'arbitraire, la tyrannie, présider aux jugemens.

« En matière criminelle, les motifs ne sont plus les mêmes. Le jugement des jurés n'est pas susceptible d'appel ; il ne peut y avoir d'appel de leur décision , parce qu'il n'existe point de raison d'en espérer une meilleure. L'application de la loi, prononcée par le juge , fait plutôt l'objet d'une révision que d'un appel. L'assemblée doit donc se réserver de prononcer, quant au criminel, lorsqu'elle aura organisé les jurés ; mais elle ne peut balancer à décréter, maintenant, que l'appel aura lieu au civil, sauf les exceptions particulières qui pourront être faites, soit à raison des matières , soit à raison des valeurs qui seront l'objet des contestations. » La discussion ayant été fermée après ce discours, l'assemblée décréta deux degrés de juridiction en matière civile, sauf les exceptions particulières qu'elle se réserva de déterminer, et sans entendre rien préjuger en matière criminelle.

Venait ensuite la question de savoir si les juges seraient ambulans ; car Duport, supposant que les jurés seraient admis au civil, avait fait cette proposition dans le but de rapprocher la justice des justiciables, afin de la rendre plus impartiale et d'écarter les dangers de l'esprit de corps. Mais l'ambulance des juges, qui, comme les jurés, renversait toutes les idées reçues, et les habitudes de plusieurs siècles, rencontra un grand nombre de contradicteurs. Thouret, toutefois, dont l'opinion avait beaucoup d'autorité dans l'assemblée, et particulièrement sur les hommes appartenant à l'ordre judiciaire, qu'il ménageait, admettait en partie les juges ambulans, en composant ses tribunaux d'appel de trois juges sédentaires et de trois grands juges d'assises.

« Je ne puis admettre les juges ambulans, dit M. Régnier : comment un père de famille, possédant toutes les qualités nécessaires pour administrer la justice, voudra-t-il s'arracher aux douces affections qui font le bonheur de sa vie, pour aller courir de ville en ville et de campagne en campagne ? Livré à lui-même, à ses seules ressources, à ses lumières naturelles, distrait de l'application nécessaire pour remplir, avec réflexion, avec sagesse, un ministère difficile et délicat ; comment pourra-t-il rendre à la société tous les services qu'elle avait droit d'attendre de lui ? »

« Il faut que le monument que vous allez élever, dit M. Prugnon, attire le respect des hommes pour la justice. Si la religion est la chaîne qui lie le ciel et la terre, la justice est la chaîne qui lie les peuples à leur gouvernement.... Les juges seront-ils sédentaires ? Cette question ne devrait pas en faire une. La présence des tribunaux est une justice anticipée. Cela me rappelle la réponse de cette femme au magistrat, auprès duquel elle se plaignait de l'enlèvement de son troupeau, pendant son sommeil : « Vous dormiez « donc bien profondément, lui dit le juge ? Oui, « répond la femme, parce que je savais que vous « veilliez pour moi.... » Eh bien ! là, où il n'y a pas de justice permanente, c'est le sommeil de la justice : là, où il n'y a pas de juges sédentaires, il n'y a pas de justice qui veille [1].

« Il y a encore d'autres motifs particuliers.

[1] Ce raisonnement n'est pas bien juste, car des grands juges veilleraient aussi, et c'est d'ailleurs aux magistrats, spécialement chargés de la sûreté publique, à veiller à ce qu'elle n'éprouve aucune atteinte.

L'ambulance dégrade la dignité du juge; elle est contraire à l'économie du tems et à celle de l'argent. La justice est une espèce de providence qui a son temple et son sanctuaire; les magistrats en sont les pontifes. Mais, au lieu d'inspirer le respect qui leur est dû, ils ne trouveraient que le ridicule et le mépris, si vous les fesiez arriver comme des postillons, et paraître comme des charlatans [1]. Alors, les grands chemins les retiendraient plus long-temps que les grandes causes, et le livre des postes serait plus souvent consulté que le livre des lois.

« La justice doit être expéditive, tout le monde en convient; et avec des juges ambulans elle serait à longue échéance. Locke, Montesquieu, d'Aguesseau et l'Hôpital, s'ils fesaient partie de votre comité de constitution, et qu'ils fussent chargés de simplifier les lois et de rectifier tous les abus, auraient bientôt donné leur démission, en voyant les difficultés sans nombre que cette

---

[1] Les fonctions des grands juges, en Angleterre, sont placées au premier rang : partout on leur rend des honneurs, et indépendamment des grands traitemens qu'ils reçoivent, ils sont investis de la plus haute considération. Les membres des cours royales, qui maintenant vont présider les assises dans les départemens, quoiqu'on n'ait rien fait pour relever leur dignité, n'y sont cependant point considérés comme des *postillons* ou des *charlatans*.

entreprise présente..... Examinant un jour le plan d'un magnifique édifice, M. le dauphin disait à l'évêque de Verdun : « Savez-vous ce qu'il « y a de mieux et de plus beau dans ce projet? « C'est que jamais il ne sera exécuté. »

Tronchet attaqua aussi l'ambulance des tribunaux, mais avec des armes d'un ordre plus grave. « La justice, disait-il, devait être prompte, mais non prématurée; les assises ne la rendraient ni moins dispendieuse, ni plus impartiale; si les juges n'étaient point intègres, quelque rapidement qu'on les fît voyager, la séduction saurait toujours bien les atteindre; sous le rapport politique, les tribunaux sédentaires ne présenteraient aucun danger, parce qu'ils ne ressembleraient point aux parlemens; enfin, ajoutait-il, s'ils avaient l'audace de tenter quelque entreprise inquiétante pour la liberté ou les droits des citoyens, elle serait bientôt réprimée par le principe de la résistance à l'oppression consacré par la déclaration des droits, et protégé par la présence perpétuelle du corps législatif [1]. »

[1] On n'accusera pas Tronchet d'être un révolutionnaire. Il avait alors soixante ans, et conservait beaucoup d'attachement pour l'ordre de choses dans lequel il avait vécu; mais il était doué d'une grande force de jugement, comme il en a fait preuve dans la rédaction du Code civil, et il avait la bonne foi de ne point refuser son assentiment au principe du droit de résistance à l'oppression.

Cette opinion prévalut : l'assemblée décréta que tous les juges de première instance et d'appel seraient sédentaires.

Les juges devaient-ils être inamovibles ou temporaires ? Cette question intimement liée à une autre, celle de savoir qui du roi ou du peuple serait investi du droit de les choisir, n'aurait point dû en être séparée dans la discussion, et ce qui a lieu de surprendre, c'est que l'assemblée ne les ait traitées que successivement et surtout dans l'ordre le plus défavorable à sa délibération.

Cette circonstance démontre de quelle importance sont pour les assemblées publiques des règles fixes et méthodiques, conformes à la nature des travaux et à l'enchaînement des idées, et combien leurs présidens ont besoin de sagacité et d'impartiale justice pour maintenir les débats dans leur véritable direction. L'assemblée, ayant d'abord à examiner si les juges seraient nommés à vie ou pour un tems déterminé, et trop préoccupée de l'exorbitante puissance des parlemens, se prononça contre l'inamovibilité. Cependant, il restait encore à résoudre si ces juges seraient élus par le peuple ou nommés par le roi, et dans le cas où cette question serait décidée en faveur du roi, il n'était pas douteux que le premier décret ne devînt contraire à l'indépendance des magistrats, et par conséquent au vœu de la majorité.

Parmi les orateurs qui soutinrent qu'instituer les magistrats à vie, c'était exposer à de grands dangers la liberté politique, on remarqua M. D'André, ancien conseiller au parlement d'Aix, qu'on ne pouvait accuser d'exagération populaire. « Il n'est pas douteux, dit-il, que des hommes qui seraient juges pour la vie, regarderaient leurs offices comme leur propriété, et chercheraient à étendre leurs prérogatives. Objectera-t-on que des juges à tems ne sauraient être de bons juges? Pour moi, je crois tout le contraire, et je les préfère beaucoup aux juges à vie; car un magistrat, assuré de conserver toujours son état, se fait une routine, n'étudie plus, tandis que le magistrat à temps, désirant se faire réélire, cherchera à se faire remarquer par ses travaux, son désintéressement et sa probité, afin d'obtenir de nouveau les suffrages du peuple. »

Un autre parlementaire professa la même doctrine: « Je m'élève contre l'inamovibilité, dit Rœderer, dans l'intérêt des juges, dans l'intérêt de la justice, dans l'intérêt de la nation. Pour ce qui regarde l'administration de la justice, je n'ajouterai rien aux considérations qu'a fait valoir M. D'André; mais n'est-il pas de l'intérêt des juges eux-mêmes que la durée de leurs fonctions soit restreinte, puis-

que la réélection sera pour eux une récompense
et prouvera qu'ils n'ont point cessé d'être investis
de la confiance publique. Quant à l'intérêt général,
il exige impérieusement que les juges soient temporaires. Des hommes qui seraient toujours juges,
les mêmes juges qui jugeraient toujours ensemble, et ne seraient remplacés que d'une manière
lente et successive, finiraient par substituer la
jurisprudence du tribunal à la jurisprudence de
la loi, et leurs opinions ou leurs vœux, à l'expression de la volonté nationale. »

Quelque faibles que puissent paraître aujour-
d'hui les motifs invoqués alors contre l'inamovibilité des magistrats, l'assemblée les accueillit
avec faveur, la résistance séditieuse que les parlemens avaient opposée à ses décrets ayant laissé
dans les esprits des traces trop récentes, et une
défiance qui présida à toutes ses délibérations
sur l'organisation de l'ordre judiciaire.

Il restait à déterminer le tems durant lequel
les juges de première instance et d'appel exerceraient leurs fonctions. D'André avait proposé
de le fixer à cinq années, Rœderer à trois, Clermont-Tonnerre émit le vœu qu'on ne pût en réduire le terme à moins de dix années. « En proscrivant, dit-il, un système qui, dans l'ancien
ordre de choses, présentait de si grands avantages, vous avez voulu qu'un peuple libre n'aban-

donnât jamais ses pouvoirs sans retour. Mais ce n'est pas détruire ce système que de fixer à dix ans la durée des fonctions du juge; c'est un moyen d'attacher à la magistrature des hommes intègres et éclairés, et de ne pas confier à des hommes indignes de cet honneur la balance de la justice.... Les hommes capables d'être juges forment une classe très-resserrée dans la société; ils doivent se présenter aux élections après de longues études, et vous devez leur offrir une perspective qui les console et les dédommage ; un terme de quatre années ne remplirait pas cet objet. On craint de s'engager à conserver un juge qui ne répondrait pas à la confiance publique; mais, ou il s'écartera de la loi , ou il s'écartera de la justice. S'il s'écarte de la loi, vous avez, pour le ramener, le tribunal de révision; s'il s'écarte de la justice, il sera jugé par la loi. Ainsi, il n'y a point d'inconvénient dans le terme de dix années. »

L'assemblée ne déféra pas entièrement à ces observations; mais ayant égard à ce qu'elles pouvaient avoir de fondé, elle étendit à six années la durée des fonctions de judicature.

On arriva, avec ces antécédens, à la question principale: les juges seront-ils élus par le peuple ou nommés par le roi? question des plus importantes de l'ordre judiciaire, qui aurait dû être discutée et décidée la première, parce qu'elle dominait toutes les autres. Dans la disposition où se trouvaient les esprits, elle ne fut pas même débattue. M. Bouche avait à peine prononcé ce peu de paroles: « *L'histoire nous apprend que jusqu'à l'année* 697, *le peuple nommait ses juges: à cette époque, qui fut celle où le clergé entra aux états-généraux, le peuple commença à perdre ses droits...*», que l'assemblée ferma la discussion, et décréta, à une grande majorité [1], que les juges seraient élus par le peuple.

Ce décret, qui rencontra beaucoup d'improbateurs, même parmi les amis de la liberté, fut en partie la conséquence, comme je viens de le faire remarquer, de la fausse marche que l'assemblée avait suivie, et surtout de l'ordre vicieux de la délibération. En effet, l'inamovibilité une fois rejetée, on était entraîné à attribuer exclusivement au peuple l'élection de ses juges, parce qu'on sentait bien qu'après avoir institué des magistrats temporaires, il n'était plus possible d'en confier le choix au pouvoir exécutif, sans

[1] C'est par erreur que le Moniteur a rapporté que la question avait été décidée à *l'unanimité*. Les opinions étaient si loin d'être d'accord dans cette discussion, que dans celle qui la suivit immédiatement, un grand nombre de députés soutinrent très-vivement la nécessité du concours du roi dans la formation des tribunaux.

lui livrer une influence démesurée sur l'administration de la justice.

Toutefois, il faut le dire aussi, ce qui contribua beaucoup à égarer l'assemblée, dans cette occasion, ce fut la défiance que l'ordre judiciaire inspirait généralement, défiance malheureusement trop justifiée par les usurpations des parlemens et par l'histoire entière de l'ancienne monarchie. Pour bien apprécier les causes qui ont influé sur cette détermination, il ne faut pas non plus perdre de vue les règles que l'assemblée s'était prescrites ; les principes fondamentaux qu'elle avait établis. Celui de la souveraineté nationale venait d'être si souvent invoqué (et ce qu'il y a de remarquable, dans toutes les parties de l'assemblée), que, séparant les fonctions de la judicature des attributs de la royauté, elle crut y voir pour elle l'obligation de rendre aux citoyens le choix des magistrats qui devaient prononcer sur leurs intérêts les plus précieux. Cependant, tout en reconnaissant aussi le principe qu'elle prenait pour base, je conviendrai facilement qu'elle en fit, dans cette circonstance, une fausse application.

J'ai dit que, pour ne point heurter de front une opinion qui paraissait universellement accréditée, et, dans l'assemblée et dans le peuple, aucun membre n'avait directement combattu l'élection populaire ; mais, lorsqu'on discuta la ques-

16.

tion de savoir, si les juges, élus par le peuple, seraient institués par le roi, la division qui, d'abord, n'avait point été apparente, se montra à découvert, et un grand nombre de membres s'efforcèrent de faire comprendre, en faveur du roi, sous le titre d'institution, le droit positif de participer à l'élection, et même de la déterminer. La question, posée d'une manière vague, ne fut d'abord traitée que par des généralités; on invoquait cette ancienne maxime de notre droit public, qu'en France la justice émane du roi, et devait en conséquence s'administrer en son nom. On en concluait ensuite que les fonctions du *pouvoir judiciaire* [1], relevant du pouvoir exécutif dont elles étaient une branche, les juges élus par le peuple devaient être institués par le roi.

Tel était le système du comité de constitution et de jurisprudence, qui avait proposé de décréter, sans toutefois déterminer le sens et l'étendue du droit d'institution, que, hors les juges de police, tous les juges en général seraient institués par le roi. Tel était aussi l'avis de Clermont-

[1] Bien qu'on se soit servi fréquemment, dans cette discussion, de la dénomination de *pouvoir judiciaire*, l'assemblée n'a jamais eu l'intention d'élever l'ordre judiciaire au rang d'un pouvoir politique, et l'a toujours au contraire considéré comme devant se borner à l'application de la loi, attribution qui ne peut s'étendre au droit de l'interpréter.

Tonnerre. « Pour résoudre la question, dit cet orateur, je me demande d'abord qu'est-ce qu'un juge, dans l'ordre de chose adopté par l'assemblée? c'est un homme dont les fonctions complexes lui permettent de dire : « Voilà le fait, et voilà ce que la loi prononce. Ma décision doit être exécutée.»Le premier objet de ce prononcé du juge émane du peuple, le second du pouvoir exécutif. D'après cette base, je soutiens que le juge doit tenir son pouvoir du peuple et du roi. Il reçoit ses fonctions du peuple; il reçoit sa force exécutive du monarque. Il doit donc être institué par le roi, après avoir été élu par le peuple. »

Barnave, pénétrant les intentions des membres du côté droit, se demanda ce qu'on devait entendre par l'institution des juges, et alla au-devant des interprétations qu'on voulait donner à ce mot. « Malgré les usages, dit-il, admis jusqu'à ce jour, et dans le régime féodal que nous avons détruit, et dans les monarchies absolues dont la France ne veut plus, il me semble que l'institution des juges par le roi ne peut être adoptée. Je considère l'institution confiée au roi sous deux points de vue : ou elle sera libre, et alors elle serait pour lui un moyen d'exercer indirectement le pouvoir judiciaire, ce qui serait contraire aux principes d'un gouvernement libre; ou elle sera

forcée, et alors ne devrait-on pas là considérer
comme illusoire et contraire à la dignité même
du roi? Dans les pays où règne le système féodal,
c'est-à-dire dans presque tous les royaumes de
l'Europe, le monarque est chef féodal de la justice. C'est par une maxime féodale que le roi
d'Angleterre institue les juges. En France, et dans
les autres monarchies absolues, le roi instituait
les juges; mais, ayant seul toute l'autorité, tous
les pouvoirs émanaient de lui. Du moment où la
monarchie absolue se change en gouvernement
libre, cette multitude de pouvoirs remonte vers
sa source, elle retourne au peuple, et il ne reste
plus au monarque que la portion nécessaire au
salut public. En vain dirait-on que le pouvoir judiciaire forme une partie du pouvoir exécutif.
Non : il n'y a aucune analogie entre les fonctions
du pouvoir exécutif et l'institution des juges; et
le peuple, source unique de tous les pouvoirs,
doit les subordonner tous à l'intérêt général.
Tout ce qu'on a allégué contre ce principe,
comme doctrine, est puisé dans les préjugés;
tout ce qu'on a allégué, comme exemple, est
puisé dans le régime féodal. Je ne crois pas qu'on
pense à l'institution, sans donner au roi le choix
entre plusieurs candidats; et cette sorte d'institution est impossible, puisque les juges seront
temporaires, et qu'ils pourront être réélus. S'ils

devaient être à vie, le juge échapperait peut-être, jusqu'à un certain point, à l'influence du pouvoir exécutif; mais, avec l'existence temporaire que vous avez décrétée, ce serait rendre le roi maître de toute la puissance judiciaire du royaume; ce serait mettre tous les juges dans les mains du roi. L'espoir d'une réélection serait un moyen de séduction. Le juge n'est point un homme isolé. Donner au roi la faculté d'instituer les juges, c'est lui donner une influence directe sur un grand nombre de familles, et conséquemment sur tous les pouvoirs. Vous verriez cette influence agir au sein de la magistrature; les ministres se feraient une arme dangereuse des graces que l'institution des juges leur donnerait la facilité de répandre. Ce serait un moyen légal de faire renaître le despotisme par la voie la plus avilissante pour une nation libre, par la corruption. Consacrez ces moyens de corruption, et il n'existera plus d'espoir pour la liberté. Bientôt vous verrez deux partis s'élever en France comme en Angleterre; l'un, toujours dans la main du roi, serait le seul qui eût quelque accès aux emplois; l'autre serait constamment porté vers l'insurrection. L'Angleterre, resserrée par la mer et protégée par elle, peut se livrer, sans un grand péril, à ces agitations, qui, pour vous, seraient funestes, parce que vous êtes environnés de voisins puissans.

« La faculté qui serait donnée au roi de choisir entre plusieurs candidats me semble dangereuse pour la liberté des individus et la prospérité du royaume. L'institution forcée est inutile. Elle serait même de nature à inspirer aussi de justes alarmes parce qu'elle renferme le principe du retour à l'ancien régime... Je conclus donc à ce que les juges soient purement élus et institués par le peuple. »

Les argumens en faveur de l'institution des juges par le roi, présentés par Garat l'aîné, Cazalès, l'abbé Maury, et quelques autres, furent combattus de nouveau par Lechapelier, Chabroud et Mirabeau.

« Le peuple confie la justice distributive, disait Lechapelier; le pouvoir exécutif fait exécuter en son nom les jugemens de ceux à qui la justice distributive est confiée. Voilà comment la justice est rendue au nom du roi, et il en doit être ainsi; c'est au pouvoir exécutif à protéger l'exécution des jugemens, puisque les propriétés reposent sous sa puissance.

« On demande que les juges dépendent du prince!..... Il faut, au contraire, que l'indépendance la plus parfaite assure leur impartialité, et qu'ils soient toujours à l'abri des ordres arbitraires, des influences ministérielles, employées pour faire pencher la balance de la justice au détriment du peuple. »

Cazalès répondit : « Avant d'établir les principes qui paraissent devoir diriger la décision de l'assemblée, qu'il me soit permis de relever un fait inexact. M. Barnave a dit que le roi d'Angleterre ne possède l'institution des juges que par un reste du régime féodal : l'histoire atteste que le régime féodal avait usurpé ce droit sur le roi même. Dans toute société politique, il n'y a que deux pouvoirs, celui qui fait la loi, et celui qui la fait exécuter. Le pouvoir judiciaire, quoi qu'en aient dit quelques publicistes, n'est qu'une simple fonction, puisqu'il consiste dans l'application pure et simple de la loi. L'application de la loi est une dépendance du pouvoir exécutif : si le pouvoir exécutif appartient au roi, c'est au roi à nommer les juges, comme il nomme les officiers de son armée; car c'est au roi qu'est confié le maintien des propriétés au dehors et au dedans; il ne peut être responsable s'il ne dirige les juges. Un philosophe qui n'est pas suspect à cette assemblée, le citoyen de Genève, a dit : « Les rois sont les juges nés des peuples : quand ils ne veulent pas exercer la justice, ils la confient... » C'est ici que l'exemple de tous les peuples fortifie cette théorie. A Rome, où tous les pouvoirs étaient distingués avec une grande attention, le peuple, élisait le prêteur, qui, sans le concours du peuple, choisissait ses substituts et ses collègues ; ainsi, on avait consacré ce principe, que ceux, qui sont chefs suprêmes de la justice, doivent choisir eux-mêmes leurs agens........

« Il faut donc confier au pouvoir exécutif l'institution des juges. S'il était possible de descendre à quelques considérations particulières, je dirais que, puisque l'assemblée nationale a décrété que le pouvoir judiciaire repose sur le peuple, sur cette base qui n'est qu'intrigue et vénalité, il n'est qu'un moyen d'affaiblir l'activité de l'intrigue; c'est de présenter trois sujets au roi : alors, l'individu, qui voudra se faire élire, craindra de consacrer sa fortune à corrompre les suffrages, et à acheter les électeurs. »

« J'ai vu si souvent dans l'histoire, dit M. Chabroud, la liberté attaquée et détruite, que je crois que cette liberté précieuse est un vase délicat et fragile, que le moindre souffle ternit, que le moindre choc brise, il faut le surveiller avec soin: l'instant où vous perdrez de vue la liberté, sera celui où vous ne la posséderez plus. Vous croyez avec raison que les mœurs sont nécessaires à la liberté : n'encouragez donc pas la calomnie, car rien n'est plus propre à détruire les mœurs : l'homme le plus vertueux a des ennemis, il sera calomnié près des ministres, près du prince; il le sera par tous ceux qui auront élevé, sans succès, les mêmes prétentions que lui. Rejetez donc les idées qui vous sont proposées, conservez les mœurs, conservez cette surveillance active, fondement unique de la liberté. »

Tous les membres de l'assemblée ne comprenaient pas la question de la même manière; il en était résulté beaucoup de confusion et d'obscurité dans la discussion : plusieurs proposèrent de la rédiger différemment pour en bien déterminer le sens.

« L'irrégularité de la discussion, dit M. de Beaumetz, est uniquement venue de l'obscurité des mots *investiture* et *institution* : laissons ces noms qui ont coûté des flots de sang à l'Europe : ils n'ont heureusement causé qu'une perte de temps à l'assemblée nationale. Vous avez établi pour base que le peuple élira ses juges : voici les conséquences qui me paraissent devoir en résulter.

« 1° Le roi aura-t-il le pouvoir de refuser son consentement à l'admission d'un juge choisi par le peuple? 2° Les électeurs présenteront-ils au roi plusieurs candidats, pour qu'il choisisse un juge entre eux? 3° Le juge choisi recevra-t-il du roi des lettres patentes scellées du sceau de l'état? »

L'assemblée paraissait encore indécise : M. Rewbell mit fin à son incertitude par cette manière ironique de poser la question : « La nation se chargera-t-elle d'un milliard de remboursement pour donner aux ministres le droit d'élire les juges? »

Ce trait fut fort applaudi : la série de questions, proposée par M. de Beaumetz, venait d'obtenir la priorité, lorsque Malouet fit revivre les débats par la motion suivante :

«Tout membre de cette assemblée a le droit de demander qu'on intervertisse l'ordre des questions quand des intérêts importans le réclament. Dans cette circonstance, un grand intérêt l'exige, puisque les questions proposées influeraient beaucoup sur la nature du gouvernement. En effet, si la première question était résolue négativement, elle préjugerait les deux autres, et introduirait parmi nous le gouvernement démocratique[1] : elle attribuerait au peuple la plénitude du pouvoir judiciaire qui est évidemment une branche de la souveraineté

---

[1] Cette tendance vers la démocratie avait été violemment reprochée à l'assemblée par l'abbé Maury ; mais Mirabeau avait réfuté cette accusation. « L'influence du roi sur le « pouvoir judiciaire, avait-il dit, est l'attribut, non pas « du gouvernement arbitraire monarchique, mais du des- « potisme le plus certain. Je crois qu'il n'appartient qu'à « un ordre d'idées vague et confus de vouloir chercher les « différens caractères des gouvernemens. Tous les bons « gouvernemens ont des principes communs ; ils ne diffè- « rent que par la distribution des pouvoirs. Les républi- « ques, en un certain sens, sont monarchies : les mo- « narchies, en un certain sens, sont républiques. Il n'y a « de mauvais gouvernemens que le despotisme et l'anar- « chie : mais je vous demande pardon, ce ne sont pas là « des gouvernemens ; c'est l'absence des gouvernemens. »

(applaudissemens du côté gauche). *Je professe, comme vous, le principe que vous venez d'applaudir.* Mais il est certain qu'une portion de la nation ne peut exercer les droits du pouvoir judiciaire... *La souveraineté réside dans la nation ;* mais elle a délégué ses pouvoirs, et, si un district pouvait exercer le droit d'instituer les juges, vous attribueriez à une partie de la nation les droits qui n'appartiennent qu'à la nation, prise collectivement. Si vous prononcez que le roi n'a pas ce pouvoir, ce que vous lui laissez n'est plus qu'une fiction dérisoire. Vous dépouillez la couronne d'une partie de ses légitimes prérogatives ; vous anéantissez cette belle institution, qui fait participer les tribunaux à l'éclat du trône sans qu'ils en subissent l'influence. Je demande que l'ordre des questions soit changé, et que la seconde soit placée la première. »

Barnave s'y opposa et soutint que la première des questions posées par M. de Beaumetz ne préjugeait point les deux autres, comme le prétendait M. Malouet, qu'en outre la nation pouvait communiquer à des sections le pouvoir qu'elle avait d'élire les juges. « Vous n'avez pas fait autrement, a-t-il ajouté, à l'égard des corps administratifs. Les juges, comme les administrateurs, sont des officiers publics ; ils n'exerceront leurs fonctions que dans les sections par lesquelles ils seront

élus. Je vais plus loin, et je dis aux partisans exagérés de la prérogative royale, en me servant de
leur autorité favorite, de Montesquieu, qu'il est
faux, souverainement faux, que le pouvoir judiciaire soit une partie du pouvoir exécutif (le
côté droit se récrie). Je ne pensais pas que l'autorité d'un homme, que beaucoup de membres de
cette assemblée ont pris pour modèle de leurs opinions, d'un homme qui avait médité sur l'essence
du pouvoir judiciaire, et qui en avait été pendant
de longues années un des principaux ornemens,
pût exciter des murmures de votre part. La décision
d'un juge n'est qu'un jugement particulier, comme
les lois ne sont qu'un jugement général. L'un et
l'autre sont l'ouvrage de l'opinion et de la pensée,
et non un acte d'exécution. Quelle est donc la position du pouvoir exécutif relativement au pouvoir
judiciaire? Elle est la même que relativement au
pouvoir législatif. L'autorité royale est placée
auprès, afin d'assurer l'exécution des jugemens,
comme il est à côté du pouvoir législatif pour
faire exécuter les lois.

« Certainement il y a bien moins de distance
entre le pouvoir exécutif et le pouvoir administratif, qu'entre le pouvoir exécutif et le pouvoir
judiciaire. Il est étonnant qu'on n'ait fait aucune
difficulté, quand on a décrété l'élection et les fonctions des administrateurs sans le concours du roi.

« Le roi est le chef de l'administration, en ce sens qu'il exerce vis-à-vis d'elle une surveillance suprême, qui doit s'opposer à ses écarts. Il en est de même à l'égard de la justice; et sans exercer aucune influence sur l'élection des juges, ou sur les jugemens, son autorité a droit de veiller à la stricte et uniforme exécution des lois.

« Je ne puis m'expliquer comment M. Malouet a pu concevoir des alarmes aussi vives sur la consécration de deux principes qui, bien loin de pouvoir faire craindre la subversion du gouvernement, en sont, au contraire, une des bases les plus solides, puisqu'elles sont le palladium de la liberté : donner au monarque le droit de rejeter la nomination des juges, ce ne serait, je dois le dire, que changer la forme du despotisme, et convertir l'arbitraire judiciaire en despotisme de corruption. M. Malouet a dit une chose bien étrange, en avançant que le choix des juges donné au roi n'aurait nul danger; mais n'est-il pas évident que les ministres seraient chargés de ce choix, et qu'il leur donnerait les plus puissans moyens pour attaquer la liberté? Croit-on qu'ils ne découvriraient pas facilement la voie par laquelle ils pourraient faire parvenir la corruption dans toutes les parties du corps politique? Croit-on qu'ils n'étendraient pas leur influence jusque dans les élections, jusque dans les racines du pouvoir représentatif, et qu'ils n'enlèveraient pas ainsi au peuple, non-seulement sa liberté, son bonheur, mais encore jusqu'à sa moralité. Un royaume voisin vous donne déjà l'exemple de cette corruption.

« Il ne s'agit pas dans cette discussion, comme on voudrait bien le faire croire, d'une question élevée entre le monarque et le peuple, mais d'un droit précieux, que la nation peut et doit exercer elle-même, et qu'on voudrait abandonner, non au monarque, mais à ses ministres, mais à ses courtisans. On a cherché à établir une différence entre le droit de nommer les juges purement et simplement accordé au roi, et le choix entre trois candidats. Je dis et je soutiens que cette dernière manière est plus immorale et plus dangereuse encore ; je dis, qu'obliger les peuples à présenter leurs juges au choix du roi, qui l'abandonnera aux caprices intéressés de ses serviteurs, ce serait dégrader le caractère national ; ce serait avilir les citoyens qui auraient la noble ambition d'être juges, en les réduisant à se composer deux visages, l'un pour se montrer devant le peuple, l'autre pour se présenter devant un ministre, devant des subalternes, devant une femme...[1].

[1] Le bruit public, probablement mal fondé, mais très-général, attribuait à madame Duquesnois, femme d'un député, une très-grande influence sur M. l'archevêque de Bordeaux, alors ministre de la justice.

(il s'élève des murmures). Je demande s'il sera possible de voir jamais parmi les juges un homme probe, fier et libre ? Quel est en effet l'homme fier et libre, qui se mettra sur les rangs, s'il est obligé, après avoir reçu l'honorable distinction de la confiance du peuple, d'aller mendier les humiliantes faveurs d'un ministre... (bruyante interruption ; Cazalès et l'abbé Maury montent à la tribune, où étaient déjà MM. de Montlosier et le vicomte de Mirabeau, placés derrière Barnave). Je dis donc que ce système détruit la morale tous les principes, sans lesquels il n'y a ni liberté civile ni liberté individuelle ; je dis que ce système tend à dépouiller le peuple de son droit le plus précieux, le plus indispensable, pour le déposer entre les mains, non du roi, mais de la partie la plus corrompue de la nation (la partie droite se récrie avec force).

« Ce système répugnerait à votre esprit, quand il ne répugnerait pas à votre cœur. Vous avez promis de défendre la liberté, de travailler pour sa gloire, et vous ne voudrez pas attaquer aujourd'hui les principes sacrés qui font son essence, et qui la rendent l'objet le plus digne des vœux et des hommages de la nation. Je déclare que la proposition de faire nommer ou choisir les juges par le roi, est tellement contraire aux vrais principes, qu'on ne peut la soutenir sans avoir le projet de nous ramener à la servitude. »

(M. de Virieu demande que Barnave soit rappelé à l'ordre. « Il ne doit pas, dit-il, insulter ceux qui ne sont pas de son avis. ») Barnave continue : « L'ordre des questions ne préjuge donc aucune question. Il est donc faux, qu'admettre la première question, ce serait admettre le gouvernement démocratique. Il est vrai, au contraire, que le rejet de cette question vous entraînerait à sanctionner la corruption; je conclus à ce que la proposition de M. Malouet soit rejetée. »

M. de Montlosier et le vicomte de Mirabeau répondirent; Cazalès, après eux, voulut parler, mais il resta long-tems à la tribune sans pouvoir obtenir le silence; enfin, au milieu d'une vive agitation, la question préalable fut adoptée. Les questions présentées par M. de Beaumetz restèrent ainsi dans l'ordre où elles avaient été posées.

Le lendemain, la discussion fut ouverte sur ces mêmes questions par un discours de Rœderer qui obtint beaucoup d'applaudissemens. Il venait à l'appui des argumens de Barnave et leur donnait de nouveaux développemens. Goupil de Préfeln et Cazalès occupèrent après lui la tribune. Cazalès y déploya une vive éloquence; le côté droit applaudit à son opinion, toute l'assemblée aplaudit à son talent. Telles furent les couleurs sous lesquelles il représenta les dangers de la démocratie : « Si je vous peignais les factions populaires, les effets funestes de l'intrigue, des prestiges de l'éloquence ; si je nommais les Socrate, les Lycurgue, les Aristide, les Solon, immolés par le peuple ; si je citais ces illustres victimes des erreurs et des violences du peuple ; si je vous rappelais que Coriolan fut banni, que Camille fut exilé, que les Gracques furent immolés au pied du tribunal ; si je disais que les assemblées du peuple romain n'étaient que des conjurations, que les comices n'étaient pleins que de factieux ; si je vous montrais la place publique changée en un champ de bataille ; si je vous disais qu'il n'y avait pas une élection, pas une loi, pas un jugement qui ne fût une guerre civile, vous conviendriez qu'il y a des inconvéniens dans le gouvernement populaire... »

La discussion ayant été fermée après le discours de Cazalès, la première question fut mise aux voix, et l'assemblée décréta que le roi n'auraitpas le pouvoir de refuser son consentement à l'admission d'un juge élu par le peuple ; que les électeurs ne présenteraient au roi qu'un seul sujet ; et que le juge élu par le peuple recevrait du roi des provisions expédiées sans frais.

Le marquis de Ferrières raconte que la fin de

cette discussion fut très-tumultueuse; que les membres du côté droit se livrèrent à tous les emportemens, comme des hommes qui n'avaient plus rien à ménager, et qui espéraient que de l'extrême désordre naîtrait à la fin une scission devenue leur unique espoir; qu'en effet, sur l'invitation de Dufraisse-Duchey, la plupart d'entre eux, s'étant levés et ayant déclaré qu'ils ne prendraient aucune part à la délibération, sortirent au bruit des applaudissemens du peuple répandu dans les tribunes.

Si cette conduite de la part du côté droit était condamnable, ses intentions et son but l'étaient plus encore; néanmoins, il faut convenir que le système de l'élection des juges par le peuple, sans que le roi eût même à choisir entre des candidats populaires, était une institution trop démocratique. La première base de l'existence des pouvoirs politiques est leur indépendance mutuelle; il faut donc que chacun d'eux ait des garanties de son existence, et par conséquent des moyens de se défendre. Or, cet équilibre ne s'obtient que par un juste partage des attributions. Si les assemblées sont trop puissantes, le pouvoir exécutif devient trop faible, et, comme l'exécution des lois nécessite des rigueurs, il deviendrait odieux, si le prince n'avait pas aussi des graces à répandre. Au reste l'équilibre ne saurait s'établir entre deux pouvoirs rivaux, parce que la passion tiendra toujours la balance et la fera pencher de son côté. Une seconde chambre, composée d'élémens différens de ceux de la première, était donc indispensable dans la nouvelle organisation, mais la presque unanimité des nobles l'avait rejetée.

La discussion sur l'ordre judiciaire avait, dans la question spéciale des jurés, opéré une fâcheuse scission dans le parti constitutionnel. Pour la première fois des considérations d'intérêt privé avaient prévalu sur les intérêts généraux, et cet exemple, de triste présage, semblait de nature à encourager les ministres à recourir aux moyens de séduction, ressource trop ordinaire du pouvoir, lorsqu'il ne peut obtenir, par ses actes eux-mêmes, l'approbation générale. On devait d'autant plus craindre ce danger, que l'enthousiasme de la liberté, l'abnégation de soi-même, le dévouement à la patrie, tous ces sentimens généreux commençaient à s'affaiblir, et que, chez un trop grand nombre de membres, l'amour du bien public fesait déjà place à des calculs intéressés.

J'ai eu l'occasion de faire pressentir que la conduite de la cour, ses plans et ses démarches allaient nécessairement prendre une direction nouvelle, et que les moyens de la force s'étant brisés dans sa main, elle se trouverait forcée d'employer la dissimulation et la ruse. L'art de diviser pour ré-

gner était connu long-tems avant que Machiavel
l'eût réduit en principe de gouvernement. Cet
art avait prévalu dans la politique des cours, et
c'est à lui qu'on s'empressa de recourir. La formation du club de 89 avait été un premier essai;
il avait opéré, à la vérité, quelque division dans
le parti patriote, mais son influence avait été
bien faible dans l'assemblée. La divergence des
opinions se fortifia davantage par la réunion,
chez le duc de La Rochefoucault, d'un certain
nombre de députés, parmi lesquels s'en trouvaient
plusieurs que leurs talens plaçaient au premier
rang dans l'assemblée. Il suffit de délibérer dans
des lieux séparés, pour qu'il s'établisse bientôt
une différence dans les opinions, dans la manière
de voir, et de ce dissentiment résulte souvent
une opposition qui ne tend qu'à l'accroître[1].

[1] Pour bien comprendre la division des partis dans l'assemblée, il n'est pas inutile de se représenter leur position respective dans la salle où elle tenait ses séances. C'é-
tait un parallélogramme : le fauteuil du président et le
bureau des secrétaires étaient placés au milieu, et la tribune vis-à-vis. Tout ce qui siégeait à droite appartenait,
plus ou moins, au parti aristocratique, la gauche était
formée par le parti patriote; mais l'un et l'autre se sub-
divisaient d'une manière à-peu-près égale. A droite, à la
partie la plus élevée, étaient placés les plus chauds partisans de la féodalité et de toute espèce de priviléges,
comme d'Espréménil, le vicomte de Mirabeau, les plus

Quoique la désunion qui commençait à se manifester dans le côté gauche n'empêchât pas de violens des parlementaires. Le milieu était plus modéré; on y voyait un grand nombre de curés et d'hommes sans opinion politique bien déterminée. La troisième partie avait pour chefs des membres qui n'étaient point étrangers aux grandes questions de droit public, mais qui n'auraient voulu peut-être que de légères améliorations à l'ordre ancien. On comptait parmi eux, Cazalès, Malouet, Clermont-Tonnerre, l'évêque de Langres, Montlosier, malgré son enthousiasme pour les institutions féodales. Lally et Mounier en auraient fait partie s'ils n'eussent point abandonné l'assemblée.

La même disposition d'esprit et de sentimens avait classé, en sens inverse, les partis qui divisaient aussi le côté gauche: celui qui se rapprochait le plus du centre se composait des plus indécis, des hommes qui n'avaient point approfondi les questions politiques. Ils n'avaient point un système suivi, et votaient selon l'impulsion du moment; cependant, ce qui est remarquable, c'est que beaucoup d'entr'eux se sont laissés entièrement entraîner par la succession des événemens, comme Merlin, Grégoire, Barrère, Camus, etc., etc., et dans un sens différent, des hommes qui ont rempli des emplois supérieurs sous l'empire et qui ont été placés depuis dans la plus élevée de nos magistratures. Au-dessus d'eux étaient placés les membres qui constituaient le parti national et qui a eu la principale direction dans l'assemblée. Les désigner, serait rappeler les noms de tous les hommes qui ont jeté le plus d'éclat dans la révolution. L'extrémité du côté gauche formait le noyau de ce qu'on a appelé depuis la montagne. Là, siégeaient Robespierre, Buzot, Pétion et tous ceux qui poussaient à une révolution radicale.

faire cause commune contre le côté droit, toutes
les fois qu'il s'agissait de défendre la révolution,
elle n'en diminuait pas moins le concert des efforts
nécessaires pour triompher des violentes résistances qui s'opposaient à l'établissement du régime constitutionnel. Ce n'était pas seulement
dans l'assemblée que cette division produisait de
fâcheux effets, elle s'étendit dans la capitale,
dans la garde nationale et dans les départemens;
elle jeta de l'incertitude dans les esprits, soit relativement aux questions politiques, soit sur le
caractère des chefs de l'un et l'autre parti. La
cour, comme on le voit, avait déjà gagné du terrain. Les ministres ne s'en tinrent pas à ce premier avantage : ils cherchèrent à s'attacher, par
des moyens de diverse nature, quelques membres de la portion du côté gauche la plus rapprochée du centre. Des négociations entamées à cet
égard ne restèrent pas toutes sans effet, et le moment arriva où la dissidence dans le parti populaire, qui jusqu'alors n'avait fait que poindre, et
seulement sur des questions de peu d'importance,
se prononça d'une manière plus sensible dans
une circonstance grave et solennelle.

Quatre vaisseaux anglais, entrés dans la baie de
Nootka pour faire des échanges avec les sauva-
ges, avaient été pris par les Espagnols. Irritée de
l'outrage fait à l'honneur de son pavillon, l'An-

gleterre en avait demandé réparation à la cour de
Madrid; mais celle-ci s'y était obstinément refusée,
invoquant un droit de propriété sur ces côtes
peu fréquentées, qu'elle disait consacré par une
bulle du pape Alexandre VI. Le tems était passé
où de telles investitures pouvaient encore faire partie du droit public; mais l'Angleterre, qui n'avait
d'ailleurs que le droit de la force à opposer à
celui de la possession, n'était probablement pas fâ-
chée de trouver un prétexte pour armer et se mettre ainsi en position d'exercer son influence sur
les événemens, que devaient naturellement faire
naître les mouvemens extraordinaires qui agitaient
la France. Elle ordonna, en conséquence, dans
ses ports, un armement considérable ; l'Espagne,
de son côté, se mit sur la défensive, et les bruits
publics, qui s'accréditaient, fesaient prévoir une
rupture prochaine entre les deux nations.

Le 14 mai 1790, le ministre des affaires étrangères s'empressa d'annoncer à l'assemblée le dif-
férend qui s'était élevé entre l'Angleterre et l'Espagne, et les préparatifs de guerre de ces deux
puissances. M. de Montmorin ajoutait que le roi,
dans de telles circonstances, avait cru devoir
donner aux armes françaises une attitude imposante, soit pour faire respecter sa neutralité, soit
pour soutenir, en vertu du pacte de famille, les
droits que pouvait avoir la cour de Madrid; qu'en

conséquence les ordres étaient donnés d'équiper, dans les ports de l'Océan et de la Méditerranée, quatorze vaisseaux de ligne, et de préparer les moyens d'augmenter, au besoin, les armemens de la marine dans tous les ports de la France; le ministre demandait en même tems les subsides extraordinaires qu'exigeaient ces dispositions qui, sans doute, obtiendraient l'approbation de l'assemblée nationale.

Ce fut, en effet, le premier mouvement de l'assemblée de donner son assentiment à une mesure destinée à maintenir la dignité nationale. Plusieurs membres se précipitèrent vers la tribune et proposèrent de voter une adresse au roi, pour le remercier des négociations commencées, et des précautions qu'il avait prises pour la sûreté du royaume et du commerce; mais Alexandre Lameth, tout en partageant le sentiment général qui animait l'assemblée, crut voir de graves inconvéniens, dans le moment où l'on organisait la constitution, à décider sur un fait particulier la question de l'attribution constitutionnelle du droit de paix et de guerre : « Personne ne blâmera, dit-il, les mesures prises par le roi. Nous pouvons délibérer maintenant, puisque les ordres sont donnés; mais cette question incidente amène une question de principe. Il faut savoir si l'assemblée, chargée de faire la constitution et de fixer les attributions des pouvoirs, doit déléguer au roi seul le droit de faire la paix ou la guerre ; tel doit être le premier objet de notre délibération. »

Cette proposition excita de vives rumeurs de la part du côté droit, et une longue agitation dans l'assemblée.

« Il me paraît indispensable , continue Alexandre Lameth, de traiter la question de principe avant celle qui n'est que le résultat d'une circonstance , ou bien vous préjugeriez la délibération qui vous est soumise ; le ministre vous l'annonce assez dans sa lettre. Je crois que si vous vous borniez à accorder les subsides demandés, on pourrait entraîner la nation au-delà des bornes que notre prudence doit prescrire. Il faut, avant de prendre un parti, connaître toutes les circonstances ; il faut savoir ce qui a précédé. La nation ne doit-elle pas être inquiète, quand le ministère a laissé près de la cour, dont les affaires nous occupent actuellement, cet homme, ce ministre [1] appelé au conseil du roi, lorsqu'on a en-

_____

[1] Ce ministre était M. le duc de La Vauguyon , homme de capacité , et qui a fait preuve , depuis la restauration , de lumières et de fermeté de caractère ; mais alors il était en butte aux soupçons du parti populaire , comme ayant été appelé au conseil du roi , en même tems que les hommes qui paraissaient les adversaires les plus prononcés de la liberté publique.

touré l'assemblée nationale de baïonnettes? Il est possible qu'il y ait des raisons qui motivent une guerre ; il est possible aussi qu'il existe certains arrangemens entre différentes cours, car c'est aujourd'hui la cause des rois contre les peuples. L'assemblée nationale doit connaître le but de cet armement ; elle doit examiner si elle peut déléguer le droit de la paix et de la guerre. Cette question ne peut faire aucun doute dans cette assemblée ; le droit d'entraîner des milliers de citoyens loin de leurs foyers, d'exposer les propriétés nationales, de faire verser le sang, ce terrible droit, pouvons-nous le déléguer? Je ne le pense pas. Je demande donc que nous discutions d'abord la question constitutionnelle. On ne nous dira pas que nous délibérons quand il faut agir, puisque le roi a ordonné l'armement. »

L'agitation que causa dans l'assemblée cette proposition étant calmée, Dupont de Nemours prit la parole, et, tout en approuvant la motion d'Alexandre Lameth, il proposa de traiter d'abord la question provisoire et de renvoyer à trois semaines la discussion du principe. Barnave lui répondit : « Lorsqu'on aura démontré que les effets doivent passer avant les causes, que les résultats doivent précéder les motifs qui les occasionent, alors on aura prouvé que la question posée par M. de Lameth doit être discutée la der-

nière; mais, si l'on veut consulter l'ordre naturel
des choses, on sentira aisément qu'il faut d'abord
décider si nous avons le droit de consentir et de
nous opposer à un armement. Au moment où
les ministres s'emparent de ce droit, il faut examiner à qui il appartient. Laisser la question à
l'écart, ce serait passer condamnation, puisque
M. de Montmorin suppose la question jugée en
faveur du gouvernement. En effet, il nous dit
qu'on a armé quatorze vaisseaux, parce que Sa
Majesté est alliée à l'Espagne, parce que nous
devons de la reconnaissance à cette puissance,
pour les secours que nous en avons reçus, parce
qu'on ne peut se dispenser d'observer le pacte
de famille; il nous dit que le roi de France ouvre
des négociations, et ainsi les ministres prétendent exercer seuls le plein pouvoir de faire la
paix ou la guerre. Mais les négociations suppo-
sent nécessairement des alliances, et ces alliances
sont souvent des déclarations de paix ou de
guerre, puisque l'une et l'autre sont le résultat
de ces négociations. Il faut prendre un parti;
notre silence préjugerait la question : un ajournement de trois semaines la déciderait contre les
droits de la représentation. Quand le roi arme,
quand des négociations sont entamées, est-il
hors des probabilités que dans trois semaines la
paix ou la guerre ne soit décidée? Ainsi, lors-

qu'on propose un pareil ajournement, on propose en d'autres termes d'abandonner aux ministres, dans la circonstance présente, le droit de paix et de guerre. Pour les plus chauds amis du pouvoir arbitraire, ce serait encore une grande question; mais ce n'en peut être une pour le corps constituant. On le met dans l'alternative de consentir ou de s'opposer à l'abandon d'un droit, sans lequel on peut croire qu'il n'est point de liberté politique. Vous vous ôteriez les moyens de résister aux ruses des ministres[1], vous vous exposeriez à ce que la constitution pût être mise en péril par une guerre entreprise en opposition avec l'intérêt public. On vous propose de vous en rapporter entièrement à des hommes, à qui on fait trop d'honneur, en disant que leurs desseins sont douteux. Trois jours peut-être seront nécessaires pour discuter les principes. Je demande que la motion de M. Alexandre Lameth soit adoptée.

Mirabeau s'opposa à cet avis : il dit qu'on ne pouvait éluder la délibération sur le message du roi par l'examen de la question de principe; que ce mes-

---

[1] La dernière guerre d'Espagne, les motifs qui l'ont fait entreprendre, et les déplorables résultats qu'elle a produits, prouvent, avec assez d'évidence, que les prévisions de Barnave se fondaient sur la conviction que les ministres abusent presque toujours de leur pouvoir, lorsqu'il est placé hors du contrôle des chambres.

sage n'avait nul rapport à une déclaration de guerre; que le roi avait eu le droit d'ordonner l'armement de 14 vaisseaux, parce que dans toute société le provisoire subsiste tant que le définitif n'est pas déterminé; qu'ainsi, il ne s'agissait point d'examiner si le roi avait pu armer, ce qui était incontestable; mais si les fonds demandés étaient nécessaires; que cette question n'était pas non plus douteuse, et qu'il fallait accorder les subsides sur-le-champ. Convenant de la nécessité de traiter très-incessamment la grande question du droit de faire la paix ou la guerre, Mirabeau ajoutait qu'elle avait besoin d'être préparée à l'avance par le comité de constitution, qu'elle exigeait la solution préalable de beaucoup d'autres questions, et que l'assemblée ne pouvait avoir le projet de suspendre la délibération sur la communication et la demande du gouvernement.

Rewbell répondit que c'était précisément parce que le provisoire subsistait, parce que le ministère pouvait en abuser; qu'il fallait se hâter de décréter le principe ; que les représentans de la nation ne pouvaient accorder de subsides qu'en connaissance de cause; qu'on ne devait plus reconnaître ces pactes de famille, ces guerres ministérielles faites sans le consentement du peuple, qui seul versait son sang et prodiguait son or; que la lettre de M. de Montmorin annonçait assez des intentions hostiles, dans le cas où l'on ne pourrait concilier l'Angleterre et l'Espagne; qu'il était alors nécessaire de vérifier les causes de la guerre, et qu'il fallait donc savoir préalablement si l'assemblée avait le droit de les vérifier.

« Si nous accordions provisoirement, dit le baron de Menou, les subsides que le gouvernement sollicite, ne devrions-nous pas craindre d'être engagés bientôt dans une guerre contraire à nos principes et aux intérêts de la nation? Si des armées sont mises en mer, des actes d'hostilité ne peuvent-ils pas avoir lieu et nous réduire ensuite à l'obligation d'accorder les subsides pour continuer la guerre? L'exemple de l'Angleterre, elle-même, doit éclairer nos résolutions; lorsqu'il fut question de déclarer la guerre à l'Amérique, une partie du peuple anglais s'y opposa : lord North fit valoir avec chaleur dans le parlement cette opposition nationale; il aurait peut-être triomphé..... Mais le roi fit engager les hostilités, et les Anglais furent entraînés de force à fournir des subsides durant sept années, afin de conserver leurs armées qui, sans ces secours, étaient perdues : je soutiens donc, qu'il est impérieusement nécessaire de statuer, avant tout, sur la question constitutionnelle. On examinera ensuite de quel côté sont les torts entre l'Espagne et l'Angleterre. Viennent-ils de l'Espagne? Nous devons employer notre médiation pour l'engager à se désister de ses prétentions. Est-ce l'Angleterre qui se refuse à la justice? Eh bien! nous armerons, non pas quatorze vaisseaux, mais toutes nos forces de terre et de mer; et c'est alors que nous montrerons à l'Europe ce que c'est qu'une guerre nationale; c'est alors, qu'après avoir manifesté nos principes de justice et notre droit des gens, nous développerons le courage et la puissance d'une nation libre, et que nous irons peut-être, pour la seconde fois, attaquer l'Angleterre, jusqu'au sein de l'Angleterre même. »

Tout en proclamant que le principe n'était pas douteux, que le droit de disposer du sang et de l'or du peuple ne pouvait appartenir à un seul homme, Lechapelier appuya l'opinion émise par Mirabeau, et qui consistait à renvoyer au comité de constitution la question du droit de paix et de guerre, et à délibérer immédiatement sur la demande des subsides; mais, s'apercevant bientôt que la majorité de l'assemblée n'était pas disposée à admettre sa proposition, Mirabeau s'empressa de lui en substituer une autre où il ne s'agissait plus de voter sur-le-champ le subside, et qui fut adoptée en ces termes : « L'assemblée décrète que son président se retirera dans ce jour devers le roi, pour remercier sa majesté des mesures qu'elle a prises pour maintenir la paix ; décrète, en outre, que demain 16 mai, il sera mis à l'ordre du jour cette question constitutionnelle : la nation doit-elle déléguer au roi l'exercice du droit de la paix et de la guerre? » C'était là, évidemment, revenir à la proposition que précédemment Mirabeau avait combattue.

Le lendemain, dès le matin, un immense concours de peuple occupait les tribunes publiques de l'assemblée. Beaucoup de personnages importans s'y étaient rendus, et parmi eux on remarquait la plupart des ambassadeurs des nations étrangères. Chaque parti attendait avec anxiété la solution de cette question du droit de paix et de guerre, à laquelle les uns attachaient leurs dernières espérances, les autres le salut de la constitution et de la liberté.

La question était neuve : elle n'avait point été traitée par les publicistes : les circonstances dans lesquelles la France se trouvait, sa situation et celle des autres états de l'Europe, ajoutaient aux difficultés ; au dedans, les vieilles passions de l'aristocratie s'agitaient contre le régime constitutionnel : au dehors, les chefs des nations voisines regardaient avec effroi les progrès de la révolution française, dont l'exemple pouvait être contagieux pour leurs peuples. Intéressés à étouffer la liberté dès sa naissance, les princes pouvaient prêter leur appui aux ennemis de l'intérieur, qui conspiraient contre elle. La querelle même élevée entre l'Angleterre et l'Espagne pouvait n'être qu'une feinte diplomatique, pour préparer un état de guerre tendant à renverser la constitution française, et dans lequel les puissances méditerranées trouveraient un prétexte pour armer et se donner les moyens d'agir aussitôt que le moment leur paraîtrait favorable. Devait-on, dans de telles circonstances, suivant les usages des nations soumises au pouvoir arbitraire, laisser au roi l'arme terrible du droit de paix et de guerre, ou le fixer constitutionnellement, d'après les principes éternels et invariables de la justice, de la raison et de l'intérêt des peuples [1]?

Une fois la lice ouverte, la lutte fut soutenue de part et d'autre avec une égale ardeur. La tribune était devenue le champ de bataille où semblait devoir se décider la cause de la révolution : on y vit paraître tour-à-tour MM. le duc de Lévis, Malouet, Charles Lameth, Pétion, Montlosier,

[1] En vain objecterait-on que le roi d'Angleterre, d'après la constitution du pays, est investi du droit de paix et de guerre. Dans cette question, comme dans presque toutes les autres, la position insulaire de l'Angleterre la place dans une exception telle, qu'elle ne peut devenir un point de comparaison, toutes les fois qu'il s'agit de l'indépendance du territoire et du maintien des lois.

18.

Robespierre, Clermont-Tonnerre, Volney, l'abbé Maury , Fréteau , Cazalès, etc.

D'une part, on soutenait que dans un empire comme la France, il était nécessaire de déléguer au roi l'exercice du droit de paix et de guerre, pour défendre l'indépendance du territoire et protéger les colonies ; que les dangers qu'on redoutait pour la liberté n'étaient qu'illusoires, qu'il restait toujours à l'assemblée un moyen d'élever un rempart contre l'ambition des princes : c'était le refus des subsides, qui seul ferait tomber de la main d'un monarque ambitieux l'épée qu'il aurait tirée injustement.

Voyez l'Angleterre, disait-on, nulle nation n'est plus jalouse de conserver sa liberté, et pourtant elle a confié à ses rois ce pouvoir qui vous paraît si terrible. Quel danger n'y aurait-il pas à le déléguer au corps législatif? Comment concilier le secret et la célérité qu'exigent les résolutions de guerre ou de paix avec la lenteur et la publicité des délibérations d'une assemblée nationale ? On oppose le péril de confier la destinée de l'état aux passions, aux intérêts, et souvent aux caprices des ministres; mais les ministres sont responsables, et les représentans du peuple ne le sont pas; et, si les ministres ne sont pas toujours incorruptibles, croyez-vous que les membres d'une assemblée nombreuse le soient davantage ? N'avez-

vous pas l'exemple de la Suède et de la Pologne,
dont les diètes ont été si souvent vendues à l'or
des étrangers? A l'égard du droit de faire la paix
et de conclure les traités, il appartient également
au roi, seul chargé de représenter la nation dans
ses relations extérieures. Les traités de commerce
exigent seuls la ratification du corps législatif.

A ces argumens, présentés avec force et un talent
remarquable, ceux qui voulaient faire décider la
question en faveur du corps législatif répondaient:
Déférer au roi le droit de paix et de guerre serait dénaturer le pouvoir exécutif. Une déclaration de guerre est une volonté nationale, et l'expression des volontés nationales n'appartient
qu'aux représentans du peuple. Les partisans du
pouvoir exécutif parlent sans cesse de la célérité
et du secret; mais la célérité sera la même dans
notre système; il ne faut pas confondre la déclaration de guerre avec la direction des préparatifs
et des opérations militaires, que tout le monde
considère comme étant dans les attributions véritables du roi. Quant au secret, si souvent violé
dans les cours, la France le repousse: elle fuit le
mystère, parce qu'elle veut la justice; et la justice
sera désormais son droit public.

Il faut que la nation française déclare à toutes
les autres, de la manière la plus solennelle, qu'elle
ne fera jamais la guerre dans des vues de con-

quête, qu'elle n'entreprendra rien contre les droits et contre la liberté d'aucun peuple; mais qu'elle repoussera, avec tout le courage et toute l'énergie d'un état libre et puissant, les attaques de ses ennemis. Cette déclaration franche et loyale une fois connue, les nations étrangères n'auront point à craindre que le peuple français puisse se démentir, et trahir les engagemens d'une politique plus large, plus morale, et plus généreuse.

Le droit de faire la paix et la guerre n'a pas toujours été exercé exclusivement par les rois de France. C'est une usurpation du pouvoir. Il suffit, pour s'en convaincre, de consulter nos annales, nos anciens usages : les capitulaires en font foi, ils attestent que les délibérations sur la paix et sur la guerre se formaient aux champs de Mars et de Mai.

Depuis le roi Jean jusqu'à Louis XIII, les états-généraux ont toujours été consultés; et ils ont, à diverses époques, tantôt décidé la guerre, tantôt résolu la paix, approuvé les alliances, proposé ou ratifié les traités.

C'est seulement depuis que nos rois, voulant franchir la barrière qu'opposaient à l'extension de leur pouvoir les états-généraux, ont substitué à ces corps nationaux, élus par le peuple, des corporations judiciaires qu'ils composaient à leur gré, qu'alors, libres de tout frein, ils ont souvent, pour satisfaire leurs passions, prodigué le sang et les biens de leurs peuples, sans jamais les consulter. Toute cette période de notre histoire n'est qu'un long tissu de guerres et de désastres, résultat des querelles des rois de France avec leurs grands vassaux, qui la plupart, plus ou moins liés avec les puissances étrangères, réclamaient leurs secours pour soutenir leurs prétentions. Les plaies faites à la France par les guerres du dernier siècle ne sont pas encore fermées : et s'il fallait chercher de pareils exemples chez les peuples voisins, où le droit de paix et de guerre est abandonné au monarque, on en trouverait un grand nombre, même en Angleterre, où les *connexions continentales* auxquelles a donné lieu la propriété personnelle du roi sur l'électorat de Hanovre, n'ont produit que trop souvent de fâcheux effets pour la nation anglaise. Combien de guerres injustes, en effet, n'ont pas été entreprises chez nos voisins, contre le vœu du peuple, et malgré la responsabilité des ministres, qui presque toujours est éludée; mais les conséquences funestes de la guerre effraient peu le pouvoir, qui souvent même en profite ; c'est le peuple seul qui est ordinairement la victime des caprices et des discordes des princes.

La question peut se réduire à ces termes : A qui doit appartenir le droit de déclarer la guerre?

Serait-ce à celui que sa position met au-dessus
des malheurs qu'elle entraîne, plutôt qu'à ceux
qui doivent en subir les conséquences?

La discussion était arrivée à ce point, quand
Mirabeau parut à la tribune. Son opinion était
annoncée d'avance. On savait que la nouvelle
direction qu'il avait prise le porterait naturellement à favoriser l'extension du pouvoir royal. Il
le fit, mais en cherchant à persuader que son
projet n'avait d'autre but que de ne point rendre
le roi étranger à une grande détermination nationale [1].

[1] La veille, Mirabeau était venu s'asseoir sur le banc
immédiatement au-dessus du mien, afin de pouvoir causer
avec moi. — Eh bien! lui dis-je, nous allons donc être demain en dissentiment; car on assure que le décret que
vous proposerez ne sera guère dans les principes... — Qui
a pu vous dire cela? je n'ai communiqué mon projet à
personne. — Si l'on ne m'a pas dit la vérité, il ne tient
qu'à vous de me détromper, montrez-le-moi. — Si vous
voulez nous coaliser, j'y consens, répond Mirabeau en se
penchant vers moi. — Mais nous sommes tous coalisés, re-
pris-je à mon tour, car si vous voulez sincèrement la liberté et le bien public, vous nous trouverez toujours à
côté de vous. — Ce n'est pas ici le lieu de nous expliquer,
ajouta-t-il; mais, si vous voulez aller dans le jardin des
Feuillans, je vous y suivrai. Je m'y rendis, et il vint
promptement m'y rejoindre. Il me fit lire son décret; je
ne le trouvais point clair, je le combattis. Il répliqua par
l'exposition de ses motifs. Nous ne pûmes nous accorder,

« La question, dit-il, n'a pas été posée comme elle devait l'être. Où est la nécessité d'attribuer exclusivement soit au roi, soit au corps législatif, l'exercice du droit de faire la paix et la guerre ?

et, comme il n'était pas sans inconvénient d'être aperçu en conversation suivie avec Mirabeau, je lui proposai de se rendre le soir chez Laborde, où il me trouverait avec Duport et Barnave.

Il vint en effet à onze heures. La discussion s'engagea et prit bientôt une grande latitude. Elle roula sur l'ensemble des affaires avant de se fixer sur la question particulière de la paix et de la guerre. Lorsque celle-ci devint l'objet principal de la conférence, nous développâmes à Mirabeau tous les motifs, soit de principe, soit de circonstance, qui nous engageaient à soutenir l'opinion dont nous lui donnâmes entièrement connaissance. Mirabeau soutint quelque temps ce qu'il disait être son avis. Nous lui fîmes remarquer, alors, que dépouiller l'assemblée d'un de ses droits, c'était travailler contre lui-même ; que destiné à jouer toujours un grand rôle dans les assemblées publiques, on serait forcé de recourir souvent à son influence ; qu'ainsi, abandonner l'assemblée pour le pouvoir serait de sa part un véritable suicide. Mirabeau finit par se rapprocher de nous, au point qu'il n'y avait presque plus de dissentiment. Mais il ajouta : Je ne suis pas entièrement le maître : je suis *engagé*, et d'ailleurs vous ne connaissez pas tout ce qui a été fait pour s'assurer la majorité. Vous ne l'obtiendrez pas, quelque effort que vous puissiez tenter. Nous lui répondîmes que nous ne partagions pas son avis. « Nous aurons, lui disions-nous, la majorité, sans vous, contre vous, jugez si nous en serions sûrs avec vous. Nous ne voulons que le salut du pays ; nous

D'après les principes même de la constitution
que vous avez décrétée, l'expression du vœu national ne résulte-t-elle pas du concours de la volonté du monarque, réunie à celle des représentans du peuple? Et si l'exercice du droit de paix
et de guerre est une des fonctions du gouvernement qui tiennent à la fois de l'action et de la
volonté, pourquoi ne pas l'attribuer concurremment aux deux pouvoirs que notre constitution

serons charmés de vous laisser la gloire de la journée, et
et nous nous bornerons à vous soutenir, si vous adoptez
une proposition convenue. » Il persistait à supposer l'impossibilité du succès. « Vous ne savez pas, disait-il, à quels
dangers vous seriez exposés, si vous parveniez à réussir. —
Quoi! l'on attenterait à notre vie? — Il y a de ces exem-
ples-là dans les révolutions. — Jamais on ne l'oserait; la
vengeance serait trop terrible. »

Mirabeau, en proie à l'indécision, ne disconvenait point
du prix qu'il attacherait à un succès de ce genre; mais
revenant cependant à ses engagemens, il finit par dire: «Je
ferai tout ce qui dépendra de moi pour ne pas me séparer de vous »; et, m'adressant la parole, il ajouta : « Je
vous écrirai demain pour vous faire connaître à quelle résolution j'aurai dû m'arrêter. » En effet, je reçus le lendemain matin un billet conçu en ces termes :

« Vous vous trompez sur le calcul des voix. Je suivrai
la ligne moyenne; mais quoi qu'il puisse arriver, je n'ou-
blierai jamais la chevalerie de vos procédés.

« *Vale et me ama*,

« MIRABEAU. »

a consacrés, au lieu de les exclure l'un par l'autre [1]?

« Avant de nous décider sur ce nouveau point de vue, examinons si, dans la pratique de la guerre ou de la paix, la nature des choses, leur marche invincible, ne nous indiquent pas les époques où chacun des deux pouvoirs peut agir séparément, les points où leur concours se rencontre, les fonctions qui leur sont communes et celles qui leur sont propres, le moment où il faut délibérer et celui où il faut agir.

« Et d'abord est-ce au roi ou au corps législatif à entretenir des relations extérieures, à veiller à la sûreté de l'empire, à faire, à ordonner les préparatifs nécessaires pour le défendre?

« Si vous décidez cette première question en faveur du roi, et je ne sais comment vous pourriez la décider autrement sans créer dans le même royaume deux pouvoirs exécutifs, vous êtes contraints de reconnaître, par cela seul, que la force publique peut être dans le cas de repousser une première hostilité, avant que le corps législatif

---

[1] Mirabeau n'émettait point, comme il le disait, une opinion nouvelle : Pétion, Menou et Saint-Fargeau avaient déjà proposé de faire participer les deux pouvoirs à la décision de la paix ou de la guerre, en attribuant, dans leurs décrets, l'initiative au roi, et la délibération au corps législatif.

ait eu le tems de manifester aucun vœu, ni d'approbation, ni d'improbation. Qu'est-ce que repousser une première hostilité, si ce n'est commencer la guerre?

« Je m'arrête à cette première hypothèse, pour vous en faire sentir la vérité et les conséquences. Des vaisseaux sont envoyés pour garantir nos colonies; des soldats sont placés sur nos frontières: vous convenez que ces préparatifs, que ces moyens de défense appartiennent au roi. Or, si ces vaisseaux sont attaqués, si ces soldats sont menacés, attendront-ils pour se défendre que le corps législatif ait approuvé ou improuvé la guerre? non sans doute. Eh bien! par cela seul la guerre existe, et la nécessité en a donné le signal. De là je conclus que, presque dans tous les cas, il ne peut y avoir de délibération à prendre que pour savoir si la guerre doit être continuée.

« Ne s'agit-il donc que d'une guerre défensive, où l'ennemi a commis des hostilités? Voilà la guerre, ou, sans qu'il y ait encore des hostilités, les préparatifs de l'ennemi en annoncent le dessein? Déjà, par cela seul, la paix n'existe plus; la guerre est commencée.

« Mais quoi! direz-vous, le corps législatif n'aura-t-il pas toujours le pouvoir d'empêcher le commencement de la guerre? Non, car c'est comme si vous demandiez s'il est un moyen d'empêcher qu'une nation voisine ne nous attaque ; et quel moyen prendriez-vous ?

« Cependant, et je le sens aussi vivement que tout autre, il faut bien qu'il existe un moyen d'empêcher que le pouvoir exécutif n'abuse même du droit de veiller à la sûreté de l'état ; qu'il ne consume en armemens inutiles des sommes immenses ; qu'il ne prépare des forces pour lui-même, en feignant de les destiner contre un ennemi ; qu'il n'excite, par un trop grand appareil de défense, la jalousie ou la crainte de nos voisins : sans doute il le faut. Mais la marche naturelle des événemens nous indique comment le corps législatif réprimera de tels abus ; car, d'un côté, si la nécessité exige des armemens plus considérables que ne le comporte l'extraordinaire des guerres, le pouvoir exécutif sera obligé de les demander, et vous aurez le droit d'improuver les préparatifs, de forcer à la négociation de la paix, de refuser les fonds demandés. D'un autre côté, la prompte notification que le pouvoir exécutif sera tenu de faire de l'état de la guerre, soit imminente, soit commencée, ne vous laissera-t-elle pas les moyens de veiller à la liberté publique ? En effet, je vais démontrer qu'il suffit que le concours du pouvoir législatif commence à l'époque de la notification dont je viens de parler, pour concilier parfaitement l'intérêt national avec le maintien de la force publique.....

« Les hostilités sont ou commencées ou imminentes. Quels sont alors les devoirs du pouvoir exécutif? quels sont les droits du pouvoir législatif?

« Je viens de l'annoncer : le pouvoir exécutif doit notifier, sans aucun délai, l'état de guerre ou existant, ou prochain; en faire connaître les causes; demander les fonds nécessaires; requérir la réunion du corps législatif, s'il n'est point assemblé.

« Le corps législatif, à son tour, a quatre sortes de mesures à prendre. La première est d'examiner si, les hostilités commencées, l'agression coupable ne vient pas de nos ministres ou de quelque agent du pouvoir exécutif : dans un tel cas, l'auteur de l'agression doit être poursuivi comme criminel de lèse-nation.

« La seconde mesure est d'improuver la guerre si elle est injuste ou inutile, de requérir le roi de négocier la paix, et de l'y forcer en refusant les fonds. Voilà, messieurs, le véritable droit du corps législatif. Au reste, lorsque je propose de faire improuver la guerre par le corps législatif, tandis que je lui refuse le droit exclusif de faire la paix ou la guerre, ne croyez pas que j'élude en cela la question, ni que je propose la même délibération sous une forme différente. Il existe une nuance très-sensible entre improuver la guerre et délibérer la guerre : vous allez l'apercevoir. L'exercice du droit de faire la paix ou la guerre n'est pas simplement une action, ni un acte de pure volonté; il tient au contraire à ces deux principes ; il exige le concours des deux pouvoirs. Faire délibérer directement le corps législatif sur la paix et sur la guerre, comme autrefois en délibérait le sénat de Rome, comme en délibèrent les états de Suède, la diète de Pologne, la confédération de Hollande, ce serait faire d'un roi de France un stathouder ou un consul; ce serait choisir, entre les deux délégués de la nation, celui qui, quoique épuré sans cesse par le choix du peuple, par le renouvellement continuel des élections, est cependant le moins propre, sur une telle matière, à prendre des délibérations utiles. Donner au contraire au pouvoir législatif le droit d'examen, d'improbation, de réquisition de la paix, de poursuite contre un ministre coupable, de refus de subsides, c'est le faire concourir à l'exercice d'un droit national par les moyens qui sont propres à la nature d'un tel corps, c'est-à-dire par le poids de son influence, par ses soins, par sa surveillance, par son droit exclusif de disposer des forces et des revenus de l'état.

« La troisième mesure du corps législatif consiste dans une suite de moyens que j'indique, pour prévenir les dangers de la guerre en la surveillant, et je lui attribue ce droit.

« Le premier de ces moyens est de ne point prendre de vacances tant que durera la guerre.

« Le second, de prolonger sa session dans le cas d'une guerre imminente.

« Le troisième, de réunir, en telle quantité qu'il le trouvera nécessaire, la garde nationale du royaume, dans le cas où le roi ferait la guerre en personne.

« Le quatrième, de requérir, toutes les fois qu'il le jugera convenable, le pouvoir exécutif de négocier la paix.....

« Enfin, la quatrième mesure du corps législatif est de redoubler d'attention pour remettre, sur-le-champ, la force publique dans son état permanent, lorsque la guerre vient à cesser. Ordonnez alors de congédier, sur-le-champ, les troupes extraordinaires; fixez un court délai pour leur séparation; bornez la continuation de leur solde jusqu'à cette époque; et rendez le ministre responsable, poursuivez-le comme coupable, si des ordres aussi importans ne sont pas exécutés : voilà ce que prescrit encore l'intérêt public.

« J'ai suivi, messieurs, le même ordre de questions pour savoir à qui doit appartenir le droit de

faire des traités de paix, d'alliance, de commerce
et toutes les autres conventions qui peuvent être
nécessaires au bien de l'état. S'il nous faut encore
des traités, celui-là seul pourra les préparer, les
arrêter, qui aura le droit de les négocier. Ces
traités vous seront notifiés sur-le-champ, ces traités n'auront de force qu'autant que le corps législatif les approuvera. Voilà encore les justes bornes du concours entre les deux pouvoirs; et ce ne
sera pas même assez de refuser l'approbation d'un
traité dangereux; la responsabilité des ministres
vous offre encore ici le moyen de punir son coupable auteur.

« Pour vous montrer, messieurs, que je ne me
suis dissimulé aucune objection, voici ma profession de foi sur la théorie de la question, considérée indépendamment de ses rapports politiques.
Sans doute la paix et la guerre sont des actes de
souveraineté qui n'appartiennent qu'à la nation;
et peut-on nier le principe à moins de supposer
que les nations sont esclaves? Mais il ne s'agit pas
du droit en lui-même; il s'agit de la délégation.

« D'un autre côté, quoique tous les préparatifs
et toute la direction de la guerre et de la paix
tiennent à l'action du pouvoir exécutif, on ne
peut pas se dissimuler que la déclaration de la
guerre et de la paix ne soit un acte de pure volonté; que toute hostilité, que tout traité de paix

ne soit en quelque sorte traductible par ces mots:
moi, nation, je fais la guerre, je fais la paix; et
dès-lors comment un seul homme, comment un
roi, un ministre, pourra-t-il être l'organe de la
volonté de tous? Comment l'exécuteur de la volonté générale pourra-t-il être en même tems
l'organe de cette volonté? Voilà sans doute des
objections bien fortes; eh bien! ces objections,
ces principes m'ont paru devoir céder à des considérations beaucoup plus fortes.... »

Ces considérations si graves, Mirabeau les fesait consister dans la facilité d'une assemblée délibérante à se décider suivant l'impression du
moment, et par des sentimens irréfléchis et exaltés; dans le défaut de responsabilité du corps
législatif, tandis que la tête d'un ministre répondrait toujours d'une guerre injuste; dans les dissensions intestines qu'une discussion sur la guerre
pourrait faire naître dans l'assemblée et dans tout
le royaume; dans la lenteur des délibérations qui,
comme il arrivait en Pologne, en Hollande et dans
toutes les républiques, ne manquerait pas de paralyser les moyens d'attaque ou de défense; dans
l'incertitude et l'hésitation du pouvoir exécutif,
qui ne saurait jamais jusqu'où les ordres provisoires pourraient s'étendre; dans les inconvéniens
même de la publicité sur les motifs de faire la
guerre ou la paix; et enfin dans le danger de

transporter les formes républicaines à un gouvernement qui devait être tout à la fois représentatif et monarchique.

« Le roi, dit-on, continue Mirabeau, pourra faire des guerres injustes, des guerres anti-nationales ? Mais on oublie que le corps législatif, toujours présent, toujours surveillant, pourra non-seulement refuser les subsides, mais improuver la guerre, mais requérir la négociation de la paix ?

« Il faut, ajoute-t-on, restreindre l'usage de la force publique dans les mains du roi; je le pense comme vous : mais prenez garde encore qu'en voulant la restreindre, vous ne l'empêchiez d'agir, et qu'elle ne devienne nulle dans ses mains.

« Mais, dans la rigueur des principes, la guerre peut-elle jamais commencer sans que la nation ait décidé si la guerre doit être faite ?

« Je réponds : L'intérêt de la nation est que toute hostilité soit repoussée par celui qui a la direction de la force publique; voilà la guerre commencée. L'intérêt de la nation est que les préparatifs de guerre des nations voisines soient balancés par les nôtres; voilà la guerre. Nulle délibération ne peut précéder ces événemens, ces préparatifs : c'est lorsque l'hostilité, ou la nécessité de la défense, de la voie des armes, ce qui comprend tous les cas, sera notifiée au corps

19.

législatif, qu'il prendra les mesures que j'indique;
il improuvera, il requerra de négocier la paix, il
accordera ou refusera les fonds de la guerre, il
poursuivra les ministres, il disposera de la force
intérieure, il confirmera la paix, ou refusera de
la sanctionner.

« Vous avez saisi mon système; il consiste à
attribuer concurremment le droit de faire la paix
et la guerre aux deux pouvoirs que la constitution a consacrés, c'est-à-dire au droit mixte, qui
tient tout à la fois de l'action et de la volonté. Je
crois avoir combattu avec avantage les argumens
qu'on allègue sur cette question en faveur de
tous les systèmes exclusifs. Une seule question
reste insoluble; c'est de déterminer les moyens
d'obvier au dernier degré de l'abus. Je n'en connais qu'un, on n'en trouvera qu'un; et je l'indi-
querai par cette locution triviale, et peut-être de
mauvais goût, que je me suis déjà permise à cette
tribune, mais qui peint nettement ma pensée,
c'est *le tocsin de la nécessité* : lui seul peut donner
le signal, lorsque le moment arrive, de remplir
l'imprescriptible devoir de la résistance, devoir
toujours impérieux lorsque la constitution est
violée, toujours triomphant lorsque la résistance
est juste et vraiment nationale.

«Je propose de décréter comme articles constitutionnels: 1° Que le droit de faire la guerre

et la paix appartient à la nation; que l'exercice
de ce droit sera délégué concurremment au pouvoir législatif et au pouvoir exécutif de la manière
suivante :

« 2° Que le soin de veiller à la sûreté extérieure
du royaume, de maintenir ses droits et ses possessions, appartient au roi : qu'ainsi lui seul peut
entretenir des relations politiques au dehors,
conduire les négociations, en choisir les agens,
faire des préparatifs de guerre proportionnés à
ceux des états voisins, distribuer les forces de
terre et de mer, ainsi qu'il le jugera convenable,
et en régler la direction en cas de guerre;

« 3° Que, dans le cas d'hostilités imminentes ou
commencées, d'un allié à soutenir, d'un droit à
conserver par la force des armes, le roi sera tenu
d'en donner, sans aucun délai, la notification au
corps législatif, d'en faire connaître les causes et
les motifs, et de demander les fonds qu'il croira
nécessaires, et, si le corps législatif est en vacances, il se rassemblera sur-le-champ;

« 4° Que, sur cette notification, si le corps législatif juge que les hostilités commencées sont
une agression coupable de la part des ministres,
ou de quelque autre agent du pouvoir exécutif,
l'auteur de cette agression sera poursuivi comme
criminel de lèse-nation; l'assemblée nationale
déclarant à cet effet que la nation française re-

nonce à toute espèce de conquête, et qu'elle n'emploiera jamais ses forces contre la liberté d'aucun peuple;

« 5° Que, sur la même notification, si le corps législatif refuse les fonds nécessaires, et témoigne son improbation de la guerre, le pouvoir exécutif sera tenu de prendre, sur-le-champ, des mesures pour faire cesser ou prévenir toute hostilité, les ministres demeurant responsables des délais;

« 6° Que la formule de déclaration de guerre et des traités de paix sera : *de la part du roi, et au nom de la nation;*

« 7° Que, dans le cas d'une guerre imminente, le corps législatif prolongera sa session dans ses vacances accoutumées, et pourra être sans vacances durant la guerre;

« 8° Que, pendant tout le cours de la guerre, le corps législatif pourra requérir le pouvoir exécutif de négocier la paix; et que, dans le cas où le roi fera la guerre en personne, le corps législatif aura le droit de réunir les gardes nationales en tel nombre et dans tel endroit qu'il jugera convenables;

« 9° Qu'à l'instant où la guerre cessera, le corps législatif fixera le délai dans lequel les troupes extraordinaires seront congédiées, et l'armée réduite à son état permanent; que la solde desdites

troupes ne sera continuée que jusqu'à la même
époque, après laquelle, si les troupes extraordinaires restent rassemblées, le ministre sera responsable, et poursuivi comme criminel de lèse-
nation; qu'à cet effet, le comité de constitution
sera tenu de donner incessamment son travail
sur le mode de la responsabilité des ministres;

« 10° Qu'il appartiendra au roi d'arrêter et de
signer avec les puissances étrangères toutes les
conventions qu'il jugera nécessaires au bien de
l'état, et que les traités de paix, d'alliance et de
commerce, ne seront exécutés qu'autant qu'ils
auront été ratifiés par le corps législatif. »

Le lecteur appréciera si le discours de Mirabeau
présentait une théorie franche et claire, et si
son projet de décret donnait les garanties généralement désirées. Il jugera si, sous le prétexte
d'assigner au pouvoir exécutif et au pouvoir législatif le genre de concours qui convenait le
mieux à la nature de chacun, il n'attribuait point
de fait au premier le droit de décider seul la
guerre, et s'il n'excluait point le corps législatif
d'une délibération directe, en bornant tous ses
droits à une simple improbation et au refus des
subsides. Barnave s'attacha à mettre au grand
jour l'intention qu'il supposait à Mirabeau; mais,
tout en discutant chacune des parties du système
de son adversaire, il traita la question dans son

ensemble : « Messieurs, dit-il, jamais objet plus important n'a fixé les regards de cette assemblée ; la question qui s'agite aujourd'hui intéresse essentiellement votre constitution ; c'est d'elle que dépend son salut. Il ne vous reste plus à constituer que la force publique ; il faut le faire de manière qu'elle s'emploie avec succès pour repousser les étrangers et arrêter les invasions, mais qu'elle ne puisse jamais être tournée contre le pays. Au point où nous sommes arrivés, il ne s'agit plus de discuter sur les principes et sur les faits historiques, ou sur toute autre considération ; il faut réduire la question à ses termes les plus simples, en chercher les difficultés et tâcher de les résoudre. Je laisse de côté tous les projets de décret qui attribuent au roi le droit de faire la guerre ; ils sont incompatibles avec la liberté ; ils n'ont pas besoin d'être approfondis : la contestation existe entre les décrets puisés dans le système général de notre constitution. Plusieurs opinans, MM. Pétion, de Saint-Fargeau, de Menou, ont présenté des décrets qui, avec des différences de rédaction, arrivent au même but. M. de Mirabeau en a offert un autre qui, destiné, je le crois, à remplir le même objet, ne paraît pas répondre suffisamment aux intentions annoncées ; c'est celui-là que je vais discuter. L'examen que j'en ferai est tellement lié à la question principale,

que, lorsque j'aurai examiné toutes les parties de
ce projet, j'arriverai immédiatement à la conclusion.

« M. de Mirabeau propose que le pouvoir de déclarer la guerre soit exercé concurremment par
le roi et par les représentans du peuple. Cette
concurrence ne me semble autre chose qu'une
confusion de pouvoirs politiques, une anarchie
constitutionnelle. Toutefois, ce défaut d'une rédaction vague et sans limites précises ne serait
rien, si le résultat du décret ne l'interprétait
point. Le vice radical du projet de M. de Mirabeau est que, par une confusion d'idées, il donne
de fait au roi, exclusivement, le droit de faire la
guerre.

« Il est universellement reconnu que le roi
doit pourvoir à la défense des frontières et à la
conservation des possessions nationales. Il est reconnu que, sans la volonté du roi, il peut exister
des différends entre les individus de la nation et
des individus étrangers. M. de Mirabeau a paru
penser que c'était là que commençait la guerre ;
qu'en conséquence le commencement de la guerre
étant spontané, le droit de déclarer la guerre ne
pouvait appartenir au corps législatif. En partant
de cette erreur, en donnant une grande latitude
aux hostilités, en les portant jusqu'à la nécessité
de défendre les droits nationaux, M. de Mira-

beau a attribué au roi le droit de faire toute espèce de guerre, même les guerres injustes, et
laisse à la nation la frivole ressource, le moyen
impuissant d'arrêter la guerre quand sa cessa-
tion devient impossible. Cependant il est universellement reconnu par les militaires, par les
marins, par tous ceux qui connaissent le droit
des gens ; il est établi par l'autorité de Montesquieu et de Mably, que des hostilités ne sont
nullement une déclaration de guerre; que les
hostilités premières ne sont que des duels de
particulier à particulier, mais que l'approbation
et la protection que donne la nation à ces hostilités constituent seules la déclaration de la
guerre.

« En effet, si le commencement des hostilités
constituait les nations en état de guerre, ce ne
serait plus ni le pouvoir législatif, ni le pouvoir
exécutif qui le déclarerait ; ce serait le premier
capitaine de vaisseau, le premier marchand, le
premier officier, qui, en attaquant un individu,
ou en résistant à son attaque, s'emparerait du
droit de déclarer la guerre. Il est bien vrai que
ces hostilités deviennent souvent des principes
de guerre ; mais c'est toujours par la volonté de
la nation que la guerre commence : on rapporte
l'offense à ceux qui ont l'exercice du droit ; ils
examinent s'il y a intérêt à soutenir l'offense, à

demander une réparation. Si on la refuse, c'est alors que la guerre est ou repoussée ou entreprise par la volonté publique. Il s'en présente en ce moment un exemple frappant. Chacun sait ce qui s'est passé dans la mer du sud, entre l'Angleterre et l'Espagne. Eh bien! je demande s'il y a actuellement guerre entre ces deux nations; si le pouvoir qui dispose de ce droit l'a déclarée, si les choses ne sont pas encore entières. Qu'arriverait-il si l'Espagne avait une assemblée nationale? les agens du pouvoir exécutif donneraient aux représentans de la nation espagnole connaissance des hostilités commencées; d'après ces rapports, l'assemblée examinerait s'il est de la justice, de l'intérêt de la nation, de continuer ces hostilités. Si la justice exigeait une réparation, elle l'accorderait; si au contraire elle trouvait juste de refuser cette réparation, elle déciderait la guerre, et chargerait le roi d'exécuter cette décision. Voilà le cas où se trouve la nation française. Des hostilités, de quelque nature qu'elles soient, seront toujours de simples hostilités, du moment où la législature n'aura pas déclaré la guerre. Ainsi, des hostilités peuvent conduire la nation à la guerre, mais ne peuvent jamais la priver de déclarer qu'elle préfère se soumettre aux plus grands sacrifices; donc, jamais un état ne peut être constitué en guerre sans l'approbation de

ceux en qui réside le droit de la faire. Le raisonnement de M. de Mirabeau n'est donc qu'un
moyen d'éluder la question, qu'un écart de la
question. Il est indispensable de savoir le moment
où la nation est en guerre, et à qui il appartient
de la déclarer en son nom: quoique le projet de
M. de Mirabeau semble annoncer que le roi déclarera la guerre concurremment avec le corps législatif, il est évident qu'il confie réellement ce droit
au pouvoir exécutif, puisque, après que ses mesures
auront précédé et peut-être déterminé l'agression,
c'est encore lui qui décidera si les hostilités seront continuées. Je demande si la faculté qu'on
laisse au corps législatif de décider que la guerre
cessera n'est pas illusoire; si, lorsque la guerre
sera commencée, lorsqu'elle aura excité les mouvemens de puissances redoutables, le corps législatif pourra déclarer qu'elle ne sera pas continuée. C'est donc au roi que le projet attribue
constitutionnellement le droit de déclarer la
guerre; c'est si bien là le système du préopinant,
qu'il l'a appuyé par tous les raisonnemens employés par les personnes qui soutiennent la même
opinion que lui. Pour combattre ce système, je
n'aurai donc qu'à examiner les propositions et les
maximes déjà développées devant vous.

« On s'est attaché à établir qu'il existait des inconvéniens plus nombreux et plus graves à attri-

buer aux législatures le droit de déclarer la
guerre, qu'à le déléguer au pouvoir exécutif, et
on a proposé différens moyens pour pallier les
dangers attachés au dernier parti. On a dit que
le droit de faire la guerre exigeait de l'unité, de
la promptitude et du secret, et qu'on ne pouvait
en supposer dans les délibérations du corps législatif. En s'appuyant de l'exemple des républiques,
on n'a pas cessé de comparer notre constitution
avec la démocratie de la place publique d'A-
thènes, avec le sénat aristocratique de Rome,
qui tâchait de distraire le peuple de la liberté par
la gloire; on l'a confondue avec celle de Suède,
où il existe quatre ordres différens, divisés en
quatre chambres, le roi et le sénat, où les pouvoirs publics sont dispersés entre six pouvoirs
divers, qui ne cessent de lutter entre eux, et
qui, après avoir combattu la délibération, com-
battent encore l'exécution, ainsi que vous l'avez
vu dans leurs derniers troubles; on l'a comparée
avec celle de la Hollande; on n'a pas craint même
de l'assimiler à celle de la Pologne, où des aris-
tocrates rassemblés, exerçant individuellement
un veto personnel, sont obligés de prendre à l'u-
nanimité leurs délibérations; où les guerres extérieures doivent toujours être malheureuses,
puisque la guerre intestine est, par cet impoliti-
que veto, presque constitutionnelle dans ce pays.

« Il est donc impossible de tirer aucune conséquence de ces constitutions pour les appliquer à
la France, où les intérêts sont discutés par une
assemblée composée d'hommes qui n'existent pas
par leurs droits, mais élus par le peuple, renouvelée tous les deux ans, assez mais non pas trop
nombreuse pour parvenir à un résultat mûr.
Examinons maintenant la nature même des
choses.

« Est-il vrai qu'accorder aux législatures le droit
de faire la guerre, ce serait enlever la promptitude et le secret qu'on regarde comme absolument nécessaires ? Quant à la promptitude, il me
semble qu'en confiant au roi le droit de faire
tous les préparatifs qu'exige pour le moment
la sûreté de l'état, et les mesures nécessaires pour
l'avenir, on a levé tous les inconvéniens. Le roi
fait mouvoir à son gré toutes les troupes de terre
et de mer; il les dirige, comme il le juge convenable, vers les frontières et sur tous les points du
royaume, lorsqu'il croit apercevoir dans les mouvemens d'un empire voisin des dispositions contre
lesquelles il semble prudent de se mettre en
garde. Le corps législatif s'assemble tous les ans
pendant quatre mois. S'il est séparé, rien de plus
facile que de le convoquer; ce rassemblement se
fera pendant les préparatifs qui précèdent toujours une action. Le roi et ses agens auront tous

les moyens de repousser une attaque subite et
de prendre des mesures pour le danger à venir.
Ainsi, la promptitude sera la même, et vous aurez pourvu à votre indépendance, sans avoir à
craindre pour votre liberté. Quant au secret, je
demanderai d'abord si ce secret existe réellement. On a déjà prouvé le contraire; mais, s'il
pouvait exister, serait-il utile? Je répondrai, en
m'appuyant de l'autorité bien imposante de l'abbé
de Mably. Il a constamment pensé que la politique de la nation française devait exister, non
dans le secret, mais dans la justice. Et ce publi-
ciste n'était point, comme on l'a dit, un simple
théoricien; il a écrit plusieurs ouvrages sur la politique moderne; il a fait le meilleur traité qui
existe sur le droit politique de l'Europe. S'il n'a
pas négocié lui-même, c'est uniquement à cause
de ses vertus; c'est qu'il a su échapper aux sollicitations du gouvernement.

« Mably pensait que, pour la puissance dominante de l'Europe, il n'y avait d'autre politique à
suivre que la loyauté et une fidélité constante; il
a démontré que, de même que dans les finances
la confiance double le crédit, de même il existe
un crédit politique qui place en vous la confiance
des nations, et qui double votre influence. Mais
dans quel cas le secret serait-il nécessaire? c'est lorsqu'il s'agit de mesures provisoires, de négociations,

d'opérations, entre une nation et une autre : tout
cela doit être attribué au pouvoir exécutif; les avantages réels du secret sont donc conservés. Il n'y
en aurait aucun à tenir caché ce qui fera l'objet
de vos délibérations. L'acceptation définitive des
articles d'un traité de paix, la résolution de déclarer la guerre, rien de tout cela ne peut être
dissimulé. Tout ce que vous vous réservez ne
peut et ne doit donc être fait qu'au grand jour.
Dans toute constitution où le peuple a une influence quelconque, la faculté de délibérer oblige
à la même publicité. Lorsque l'Angleterre délibère sur l'octroi des subsides, n'est-elle pas obligée de discuter en même tems si la guerre qui
les rend nécessaires est juste et légitime.

« Après avoir écarté les principaux motifs par
lesquels on a cherché à prouver que le droit de
la guerre ne pouvait être attribué au corps législatif, il reste à examiner les inconvéniens qui ré-
sulteraient de confier ce droit au pouvoir exécutif. On a dit qu'en le confiant aux législatures,
elles se laisseraient entraîner par l'enthousiasme
des passions, et même par la corruption. Est-il
un seul de ces dangers qui ne soit plus grand
dans la personne des ministres que dans une assemblée nationale? Contestera-t-on qu'il ne soit
plus facile de corrompre le conseil du roi, que
sept cent vingt personnes élues par le peuple? Je

pourrais continuer cette comparaison entre les législatures et le ministre unique qui guide les délibérations du conseil, livrées à l'influence des passions, des ressentimens, ou de l'intérêt personnel.

« Il arrivera peut-être que la législature pourra s'égarer, mais elle reviendra, parce que son opinion sera guidée par la nation, au lieu que le ministre s'égarera presque toujours, parce que ses intérêts ne sont pas les mêmes que ceux de la nation. Il est souvent de l'intérêt d'un ministre qu'on déclare la guerre, parce qu'alors on est forcé de lui attribuer le maniement des subsides immenses dont on a besoin, parce qu'alors son autorité s'augmente sans mesure, parce qu'il crée des commissions et nomme à une multitude d'emplois. Il conduit la nation à préférer la gloire des conquêtes à la liberté; il dénature le caractère des peuples et les dispose à l'esclavage : c'est par la guerre surtout qu'il change le caractère et les principes des soldats. Les braves militaires, qui rivalisent aujourd'hui de patriotisme avec les citoyens, rapporteraient un esprit bien différent, s'ils avaient suivi un roi conquérant, un de ces héros de l'histoire, qui sont presque toujours des fléaux pour les nations !

« Enfin, tout sollicite le corps législatif de conserver la paix, tandis que les intérêts les plus puis-

sans des ministres les engagent à entreprendre la
guerre. Vainement on oppose la responsabilité et
le refus des impôts; et, dans le cas où le roi lui-
même irait à la tête de ses troupes, vainement on
propose d'autoriser le corps législatif à rassembler les milices nationales. La responsabilité est
absolument impossible aussi long-tems que dure
la guerre, au succès de laquelle est nécessairement lié l'intérêt du ministre qui l'a commencée.
Ce n'est pas alors qu'on cherche à exercer contre
lui la responsabilité. Est-elle nécessaire quand la
guerre est terminée? Lorsque vos concitoyens et
vos frères auront péri, à quoi servira la mort
d'un ministre? Sans doute elle présentera aux
nations un grand exemple de justice; mais vous
rendra-t-elle ce que vous aurez perdu? Non-seulement la responsabilité est impossible en cas de
guerre, mais chacun sait qu'une entreprise de
guerre est un moyen banal pour échapper à une
responsabilité déjà encourue, lorsqu'un déficit
est encore ignoré. Le ministre déclare la guerre,
pour couvrir par des dépenses simulées le fruit
de ses déprédations. L'expérience a prouvé que
le meilleur moyen que puisse prendre un ministre habile pour ensevelir ses crimes, est de les
faire pardonner par des triomphes. On ne trouverait que trop d'exemples de cette horrible et
coupable politique ailleurs que chez nous: il n'y

avait point de responsabilité sous l'ancien régime. Je ne citerai qu'un seul exemple, et je le prends chez le peuple le plus libre qui ait existé.

« Périclès entreprit la guerre du Péloponèse, quand il se vit dans l'impossibilité de rendre ses comptes; voilà la responsabilité. Le moyen du refus des subsides est tellement jugé et décrié dans cette assemblée, que je crois inutile de m'en occuper; je dirai seulement que l'expérience l'a démontré inutile en Angleterre; mais il n'y a pas de comparaison entre l'Angleterre et nous; l'indépendance nationale y est mise à couvert et protégée par la nature; il ne faut en Angleterre qu'une flotte. Vous avez des voisins puissans; il vous faut une armée. Refuser des subsides, ce ne serait pas cesser la guerre; ce serait cesser de se défendre, ce serait mettre les frontières à la merci de l'ennemi.

« Il ne me reste à examiner que le dernier moyen offert par M. de Mirabeau. Dans le cas où le roi ferait la guerre en personne, le corps législatif aurait le droit de réunir des gardes nationales en tel lieu et en tel nombre qu'il jugerait convenables, pour les opposer à l'abus de la force publique, à l'usurpation d'un roi, général d'armée. Il me semble que ce moyen n'est autre chose que de proposer la guerre civile pour s'opposer à la guerre extérieure. Un des avantages domi-

20.

nans du gouvernement monarchique, un des plus
grands motifs d'attachement à la monarchie, pour
ceux qui cherchent la liberté, c'est que le monarque fait le désespoir de tous les usurpateurs.
Or, avec le moyen proposé, je demande s'il ne se
trouvera jamais un législateur ambitieux qui
veuille devenir usurpateur; un homme qui, par
ses talens et son éloquence, aura assez de crédit
sur la législature, sur le peuple pour l'entraîner?
Si le roi est éloigné, ne pourra-t-il pas lui reprocher ses succès et ses triomphes? ne peut-il
pas concevoir la pensée d'empêcher le monarque
des Français de rentrer dans la France? Il y a
plus; la législature ne commanderait pas elle-
même; il lui faudrait un chef, et l'on sait qu'avec
des vertus, des talens et des graces on se fait aisément aimer de la troupe qu'on commande. Je
demande quel serait le vrai roi, et si vous n'auriez pas alors un changement de race ou une
guerre civile. Je ne m'attacherai pas plus long-
tems à réfuter ce moyen; mais j'en tire une conséquence très-naturelle.

« Il faut que M. de Mirabeau ait aperçu de très
grands inconvéniens dans le plan qu'il a présenté,
puisqu'il a cru nécessaire d'employer un remède
si terrible. On m'objectera qu'une partie des
maux que je redoute se trouvera dans la faculté
de déclarer la guerre, accordée au pouvoir légis-

latif. Le corps législatif se décidera difficilement
à faire la guerre. Chacun de nous a des propriétés,
des amis, une famille, des enfans, une foule d'intérêts personnels que la guerre pourrait compromettre. Le corps législatif déclarera donc la guerre
plus rarement que les ministres; il ne la déclarera que quand notre commerce sera insulté,
persécuté, les intérêts les plus chers de la nation
attaqués. Les guerres seront presque toujours
heureuses; l'histoire de tous les siècles prouve
qu'elles le sont quand la nation les entreprend,
parce qu'alors elle s'y porte avec enthousiasme,
elle y prodigue ses ressources et ses trésors; de
là le double avantage de ne faire que rarement
la guerre, et de la faire toujours glorieusement.
Les guerres entreprises par les ministres sont
souvent injustes, souvent malheureuses, parce
que la nation les réprouve, parce que le corps
législatif fournit avec parcimonie les moyens de
les soutenir. Si les ministres font seuls la guerre,
ne pensez pas à être consultés. Les ministres
calculent froidement dans leur cabinet; c'est l'effusion du sang de vos frères, de vos enfans qu'ils
ordonnent. Ils ne voient que l'intérêt de leurs
agens, de ceux qui alimentent ce qu'ils croient
leur gloire; leur fortune est tout; l'infortune des
nations n'est rien : voilà une guerre ministé-

rielle. Consultez aujourd'hui l'opinion publique ;
vous verrez d'un côté des hommes qui espèrent
s'avancer dans les armées, parvenir à gérer les
affaires étrangères, les hommes qui sont liés avec
les ministres et leurs agens ; voilà les partisans
du système qui consiste à donner au roi, c'est-
à-dire aux ministres, ce droit terrible. Mais vous
n'y verrez pas le peuple, le citoyen paisible, vertueux, ignoré, sans ambition, qui trouve son
bonheur et son existence dans l'existence commune, dans le bonheur commun. Les vrais citoyens, les vrais amis de la liberté n'ont donc
aucune incertitude. Consultez-les, ils vous diront:
donnez au roi tout ce qui peut faire sa gloire et
sa grandeur ; qu'il commande seul, qu'il dispose
de nos armées, qu'il nous défende quand la nation l'aura voulu ; mais n'affligez pas son cœur
en lui confiant le droit terrible de nous entraîner
dans une guerre, de faire couler le sang, de perpétuer ce système de rivalité, d'inimitié réciproque, ce système faux et perfide qui désho-
norait les nations. Les vrais amis de la liberté refuseront de conférer au gouvernement ce droit
funeste, non-seulement pour les Français, mais
encore pour les autres nations, qui doivent tôt
ou tard imiter notre exemple. Je vais vous lire
un projet de décret, qui ne vaut peut-être pas

mieux, qui vaut peut-être moins que ceux de MM. Pétion, de Saint-Fargeau, de Menou ; n'importe, je vais vous le soumettre.

« Au roi, dépositaire suprême du pouvoir exécutif, appartient le droit d'assurer la défense des frontières, de protéger les propriétés nationales, de faire à cet effet les préparatifs nécessaires, de diriger les forces de terre et de mer, de commencer les négociations, de nommer les ambassadeurs, de signer les traités, *de faire au corps législatif, sur la paix et la guerre, les propositions qui lui paraîtront convenables ;* mais le corps législatif exercera exclusivement le droit de *déclarer* la guerre et la paix et de *conclure* les traités. Dans le cas où la situation politique des nations voisines obligerait à faire des armemens extraordinaires, le roi les notifiera au corps législatif s'il est assemblé, ou, s'il ne l'est pas, il le convoquera sans délai [1]. »

[1] Quelques personnes ont reproché à l'auteur d'avoir cédé parfois à l'influence si impérieuse de l'amitié, qui ne laisse pas toujours à l'impartialité toute la conscience de ses devoirs. Cette accusation, je puis l'affirmer, n'est pas fondée. Barnave, il est vrai, paraît dans les discussions plus souvent que les autres orateurs ; mais j'en prends à témoin tous les membres de l'assemblée constituante qui existent encore, et tous les journaux d'ailleurs en font foi, Barnave n'occupait-il pas la tribune beaucoup plus souvent que tout autre membre ? Une multitude de décrets

Ce discours fit sur toute l'assemblée une impression profonde. Il avait ébranlé les opinions les plus contraires, et déjà plusieurs membres demandaient à aller aux voix, lorsque, effrayé des dispositions de la majorité, Cazalès obtint la parole et proposa l'ajournement au lendemain. Mirabeau insistait aussi pour avoir la réplique. On trouva juste de ne point s'opposer à cette demande, et la proposition de Cazalès fut adoptée.

Une foule immense se porta à la séance du 22. Plus de cinquante mille citoyens remplissaient les Tuileries, les jardins des feuillans et des capu-

n'ont-ils point été adoptés sur sa proposition ou sa rédaction? Je n'ai pas pour cela l'intention de placer Barnave à côté de Mirabeau, ils ne doivent point être mis en parallèle ; et si Barnave avait un talent plus propre à la discussion des affaires publiques, je ne suis jamais disconvenu que celui de Mirabeau n'eût plus d'éclat, et que son éloquence, plus large et plus pittoresque, ne fût de nature à produire sur une assemblée un effet plus magique.

Au reste, après la lecture de ce discours, en se rendant compte de l'étendue des rapports qu'il embrasse, de la série si heureusement enchaînée des principes et des idées, de la sagesse austère de la composition, de la justesse des prévisions dont l'expérience a si hautement justifié l'annonce presque prophétique, le lecteur sera à même de juger quelle étendue de capacité, quelle force de logique, quel talent oratoire, suppose une improvisation si remarquable par tant de vues élevées, tant de raisonnemens solides, tant de perspicacité et de généreux sentimens.

cins, la place Vendôme, la rue Saint-Honoré et les rues adjacentes. A la question de la paix et de la guerre, ils attachaient le triomphe ou le renversement de la constitution. Ils pensaient, ainsi que beaucoup de membres de l'assemblée, et les personnes les plus éclairées de la capitale, qu'indépendamment de la question constitutionnelle, la révolution tout entière était intéressée, et pouvait être compromise, par les projets qu'avait fait naître entre l'Espagne et l'Angleterre une discussion qui peut-être n'était qu'une feinte pour amener la guerre, et donner au roi de France un moyen de se soustraire aux exigences de la volonté nationale. Qu'on juge par la nature même de ces craintes quelle effervescence elles devaient exciter. Aussi, dans aucune autre discussion n'a-t-on vu un mouvement aussi général, une chaleur aussi vive, l'expression de vœux aussi ardens. Pendant la séance, des personnes placées auprès des croisées descendaient avec un fil des espèces de bulletins qui fesaient connaître la fluctuation des opinions. Ces bulletins étaient sur-le-champ copiés, répandus parmi la foule inquiète, et en excitant successivement la crainte ou l'espérance, entretenaient une fermentation dont il est impossible de se faire une idée.

Déjà MM. d'Estourmel, Duquesnois, Goupil de Préfeln avaient pris la parole : Lechapelier monte à la tribune, et ce n'est pas sans surprise qu'on voit les efforts qu'il fait pour concilier les suffrages au projet de Mirabeau, dont il cherche à couvrir les dangers pour la liberté publique sous les formes d'un langage en apparence populaire[1]. « Enfin, dit-il, cette question, depuis si

[1] La veille, au soir, sortant de l'assemblée, Lechapelier était venu à moi. Il me dit qu'on ne pouvait admettre la proposition de Mirabeau, qu'elle ne présentait point un sens clair, et que certainement l'assemblée ne l'adopterait pas. Nous devrions convenir, ajouta-t-il, d'une rédaction précise : dans ce cas, il n'est pas douteux qu'elle ne réunit une grande majorité. — Nous ne demandons pas mieux, lui répondis-je, et si vous voulez venir ce soir chez Laborde, nous chercherons à nous entendre. Lechapelier vint en effet ; nous lui répétâmes ce que nous avions dit à Mirabeau, qu'il y avait là une question de principe et une question de circonstance ; que l'une et l'autre imposaient le devoir d'assurer à la nation des garanties ; que nous ne demandions pas autre chose ; mais que nous étions bien décidés à les obtenir, convaincus que sans elles la liberté publique était en péril. Lechapelier partageait notre opinion ; mais il semblait embarrassé. Ce n'était plus tout-à-fait cet orateur, dont l'éloquence patriotique avait jeté, à Versailles, un si brillant éclat : il avait même perdu quelque chose de cette aspérité bretonne qui lui avait acquis une réputation si honorable. Il nous quitta, nous annonçant qu'il ferait le lendemain une proposition dont il espérait que nous serions satisfaits. Malheureusement il n'en fut point ainsi, parce que, malgré le changement assez notable qu'il fesait subir au projet de Mirabeau, il tendait

long-tems débattue, commence à s'éclaircir. Quoique elle ne soit pas posée avec assez de précision, il est facile d'apercevoir maintenant la difficulté. L'assemblée est divisée en deux opinions contradictoires : le roi aura-t-il le droit de paix et de guerre? Le corps législatif aura-t-il ce droit? Je ne m'arrêterai pas à la première question : personne ici ne veut laisser aux ministres le droit de ruiner l'état, de repandre à leur gré le sang des Français; tout le monde reconnaît l'insuffisance et le danger du refus des subsides : il est donc nécessaire de chercher un autre moyen ; il faut donc que le corps législatif délibère la guerre, la paix et les traités de commerce. Mais c'est ici que la question se divise : il y a, dans cette question politique, divers droits, divers devoirs, diverses circonstances à distinguer. La guerre a deux époques; les hostilités imprévues, et la guerre déclarée : les attaques et les hostilités ne dépendent pas de nous, elles sont hors de nous, nous ne pouvons pas empêcher qu'elles existent; quant à la déclaration, elle appartient tout entière au corps législatif. Il faut donc décréter qu'il ne peut y avoir de guerre sans un décret du corps législatif; que, si la nécessité de repousser des hostilités l'a commencée, les

encore à peu près au même but , celui de conserver au roi le droit de commencer et de déterminer la guerre.

représentans de la nation peuvent permettre ou défendre de la continuer ; avoir la puissance de permettre et de défendre la guerre , c'est avoir le droit de la guerre; mais déclarer la guerre, sans la proposition du roi , voilà ce que disent beaucoup de décrets, voilà ce qui consacrerait beaucoup d'inconvéniens. D'abord, ce serait donner au gouvernement une forme purement républicaine ; de même qu'autoriser le corps législatif à ordonner la guerre, sur la motion d'un de ses membres et sans la participation du roi, ce serait placer le monarque en dehors de la constitution......

« Voyons maintenant s'il est de l'intérêt du peuple que le corps législatif seul fasse la paix ou la guerre. L'intérêt du peuple est d'avoir le moins de guerres possible ; je remets au corps législatif le moyen d'empêcher la guerre et de dire : la guerre ne sera pas faite. On veut lui donner le droit de la déclarer ; c'est un moyen de plus d'attirer la guerre : toutes les mesures du gouvernement sont rompues, il n'y a plus de gouvernement monarchique. Ne voyez-vous pas que si la guerre était malheureuse, on attribuerait le revers au corps législatif, qui seul l'aurait décidée? Ne voyez-vous pas qu'il perdrait tout son crédit sur un peuple courageux et jaloux de la gloire des armes? Ne voyez-vous pas que la nation humiliée se tournerait du côté du roi, et que le corps législatif aurait perdu son ressort sur le pouvoir exécutif?.....

« Je donne au corps législatif le droit d'empêcher la guerre; j'exige que la notification des hostilités et des préparatifs soit faite au corps législatif; que le corps législatif soit assemblé, si les représentans de la nation n'étaient pas réunis: je veux seulement l'empêcher de décider que la guerre sera faite quand le roi ne l'aura pas proposée, afin de diminuer, autant que possible, les chances de la guerre. Décrétons donc constitutionnellement que le corps législatif aura le pouvoir d'empêcher la guerre, et que le roi aura l'initiative de la délibération; ainsi les deux pouvoirs concourront ensemble. Si l'on donnait au corps législatif le droit de déclarer seul la guerre, la monarchie serait détruite, la constitution sappée dans ses fondemens, et l'intérêt du peuple sans cesse compromis. Quant à la paix et aux traités, le roi proposera, le corps législatif ratifiera: nous sommes tous d'accord sur cet objet. Tous les décrets proposés donnent exclusivement le droit de faire la guerre au roi ou au corps législatif seul, à l'exception de celui de M. de Mirabeau, qui renferme toutes les idées et tous les principes que je viens de développer[1]. Cette

[1] Lechapelier était au moins dans l'erreur, à cet égard : les projets de Pétion, de Menou, de Barnave, et de plusieurs

rédaction, qu'on a dit obscure, remplit clairement mes intentions. J'ai cependant quelques
amendemens à proposer. J'extrais du premier article le mot *concurremment*. J'efface aussi de l'article 7 ces mots : *Et dans le cas où le roi fera la
guerre en personne, le corps législatif aura le droit*

autres consacraient réellement le concours du corps législatif et du roi. Le 1er article du projet de Pétion était ainsi
conçu: *Le pouvoir exécutif ne pourra déclarer la guerre,
ni faire aucune entreprise offensive, que du consentement
du corps législatif,* etc., etc. La rédaction de Menou n'é-
tait pas moins positive : « *Le roi, chef suprême du pouvoir exécutif, sera chargé de veiller à la sûreté de l'état,
de diriger les guerres qui seront entreprises, de préparer
et de faire préparer les conditions des traités, qui ne pourront être obligatoires qu'après avoir été ratifiés par le
corps législatif. En conséquence, le roi peut proposer au
corps législatif ce qu'il jugera convenable aux intérêts de
la nation sur la paix et sur la guerre. Il a seul le commandement des troupes de terre et de mer: et, afin d'être toujours en mesure contre les surprises d'un ennemi, il
pourra faire tous les préparatifs extraordinaires, à la
charge de les communiquer au corps législatif, ou, si ce
corps n'est pas assemblé, de le convoquer sur-le-champ,
et à la charge, en outre, de la responsabilité des ministres et autres agens du pouvoir exécutif. Il sera fait un
manifeste à toutes les nations pour déclarer que la France
ne fera jamais de conquête et ne portera aucune atteinte
à la liberté des peuples.* » L'idée primitive de cette dernière disposition appartenait entièrement à M. le duc de
Lévis.

de réunir les gardes nationales, en tel nombre et dans tel lieu qu'il jugera convenables. J'avais cru d'abord que cet article renfermait une grande idée ; la discussion m'a démontré qu'il a de grands inconvéniens. Je retranche de l'article 4 le mot *improbation*, et je le remplace ainsi : *Si le corps législatif décide que la guerre ne doit pas être faite....* »

S'emparant du discours de Lechapelier et de l'assentiment qu'il avait paru obtenir, Adrien Duport posa ainsi l'état de la délibération : « Il paraît que tout le monde est d'avis de donner au corps législatif le droit de décider la guerre et la paix, sur la proposition du roi. Après ce fait, dont l'observation me paraît intéressante pour l'union de cette assemblée, j'examine l'opinion du préopinant, qui me semble d'autant plus faite pour accélérer la délibération, qu'elle paraît se référer à l'opinion générale. Quelle est donc cette opinion ? Vous avez décrété que la volonté générale serait exprimée par le corps législatif ; vous avez attribué au pouvoir exécutif la double fonction d'exécuter seul la volonté de la nation, et de consulter, par le veto suspensif, la volonté vraiment nationale. On a observé que le roi ne pouvait exercer cette fonction pour le droit de paix ou de guerre, et, dans cette impossibilité, il a été reconnu que cette faculté s'exercerait par l'*initiative*. Vous devez donc déclarer que, sur la proposition du roi , le corps législatif aura le droit de décider la guerre : voilà bien la réunion des pouvoirs. Vous devez vous exprimer clairement, parce que , dans cette lutte entre le pouvoir législatif et le pouvoir exécutif, il ne faut pas présenter de phrases ambiguës, qui pourraient devenir la source d'interminables débats.

« Le pouvoir exécutif aura donc *la proposition*, le pouvoir législatif *la déclaration*. Quel est l'avantage d'une obscurité dans les termes? Si M. de Mirabeau veut dire que le corps législatif doit, sur la proposition du roi, décider la guerre, pourquoi n'exprime-t-il pas son idée aussi clairement qu'il la conçoit? On a parlé de la majesté du roi : le peuple a aussi la sienne ; et la première ne sera point altérée, puisque le roi demeure toujours, avant, comme après la guerre , le seul organe de la nation auprès des autres puissances. Jusqu'à présent, aussitôt que le roi avait appris les préparatifs de guerre d'un état voisin, il délibérait dans son conseil ; maintenant , il délibérera avec la nation : voilà tout le changement. Sa dignité , loin d'en être affaiblie, y puisera un nouvel éclat et une nouvelle force , parce que le roi représentera alors, aux yeux de tous, la manifestation d'une volonté nationale. Je le dis pour la liberté, il n'existe plus qu'un seul moyen de nous susciter des difficultés, ce serait de nous

présenter une rédaction assez vague, pour qu'elle
pût donner lieu à des réclamations. Quel que soit
le décret auquel vous accorderez la priorité, il
doit contenir cette idée : « *Sur la proposition seule
du roi, le corps législatif aura le droit de décider la
guerre.* »

Après Adrien Duport, Mirabeau parut pour la
seconde fois à la tribune. Il s'y présentait avec
une grande défaveur au-dehors de l'assemblée,
mais appuyé, au-dedans, par une majorité composée d'élémens divers. L'exaspération contre lui
était des plus vives, et avait été accrue par la publication d'une brochure d'un jeune avocat, très
ardent, nommé Lacroix, intitulée : *Grande conspiration du comte de Mirabeau.* Mirabeau fit tête à
l'orage, et profita avec une remarquable sagacité
de ce que lui dit Volney, au moment où il mon-
tait à la tribune : *Eh bien! Mirabeau, hier au
Capitole, aujourd'hui à la roche Tarpéïenne!*

Ce mot de Volney inspira à Mirabeau un mouvement oratoire, alors vivement applaudi et depuis resté célèbre. Il en fit le début de son discours, qu'il sema de traits brillans. Son argumentation se distingue surtout par l'emploi
de l'adresse la plus déliée, puisqu'il fallait parvenir à capter ses auditeurs, pour leur faire admettre une conclusion qui était en opposition
avec les principes que l'orateur n'osait directe-

ment combattre. Il fut soutenu, dans cette tâche difficile, par la connaissance de tous les moyens employés par la cour, pour faire prévaloir l'opinion qu'il s'était engagé à défendre. Il savait qu'il pouvait compter entièrement sur le côté droit, sur tous les hommes naturellement portés à verser du côté du pouvoir, et que même quelques membres de la gauche s'étaient laissé persuader que ce n'était point desservir la cause publique que de donner leur appui à la doctrine présentée par l'orateur.

Le discours de Mirabeau est à la hauteur de son talent. Il a même, vis-à-vis de quelques personnes, ajouté à sa brillante renommée; mais le lecteur impartial ne pourra se défendre d'y trouver souvent une obscurité savamment calculée; et, ce qui prouve que Mirabeau lui-même ne la trouvait pas suffisante, pour voiler aux yeux des hommes réfléchis le but réel qu'on lui avait imposé l'obligation d'atteindre, c'est qu'il sentit la nécessité de pallier sa doctrine par des changemens importans, lorsqu'il adressa son discours à tous les départemens du royaume [1].

L'assemblée ferma la discussion immédiatement après la réplique de Mirabeau, quoiqu'il eût été de toute justice que Barnave pût répon-

[1] Voir à la fin du volume, la pièce justificative n. 2.

dre à son tour. On fit alors lecture de tous les décrets qui avaient été présentés. Ils étaient au nombre de vingt-deux. M. de Castellane demanda la priorité pour le projet de Mirabeau, amendé par Lechapelier. Charles et Alexandre Lameth la réclamèrent en faveur du projet de Barnave, et Barnave appuya la rédaction de Pétion et de Menou.

Comme on insistait en faveur du projet de Mirabeau, pour lequel le côté droit lui-même venait de se prononcer par l'organe de Cazalès, Barnave reprit la parole : « On a fait la motion, dit-il, d'accorder la priorité au décret de M. de Mirabeau, amendé par M. Lechapelier. Quoique ce projet soit différent de celui qui, d'abord, avait été proposé, et qui, restant dans les archives de l'histoire, n'a pas besoin d'être analysé, il ne doit pas l'obtenir, s'il n'énonce pas le vœu réel de la majorité de l'assemblée (*murmures*). Je demande si le vœu réel de la majorité de l'assemblée n'est pas d'accorder l'initiative au roi et la décision au corps législatif ; je demande si l'intention de l'assemblée n'est pas que, pour constituer la nation en état de guerre, on ait préalablement réuni la volonté du roi qui proposera, et celle de la législature qui consentira. Je dis que, si c'est là le but, le projet proposé ne l'atteint pas, même avec l'amendement de M. Lechapelier ; il est contraire

21.

aux principes d'une constitution bien ordonnée. L'initiative, la sanction et le décret ne peuvent jamais être confondus. Entre les différens pouvoirs, l'un a toujours primitivement l'initiative, l'autre le décret. L'assemblée nationale a décrété que les lois se feraient toujours sur la motion d'un de ses membres. Il n'en peut pas être de même pour une déclaration de guerre. Tout ce qui doit la précéder et y conduire ne peut se préparer dans l'assemblée. Les motifs qui vous ont engagés à donner le veto au roi sont les mêmes pour l'initiative. Ainsi, il est donc inutile d'altérer les formes simples de la constitution, et d'introduire une confusion de pouvoirs. Donner au corps législatif non pas le droit de décréter la guerre, mais un droit négatif sur la guerre, c'est donner au pouvoir exécutif le droit de la commencer, c'est prendre une forme moins constitutionnelle, moins convenable à la majesté nationale et à celle du roi. Le décret de M. de Mirabeau ne présente aucune détermination claire, et ne peut avoir la priorité. »

Lafayette parut ensuite à la tribune : «Messieurs, dit-il, j'ai demandé la priorité pour le projet de M. de Mirabeau, parce que j'ai cru voir dans cette rédaction ce qui convient à la majesté d'un grand peuple, à la morale d'un peuple libre, à l'intérêt d'un peuple nombreux, dont l'industrie, les possessions et les relations étrangères exigent une protection efficace. J'y trouve cette distribution de pouvoirs, qui me paraît la plus conforme aux vrais principes constitutionnels de la liberté et de la monarchie, la plus propre à éloigner le fléau de la guerre, la plus avantageuse au peuple; et, dans ce moment où l'on semble l'égarer sur cette question métaphysique, où ceux qui, toujours réunis pour la cause populaire, diffèrent aujourd'hui d'opinion , en adoptant cependant à peu près les mêmes bases; dans ce moment où l'on tâche de persuader que ceux-là seuls sont ses vrais amis, qui adoptent tel décret, j'ai cru qu'il convenait qu'une opinion différente fût nettement prononcée par un homme à qui quelque expérience et quelques travaux, dans la carrière de la liberté, ont donné le droit d'avoir un avis.

« J'ai cru ne pouvoir mieux payer la dette immense que j'ai contractée envers le peuple, qu'en ne sacrifiant pas à la popularité d'un jour l'avis que je crois lui être le plus utile.

« J'ai voulu que ce peu de mots fût écrit, pour ne pas livrer aux insinuations de la calomnie le grand devoir que je remplis envers le peuple, à qui ma vie entière est consacrée. »

Le projet de Mirabeau ayant en effet obtenu la priorité, la discussion commença sur les articles. Le premier était ainsi conçu : « Le droit de faire la paix et la guerre appartient à la nation. » Cette maxime paraissait une conséquence si naturelle de la Déclaration des droits, que plusieurs voix demandèrent la question préalable. Alexandre Lameth s'y opposa : « Dans la disposition d'esprit et d'intention où se trouve l'assemblée, je n'oserais, dit-il, demander une longue discussion. Comme je suis persuadé que ce décret, s'il passe tel qu'il est, sans aucun amendement, remettrait de fait le droit de déclarer la guerre entre les mains du roi (*murmures*), le premier article doit renfermer le principe de telle manière qu'aucun des autres articles ne puisse conserver un sens louche et ambigu. L'époque n'est pas éloignée, messieurs, où nous rentrerons tous dans nos foyers. Songez aux reproches que nos concitoyens ne manqueraient pas de nous adresser, si l'ennemi attaquait nos frontières, s'il venait non-seulement ravager nos provinces, mais détruire la liberté qui nous a coûté tant d'efforts. (*La discussion est fermée..... Écoutez, écoutez.*) C'est bien le moins que la nation ait le droit de faire sa volonté, lorsqu'il est question de prodiguer son sang.... Je propose donc de substituer à l'article 1er : « La guerre ne pourra être décidée que par un décret du corps législatif.... » (*murmures*). Il est nécessaire que cette délibération n'ait pas l'air d'avoir été concertée hors de cette enceinte. Ce premier article serait donc ainsi conçu : « La guerre ne « pourra être décidée que par un décret du corps « législatif, rendu sur la proposition formelle du « roi. » (*Applaudissemens.*)

Cet amendement fut adopté malgré tous les efforts de Mirabeau pour le faire rejeter, et l'article 1er, qui formait la principale base du décret, fut définitivement rédigé en ces termes : 1º *Le droit de la paix et de la guerre appartient à la nation.*

2º *La guerre ne pourra être décidée que par un décret de l'assemblée nationale, qui sera rendu sur la proposition formelle et nécessaire[1] du roi, et qui sera sanctionné par lui[2].*

Les autres articles du projet de Mirabeau furent en partie adoptés[3]; ce qui, joint à la priorité qu'il avait obtenue, a dû induire en erreur, sur le résultat réel de la discussion, les écrivains qui

[1] Le mot *nécessaire*, qui n'était réellement qu'une redondance, fut ajouté par M. Fréteau à l'amendement d'Alex. Lameth.

[2] *Et qui sera sanctionné par lui :* cette addition appartient à M. Desmeuniers. Mirabeau fit seulement mettre le mot *sanctionné*, mot de la constitution, à la place de *consenti*, qu'avait employé M. Desmeuniers.

[3] Le projet présenté par Mirabeau, et le décret que rendit l'assemblée le 22 mai, se trouvent rapprochés et comparés dans l'*Examen des discours de Mirabeau*, que j'ai publié à cette époque. (Voir la pièce justificative n. 3, à la fin du volume.)

ne l'ont point assez mûrement approfondie. Cependant, l'abbé de Montgaillard, qui n'est point toujours aussi exact dans ses jugemens, me paraît avoir
apprécié sous son véritable jour la solution de la
question constitutionnelle du droit de paix et de
guerre. C'est ainsi, qu'après avoir retracé l'effet
produit par le discours de Barnave, il expose le
résultat de cette mémorable délibération : « *L'assemblée*, dit-il, *ébranlée de nouveau, en sens contraire, par un des plus éloquens discours qu'ait fait
entendre Mirabeau, soutenant que le droit de faire
la guerre appartient au roi, décida enfin contre
l'avis de ce dernier orateur.*

La gravité des événemens qui venaient de se
passer, la violente fermentation qui agitait la
presque totalité du royaume, les conspirations
d'une part, de l'autre les commotions populaires,
les troupes plus que chancelantes, la guerre civile sur le point d'éclater, ces dangers imminens
qui menaçaient le trône, encore plus que la constitution, forcèrent la cour à de sérieuses réflexions. Le ministère, comme je l'ai déjà dit,
était faible ; ses chefs, MM. Necker et de Montmorin, manquaient plutôt d'énergie que de bonnes
intentions. Ils n'avaient réellement que l'apparence de la direction, mais ils étaient quelquefois
secondés par des personnes dont la cour réclamait les conseils, lorsqu'elle se voyait exposée à

des dangers plus ou moins pressans. Le comte de Ségur était de ce nombre. Du même âge que les princes de la famille royale, il avait eu avec eux d'habituels rapports dans sa première jeunesse. Très remarquable par son esprit, il n'avait cessé de faire partie de la société intime de la reine, jusqu'au moment de sa mission à Saint-Pétersbourg : revenu de Russie, après une résidence de cinq années, il en avait rapporté la réputation d'un habile négociateur. Aussi fut-il consulté, dès son arrivée au mois de décembre 1789; il le fut également dans les orageuses circonstances auxquelles la France était en proie, et ses avis modérés et fermes eurent, sans doute, une grande influence sur les déterminations de la cour à l'instant où la prudence l'avait forcée d'éloigner, momentanément, ceux du baron de Breteuil.

Quoi qu'il en soit des motifs qui engagèrent Louis XVI à suivre une nouvelle direction, il prit une résolution à peu près semblable à celle qui lui avait, au 4 février, concilié l'assentiment de l'opinion publique. Cette fois, il ne se rendit pas au milieu de l'assemblée nationale, mais il adressa au peuple, et fit communiquer à ses représentans, la proclamation suivante : « Jamais des circonstances aussi impérieuses n'ont invité tous les Français à se réunir dans un même esprit, à se rallier avec courage autour de la loi, et à favoriser de tout leur pouvoir l'établissement de la constitution. Nous n'avons rien négligé pour inspirer ces sentimens à tous les citoyens : nous leur avons nous-même donné l'exemple de la confiance la moins équivoque dans les représentans de la nation, et de nos dispositions constantes pour tout ce qui peut concourir au bonheur de nos sujets et à la prospérité de la France.

« Serait-il donc possible que des ennemis du bien public cherchassent encore à troubler les travaux importans dont l'assemblée nationale est occupée de concert avec nous, pour assurer les droits du peuple et préparer son bonheur; que l'on essayât d'émouvoir les esprits, soit par de vaines terreurs et de fausses interprétations des décrets de l'assemblée nationale, acceptés ou sanctionnés par nous, soit en entreprenant d'inspirer sur nos intentions des doutes aussi mal fondés qu'injurieux, et en voilant des intérêts ou des passions privées du nom sacré de la religion?

« Une opposition si coupable nous affligerait sensiblement, en même tems qu'elle exciterait toute notre animadversion. L'objet continuel de nos soins est de prévenir et de réprimer tout ce qui en porterait le caractère. Nous avons même jugé digne de notre sollicitude paternelle d'interdire jusqu'aux signes qui seraient propres à manifester des divisions et des partis.

« Mu par ces considérations, et instruit qu'en divers lieux du royaume, des particuliers s'étaient permis de porter des cocardes différentes de la cocarde nationale que nous portons nous-même ; et considérant les inconvéniens qui peuvent résulter de cette diversité, nous avons cru devoir l'interdire.

« En conséquence, faisons défense à tous nos fidèles sujets, dans toute l'étendue du royaume, de faire usage d'aucune autre cocarde que de la cocarde nationale.

« Exhortons tous les bons citoyens à s'abstenir dans leurs discours, comme dans leurs écrits, de tous reproches ou qualifications capables d'aigrir les esprits, de fomenter la division, et de servir même de prétextes à de coupables excès. »

L'assemblée accueillit la lecture de cette proclamation par des applaudissemens réitérés, et décréta à l'unanimité qu'une députation de vingt-quatre membres irait remercier le roi, au nom de la nation, des soins qu'il prenait pour ramener le peuple à la concorde et réunir tous les Français.

Les mouvemens insurrectionnels, auxquels plusieurs provinces avaient servi de théâtre, s'étaient encore compliqués par des désordres particuliers, tristes produits des orages politiques. Lorsque, dans le Midi, le fanatisme secouait ses torches, lorsque le peuple s'insurgeait, et qu'arborant des

étendards différens la guerre civile menaçait d'é-
clater, dans plusieurs villes, et surtout dans les
campagnes, la crainte de la famine échauffait encore les esprits et faisait naître des émeutes; dans
quelques départemens des bandes de voleurs et
de brigands infestaient les routes, arrêtaient les
convois chargés de subsistances, attaquaient les
propriétés et quelquefois les personnes. Affligée
de ces criminels excès, et pour en prévenir le
retour, l'assemblée s'unissant à la proclamation
royale qui invitait tous les citoyens à se rallier
autour de la constitution, les exhortait, par un
sentiment de juste réciprocité, au maintien de
l'ordre légal, au respect des lois, des propriétés, et à l'obéissance à l'autorité légitime. Voici
les principales dispositions du décret qu'elle s'empressa de rendre, à la presque unanimité, sur le
rapport fait par Target, au nom du comité de
constitution et de celui des recherches :

«Considérant qu'il n'y a que deux moyens d'empêcher les désordres: l'un, en éclairant continuellement les bons citoyens, que les ennemis du bien
public essaient continuellement de tromper; l'autre, en opposant aux brigands des forces capables
de les contenir, et une prompte et sévère justice
qui punisse les chefs et instigateurs des troubles,
et effraie ceux qui pourraient être tentés de les
imiter; l'assemblée nationale décrète, que tous

ceux qui exciteront les peuples des villes et des
campagnes à quelque acte de révolte; à la désobéissance aux décrets de l'assemblée, sanctionnés par le roi; à des voies de fait et violences
contre les propriétés, contre la vie et la sûreté
des citoyens, la perception des impôts, la liberté
de vente et la circulation des denrées et subsistances, seront déclarés ennemis de la constitution, de la nation et du roi, et, comme tels, arrêtés et punis par les tribunaux compétens, selon
toute la rigueur des lois, sans préjudice de l'exécution de la loi martiale, dans les cas où elle doit
avoir lieu; que les curés, vicaires et desservans,
qui se refuseront à faire, au prône, à haute et
intelligible voix, la publication des décrets, acceptés et sanctionnés par le roi, seront déclarés
incapables de remplir aucune fonction de citoyens
actifs : l'assemblée place, en outre, sous la sauvegarde et protection de la loi, de la constitution
et du roi, tous les citoyens sans distinction, les
fermiers, les laboureurs, les commerçans et marchands de grains et subsistances, toutes les propriétés et possessions ; elle rappelle à tous la subordination et le respect qui sont dus aux fonctionnaires publics et à toutes les autorités consti-
tuées, à peine d'être déchus des droits de citoyen,
en punition d'en avoir violé les devoirs; elle prescrit, en conséquence, aux gardes nationales, aux

troupes réglées et aux maréchaussées, de déférer, sans délai, à toutes réquisitions qui leur seront faites légalement; renvoie devant les tribunaux ceux des auteurs et instigateurs des troubles actuellement arrêtés, et supplie enfin le roi d'ordonner les mesures les plus promptes pour assurer l'exécution de son décret. »

Au milieu d'un peuple dans une telle effervescence, l'armée ne pouvait rester calme, ni résister à l'influence de ce qui se passait autour d'elle. D'ailleurs, les mots magiques de patrie et de liberté réveillent des sentimens sympathiques avec l'honneur militaire, et l'on devait craindre alors que le mouvement général qui avait brisé tant de liens n'entraînât la dissolution d'une partie de la force publique.

L'esprit de l'armée, avant la révolution, était aussi bon qu'on pouvait le désirer : sous une discipline en général très-douce, l'obéissance était complète : aussi les fautes d'insubordination étaient-elles fort rares, et presque sans exemple du soldat à l'officier. Ce qui se passa en 1787 et 1788 en offrit la preuve; car les troupes, dans les premiers momens, n'hésitèrent point à obéir, même lorsqu'elles reçurent l'ordre de tirer sur le peuple; mais bientôt les reproches des citoyens, et le sentiment intérieur qu'elles n'avaient comprimé qu'avec peine, les jetèrent dans l'incertitude sur la conduite qu'elles devaient tenir, se trouvant placées entre deux devoirs entièrement opposés.

Les conséquences de cette disposition, provoquées par les fausses mesures du gouvernement, se firent sentir en 1789, lorsqu'on eut l'imprudence de réunir une armée autour de Paris, pour étouffer l'enthousiasme que ses habitans manifestaient en faveur de l'assemblée et de ses énergiques résolutions. Les troupes, ayant eu le tems de réfléchir, en étaient venues à raisonner l'obéissance; et convaincues que, dans cette circonstance, on les employait contre les intérêts des classes les plus rapprochées d'elles, elles cédèrent plus facilement aux sollicitations des citoyens; un grand nombre de soldats, quittant les camps, embrassèrent la cause du peuple, qu'ils fortifièrent doublement, soit par la confiance qu'ils lui inspirèrent par leur secours, soit par l'inquiétude que leur abandon fit naître chez leurs adversaires.

Cependant, la discipline s'était raffermie dans la plupart des régimens de l'armée, qui attendaient avec confiance les changemens dans l'organisation militaire, qu'ils prévoyaient devoir leur être favorables, lorsqu'un incident vint jeter entre les officiers et les soldats un nouveau ferment de discorde.

Déjà, vers la fin de 1789, Dubois de Crancé, dans un discours sur le recrutement, et pour faire donner la préférence à la conscription sur l'enrôlement volontaire, avait attaqué la composition de l'armée par des expressions violentes et d'injurieuses qualifications. Il s'était oublié jusqu'à dire que *les régimens étaient composés de gens sans aveu, et qu'un père de famille devait frémir en voyant son fils au milieu d'une foule de brigands.*

Ces paroles ne furent pas plutôt connues dans les garnisons, que les officiers de la plupart des régimens écrivirent à l'assemblée pour se plaindre de l'outrage que l'un de ses membres venait de faire à toute l'armée, à ces braves soldats français dont ils s'empressèrent de louer la valeur, la bonne conduite, et surtout les sentimens d'honneur.

Placé par ces réclamations dans une position fâcheuse, Dubois de Crancé donna lecture à l'assemblée d'une lettre qu'il adressait aux sous-officiers et soldats, et dans laquelle, en expliquant l'intention qui l'avait dirigé, il affirmait qu'il n'avait pu avoir en vue qu'un petit nombre d'hommes comme il en existait dans toutes les classes de la société; que, certes, personne ne rendait plus de justice que lui aux sentimens d'honneur et de patriotisme qui animaient l'armée française, et qu'il devait regarder l'attaque si injuste

et si gratuite dont il était l'objet, *comme une ca-*
lomnie atroce contre un défenseur zélé de la liberté
publique, de la part de l'aristocratie qui voulait se
venger des hommes qui l'avaient combattue avec le
plus d'énergie.

Il y avait sans doute quelque vérité dans la justification de Dubois de Crancé, et il n'aurait point
mérité autant de reproches, s'il se fût borné à
combattre l'interprétation qu'on avait donnée à
des paroles qui, d'après son intention, étaient
réellement plus imprudentes que coupables.
Mais, malheureusement, irrité contre ses dénon-
ciateurs, il ne se contenta pas d'une démarche
que rendait nécessaire sa défense personnelle :
voyant qu'il avait encouru l'animadversion des
chefs militaires, il chercha à se concilier les soldats; il se constitua leur patron, et s'offrit pour
leur défenseur en toute circonstance. Dès-lors les
mécontens, les hommes insubordonnés et tous
ceux qui avaient commis des fautes graves, s'a-
dressèrent à lui. Dubois de Crancé les soutenait,
les défendait, soit aux jacobins, soit à l'assemblée, et, s'étant joint à Robespierre et à quelques
autres députés exagérés, il ne cessait de se livrer
aux attaques les plus violentes contre les officiers :
ils encouragèrent ainsi les soldats à l'insubordination et à la révolte, et firent naître dans l'ar-

mée des désordres qui faillirent compromettre le succès de la révolution.

D'un autre côté, l'aristocratie, qui espérait obtenir pour sa cause le dévouement absolu qui avait été refusé à l'autorité royale elle-même, essaya sur les troupes différens moyens de séduction qui accrurent le trouble et l'indiscipline, sans produire toutefois de résultat favorable pour son parti. Les chefs militaires et les officiers, placés sous leurs ordres, firent plusieurs tentatives de ce genre. La plus importante, sans doute, fut celle du vicomte de Mirabeau à Perpignan. Il espérait, à l'aide de son régiment, s'il parvenait à le séduire, se rendre maître de cette place forte, qui eût donné aux contre-révolutionnaires des communications assurées avec l'Espagne et la facilité de recevoir des secours de cette puissance, qui avait si bien secondé les efforts de la ligue. Mais l'entreprise du vicomte de Mirabeau, réellement très-criminelle, et qui pouvait devenir fatale à la révolution, tourna de manière à ce que, très-heureusement pour lui, le ridicule prit le dessus. Obligé de fuir devant ses propres soldats, tout le résultat de son expédition fut l'enlèvement des cravates attachées au drapeau de son régiment, ce qui lui fit donner, dans le peuple, le nom de Mirabeau-Cravate, comme il avait déjà reçu, pour son intempérance, celui de Mirabeau-Tonneau.

Ces tentatives de l'aristocratie achevèrent d'exaspérer les soldats contre les officiers, et de briser les derniers liens de la subordination militaire, déjà si relâchés par les désordres inséparables d'une révolution. Pour échapper plus facilement encore aux graves conséquences, que, dans des tems ordinaires, eût entraînées pour eux la désobéissance aux ordres de leurs chefs, les soldats, dans plusieurs villes et même dans quelques départemens, s'unirent par des pactes, par des fédérations, avec les citoyens et surtout avec les gardes nationales, se promirent une assistance mutuelle et se placèrent sous l'égide de l'autorité municipale.

Cet esprit d'indiscipline dans les corps militaires, cette dissidence fâcheuse entre les officiers et les soldats, la multiplicité des délits, les pactes fédératifs eux-mêmes, étaient des événemens trop graves pour ne point éveiller la sollicitude du gouvernement. Encouragé par les mesures énergiques que l'assemblée venait de prendre contre les agitateurs, quels qu'ils fussent, le ministre de la guerre dénonça aux mandataires de la nation l'affligeante position dans laquelle se trouvait l'armée ; et réclama leur assistance pour le rétablissement de l'ordre et de la discipline.

« Le corps militaire menace de tomber dans

22.

la plus turbulente anarchie, dit M. de la Tour-
du-Pin, chargé de porter à l'assemblée le message
du roi. Des régimens entiers ont osé violer le
respect dû aux ordonnances, au roi, à l'ordre
établi par vos décrets et à des sermens prêtés avec
la plus imposante solennité. Quel inconcevable
vertige les a tout-à-coup égarés? Tandis que vous
ne cessez de travailler à établir dans tout l'empire
l'ensemble et l'uniformité; quand les Français ap-
prennent à la fois de vous, et le respect que les
lois doivent aux droits des hommes, et celui que
les citoyens doivent aux lois, l'administration militaire n'offre plus que trouble, que confusion : Je
vois dans plus d'un corps les liens de la discipline
relâchés ou brisés; les prétentions les plus inouïes
affichées sans détour, les ordonnances sans force,
les chefs sans autorité, la caisse militaire et les
drapeaux enlevés, les ordres du roi même bravés
hautement, les officiers méprisés, avilis, menacés,
chassés, quelques-uns même captifs au milieu
de leurs troupes, et d'autres égorgés sous les yeux
de leurs propres soldats.:..»

Le ministre de la guerre établit que le corps
militaire, simple individu par rapport au corps
politique, ne doit jamais agir que comme instrument, et que, du moment où il se formera en
assemblée délibérante, le gouvernement dégéné-
rera bientôt en démocratie militaire, espèce de

monstre politique qui finit toujours par dévorer
les empires livrés à ses fureurs. S'alarmant avec
raison de ces conseils désorganisateurs, de ces
comités turbulens, formés, dans quelques régimens, par des bas-officiers et soldats, à l'insu de
leurs supérieurs, M. de la Tour-du-Pin annonce
que le roi n'a cessé de donner des ordres pour
arrêter ces excès, et il en appelle à l'assemblée,
qui à la force du pouvoir législatif réunit celle
de l'opinion plus puissante encore, pour donner
aux proclamations du monarque ce caractère auguste et sacré du vœu général.

« Garantissez pour jamais, ajoute-t-il, l'édifice
que vous venez d'élever des secousses violentes
qu'il pourrait un jour éprouver de la part du
corps militaire, si les lois négligeaient d'enchaîner
au-dedans son énergie et son activité. L'union de
tous les cœurs dans le respect le plus profond
pour les lois peut seul affermir la constitution.
Le roi, qui s'en est déclaré le chef, est pénétré
de cette vérité, et c'est avec la plus vive satisfaction qu'il a vu ceux de ses régimens qui n'ont
dans aucun instant secoué le joug de la discipline,
être en même tems les plus soumis à vos décrets.

« Plusieurs municipalités viennent de signaler
par des actes publics leur reconnaissance, leur
estime et leur fraternelle amitié pour leurs garnisons respectives ; c'est à la fermeté de ces der-

niers corps, mais en même temps à leur modération, que ces villes ont dû leur sûreté et leur
tranquillité. Au reste, ces régimens, honorés des
suffrages publics de leurs concitoyens, ne sont
pas les seuls dont la conduite ait toujours.mérité
des éloges, leur nombre est heureusement le plus
grand encore, et cette considération laisse l'espérance de pouvoir rétablir dans toute son énergie
la discipline militaire. Le roi ne doute pas que
l'administration, renforcée par le secours de votre
autorité, ne puisse promptement arrêter le mal.
Mais il s'agit d'en prévenir à jamais le retour, et
c'est de quoi cette administration ne saurait vous
répondre, tant qu'on verra les municipalités s'arroger sur les troupes un pouvoir que vos institutions ont réservé tout entier au monarque. Vous
avez fixé les limites de l'autorité militaire et de
l'autorité municipale : l'action que vous avez permise à cette dernière sur l'autre est bornée au
droit de requérir; mais jamais ni la lettre ni l'esprit de vos décrets n'ont autorisé les communes
à déposer, à juger des officiers, à commander aux
soldats, à leur enlever les postes confiés à leur
garde, à les arrêter dans les marches ordonnées
par le roi, à prétendre, en un mot, asservir l'armée de l'état aux caprices de chacune des cités ou
même des bourgs qu'elle traversera. Qui mieux
que vous, messieurs, peut concevoir combien ce

conflit illégal pourrait, en peu de tems, affaiblir l'obéissance militaire, énerver le pouvoir et dénaturer la constitution. »

Après ce discours, le ministre de la guerre fait à l'assemblée une autre communication qui est accueillie avec les témoignages de la satisfaction la plus vive : « Messieurs, dit-il, le roi m'a encore chargé de vous informer qu'il a déjà autorisé un grand nombre de régimens à participer aux fédérations patriotiques auxquelles ils étaient invités, pour renouveler le serment civique avec les milices citoyennes : mais sa majesté voulant que ses intentions soient manifestées d'une manière encore plus générale, elle m'a ordonné d'écrire une lettre circulaire à tous les corps de l'armée, pour les faire connaître à chacun d'eux.

« Le roi a remarqué avec satisfaction l'esprit de dévouement à la constitution, de respect pour la loi et d'attachement à sa personne, qui a animé toutes les fédérations; et comme sa majesté y a reconnu, non un système d'associations particulières, mais une réunion des volontés de tous les Français pour la liberté et la prospérité commune, ainsi que pour le maintien de l'ordre public, elle a pensé qu'il convenait que chaque régiment prît part à ces fêtes civiques, pour multiplier les rapports et resserrer les liens d'union entre les citoyens et les troupes. »

M. de Beaumetz, président, répondit : « L'as-semblée reçoit avec attendrissement les marques de la sollicitude d'un roi qui veut gouverner par la loi et régner par la sagesse. Elle n'oublie pas que le ministre, qui vient de parler au nom de sa majesté, a professé hautement, dans cette assem-blée, les principes de la constitution et de la li-berté, et qu'il a porté ces principes dans l'admi-nistration qui lui est confiée. L'assemblée sait que l'organisation de la force publique peut seule assurer l'ordre dans l'état, et le comité militaire ne cesse de travailler à cet ouvrage ; elle sait que, sans la discipline, l'armée est nulle pour la pro-tection extérieure, effrayante pour la tranquillité des citoyens ; que le titre de soldat et celui de citoyen doivent être inséparablement unis, et que celui-là serait indigne de mourir pour la pa-trie qui pourrait vivre parjure au serment qu'il a fait de maintenir la constitution. »

L'assemblée nationale passait tour-à-tour des plus hautes questions de politique et de législa-tion constitutionnelle à des objets d'une moindre importance. C'est ainsi que, donnant le premier exemple d'un peuple qui ouvre, gratuitement et sans espoir de réciprocité, l'accès de ses frontières à tous les étrangers, elle venait de prononcer la suppression du droit d'aubaine, étrange abus de la féodalité au milieu de la civilisation euro-

péenne. Elle s'occupait surtout, avec une
sollicitude toute paternelle, de la misère du
peuple et des moyens de pourvoir à ses besoins.
C'est dans ces vues bienfaisantes que déjà elle
avait aboli la gabelle, les droits sur les cuirs, les
huiles et les tabacs, et tant d'autres impôts qui
frappaient presque exclusivement les classes les
plus pauvres de la société. Dans le courant de
mai, sur les rapports du duc de Larochefoucauld-
Liancourt, associé depuis à tous les établissemens
d'humanité, et dont la mémoire vivra long-tems
dans le cœur des malheureux, elle ordonna des
travaux utiles, elle ouvrit des ateliers à l'industrie inactive, elle fonda des hôpitaux, fit distribuer des secours à l'indigence. Elle ne cherchait
point à se créer une clientelle dévouée : l'humanité et l'amour de la justice étaient ses seuls mo-
biles; car, en même tems qu'elle soulageait le
malheur, elle punissait le vagabondage, elle pros-
crivait la mendicité, et chassait loin de Paris cette
foule d'hommes sans aveu, avides de butin, toujours disposés à vendre à chaque parti leurs applaudissemens et leur funeste influence.

En présence de la misère, le luxe excite
naturellement l'irritation. La dilapidation des
finances avait précipité la chute de l'ancien régime : l'économie devait assurer la durée de l'ordre constitutionnel. Pour atteindre ce but, l'as-

semblée résolut de soumettre à un examen sévère
les dons, les pensions, qui n'étaient point la récompense de services rendus à l'état; de supprimer
les sinécures et de proscrire tous les abus, que les
administrations précédentes avaient scandaleuse-
ment multipliés au détriment des intérêts publics.
En vue de ces réformes, le premier soin de l'assemblée fut de demander communication du fa-
meux livre rouge, où, disait-on, se trouvaient
consignées les dépenses secrètes de la cour.
Camus, président du comité des pensions, en fit
un rapport à l'assemblée. Il en résultait que, depuis 1774 jusqu'en 1789, plus de 200 millions
avaient été accordés en pensions, graces ou faveurs, et que la plus grande partie de cette somme
avait été partagée entre les courtisans. Le rapporteur, dont la sévérité a été poussée trop loin
dans d'autres circonstances, rendit cependant
cette justice à Louis XVI, que, s'il ne pouvait résister aux sollicitations sans cesse renaissantes de
sa cour, lorsqu'il s'agissait de ses affaires ou de
ses goûts personnels il avait toujours cru devoir
se condamner à une sévère économie, plutôt que
d'user pour lui-même de moyens qui répugnaient
à ses sentimens [1].

[1] Dans la discussion qu'amena la communication donnée
à l'assemblée du livre rouge, le comte de Custines fit remarquer que la comtesse de Lameth se trouvait portée sur

Il restait à s'occuper des dépenses de l'administration. M. Lebrun présenta à l'assemblée le travail du comité des finances. Ce comité confiait les dépenses générales à la responsabilité des agens de la nation, et à l'administration des départemens, celles relatives à des besoins locaux. L'assemblée porta dans ces réformes le même esprit d'économie. Après avoir voté les fonds nécessaires à diverses branches du gouvernement, et notamment au département des affaires étrangères, elle eut à fixer les dépenses du conseil du roi. Il était alors, comme aujourd'hui, divisé en deux parties, l'administration et le contentieux, et se composait de ministres ayant

cette liste pour une somme de 60,000 fr. Ses enfans ignoraient ce don de la munificence royale; mais Charles Lameth, en l'apprenant, s'empressa de monter à la tribune, et, après avoir affirmé que cette somme était un bien faible dédommagement des sacrifices pécuniaires que son père avait été dans le cas de faire, soit comme colonel d'un régiment de son nom, soit comme chef de l'état-major de la cavalerie de l'armée du Haut-Rhin, pendant toute la durée de la guerre de sept ans, il ne s'en trouvait pas moins heureux de rendre à la nation ce que sa mère en avait reçu, et il annonça qu'il remettrait le lendemain entre les mains de M. le président les 60,000 fr. dont il venait d'être question. Charles Lameth déposa en effet le lendemain sur le bureau la somme de 60,000 fr., pour être versée dans le trésor public, ce dont le président s'empressa de rendre compte à l'assemblée.

département, et de ministres sans portefeuille. Tous recevaient un traitement qui était de 20,000 livres pour les ministres d'état. Les ministres à département recevaient 180,000 livres, et le ministre des affaires étrangères 300,000 livres. Le comité proposait de réduire le traitement de ce ministre à la somme de 180,000 livres, et celui de tous les autres à 100,000 livres. Il assignait pour tous les ministres d'état sans département une somme de 80,000 livres. Il proposait de supprimer le comité du contentieux, dont la dépense avait été fixée par M. de Brienne à une somme de 590,000 livres, et d'allouer seulement 140,000 livres aux magistrats que le roi appellerait auprès de lui pour l'aider de leurs conseils.

Barnave suivit le rapporteur à la tribune : « Avant de rien statuer en finances, dit-il, sur le traitement qui sera fait aux ministres, il y a plusieurs questions constitutionnelles à discuter et à décider. C'est par exemple une question de savoir s'il y aura en même tems un chancelier et un garde-des-sceaux ; s'il peut exister un ministre de la maison du roi, et si le chef de la maison du roi n'est pas un homme étranger à la nation. C'est encore un objet digne d'une sérieuse attention que cette dépense de 140,000 livres accordée pour des magistrats que le roi appellera auprès de sa personne. Quelle est l'utilité et l'avantage de cet objet?.... Je demande préalablement le renvoi au comité de constitution. »

Comme on soutenait qu'adopter provisoirement les mesures proposées n'était pas préjuger les questions constitutionnelles, Barnave reprit : « Il faudra examiner si on déterminera constitutionnellement que les ministres seront payés par l'état, ou s'ils seront compris, comme en Angleterre, sur la liste civile ; si les uns feront partie de cette liste et les autres des dépenses générales de l'état. Vous ne pouvez donc prendre un parti, qui vous lie, jusqu'à la fin de 1791. Il faut que le comité se borne à présenter des dépenses qui seront provisoirement fixées jusqu'à une nouvelle décision de l'assemblée. Je propose d'adopter le projet de décret présenté par le comité, en le fesant précéder par ces mots : l'assemblée nationale décrète, *provisoirement et jusqu'à ce qu'il ait été statué ultérieurement sur cet objet*, ce qui suit. »

Quant à la fixation du traitement des ministres, proposée par le comité, M. de Crillon la trouvait renfermée dans une juste mesure. Alexandre Lameth, au contraire, la croyait trop considérable. « Si la nécessité de la représentation est le prétexte dont on s'appuie, disait-il, je ferai observer que cette représentation est plutôt un vice qu'un avantage. Les dîners des ministres ont de grands inconvéniens; les députés qui dînent chez eux ne sont certainement pas ceux qui défendent les droits du peuple avec le plus d'énergie. »

M. Desmeuniers appuya les réductions proposées; mais il soutint qu'il ne fallait point les étendre, pour éviter l'inconvénient, non pas de livrer les places aux gens riches, personne, disait-il, ne pouvait le désirer, mais de tomber dans l'aristocratie de la richesse.

L'avis du comité fut adopté avec l'amendement de Barnave, et un autre de M. Goupil de Préfeln, qui réduisait à 40,000 livres la dépense du conseil du roi.

Cependant, si l'assemblée se montra sévère et économe, lorsqu'elle réprimait le luxe des courtisans et fixait les émolumens des dépositaires du pouvoir, elle fut toujours pleine de déférence et d'égards pour la personne du monarque : elle en avait donné une preuve en suppliant le roi de fixer lui-même le montant de sa liste civile et les sommes qu'il jugerait nécessaires aux dépenses de sa famille. Le roi, comme nous l'avons dit, avait différé de faire connaître son vœu; mais l'assemblée ayant renouvelé ses instances, il céda et annonça ses intentions dans un message communiqué par le garde-des-sceaux.

Après avoir rappelé que, malgré les réductions

qu'il avait faites depuis son avénement au trône, l'ensemble de ses dépenses s'élevait encore à 32 millions, le roi pensait que 25 millions pourraient néanmoins lui suffire, au moyen des retranche-mens considérables qu'il projetait, et en ajoutant à cette somme le revenu des parcs, domaines et forêts qu'il devait conserver.

« Quoique je comprenne, ajoutait sa majesté, ma maison militaire dans mes dépenses person-nelles, je ne me suis point encore occupé de son organisation. Je désire, à cet égard, comme à tout autre, concilier mes vues avec le nouvel ordre de choses. Je n'hésite pas à penser que le nombre de troupes destinées à ma garde, doit être dé-terminé par un réglement constitutionnel; et, comme il importe à ces troupes de partager l'hon-neur et les dangers attachés à la défense de la patrie, elles doivent être soumises aux règles gé-nérales de l'armée.

« D'après ces considérations, j'ai retardé l'épo-que à laquelle mes gardes-du-corps doivent re-prendre leur service; et le délai de l'organisation de ma maison militaire a d'autant moins d'incon-véniens, que, depuis que la garde nationale fait le service auprès de moi, je trouve en elle tout le zèle et l'attachement que je puis souhaiter, et je désire qu'elle ne soit jamais étrangère à la garde de ma personne.

« Il me serait impossible d'acquitter, sur un fonds annuel limité, la dette arriérée de ma maison, dont l'assemblée a connaissance ; je désire qu'elle comprenne cet objet dans ses plans généraux de liquidation.

« Je pense que le remboursement des charges de ma maison et de celles de mes frères doit être ordonné, et se joindre à l'article précédent, la constitution ayant proscrit la vénalité des charges. Cette disposition doit entrer naturellement dans les vues de l'assemblée ; elle sera d'autant plus juste, que ceux qui se sont soumis à des sacrifices d'argent considérables pour acheter les charges, avaient lieu de compter sur des graces que le nouvel ordre de choses ne leur permet plus d'espérer. Je finis par l'objet qui me tient le plus à cœur. J'ai promis, par mon contrat de mariage avec la reine, que, dans le cas où je cesserais de vivre avant elle, une maison convenable lui serait conservée ; elle vient de faire le sacrifice de celle qui, de tout temps, a été attribuée aux reines de France, et qui, réunie au comptant, s'élevait au-delà de 4,000,000 liv.

« C'est un motif de plus pour moi de désirer que l'engagement indéterminé que j'ai pris avec elle et son auguste mère, soit rendu précis par la fixation de son douaire : il me sera doux de devoir aux représentans de la nation ma tranquillité sur un point qui intéresse aussi essentiellement mon bonheur.

« Après avoir répondu au vœu de l'assemblée nationale avec la confiance qui doit régner entre elle et moi, j'ajouterai que jamais je ne serai en opposition avec elle pour aucune disposition relative à ma personne. Mes vrais intérêts propres seront toujours ceux du royaume, et, pourvu que la liberté et l'ordre public, ces deux sources de la prospérité de l'état, soient assurés; ce qui me manquerait en jouissances personnelles, je le retrouverai, et bien au-delà, dans la satisfaction attachée au spectacle journalier de la félicité publique. »

L'assemblée vota par acclamation et décréta à l'unanimité ces différentes demandes du roi. Elle fixa, en outre, à 4 millions le douaire de la reine, et ordonna que le président se retirerait sur l'heure, par-devers leurs majestés, pour leur faire part de la détermination qu'elle venait de prendre.

L'un des plus illustres fondateurs de l'indépendance américaine, Franklin, venait de mourir à Boston le 13 avril 1790. Cette triste nouvelle étant parvenue au ministère le 10 juin, Mirabeau se chargea de l'annoncer à l'assemblée.

« Franklin est mort, dit-il ; il est retourné au sein

de la Divinité le génie qui affranchit l'Amérique et versa sur l'Europe des torrens de lumière.

« Le sage que deux mondes réclament, l'homme que se disputent l'histoire des sciences et l'histoire des empires, tenait, sans doute, un rang élevé dans l'espèce humaine.

« Assez long-tems les cabinets politiques ont notifié la mort de ceux qui ne furent grands que dans leur éloge funèbre. Assez long-tems l'étiquette des cours a proclamé des deuils hypocrites. Les nations ne doivent porter que le deuil de leurs bienfaiteurs. Les représentans des nations ne doivent recommander à leurs hommages que les héros de l'humanité.

« Le congrès a ordonné, dans les quatorze états de la confédération, un deuil de deux mois pour la mort de Franklin, et l'Amérique acquitte, en ce moment, ce tribut de vénération et de reconnaissance pour l'un des pères de sa constitution.

« Ne serait-il pas digne de nous, messieurs, de nous unir à cet acte religieux, de participer à ces hommages rendus à la face de l'univers, aux droits de l'homme, et au philosophe qui a le plus contribué à en propager la conquête sur toute la terre. L'antiquité eût élevé des autels à ce puissant génie qui, au profit des mortels, embrassant dans sa pensée le ciel et la terre, sut dompter la foudre et les tyrans. L'Europe, éclairée et libre, doit du moins un témoignage de souvenir et de regret à l'un des plus grands hommes qui aient jamais servi la philosophie et la liberté.

« Je propose qu'il soit décrété que l'assemblée nationale portera pendant trois jours le deuil de Benjamin Franklin. » L'assemblée décréta à une grande majorité la proposition de Mirabeau.

Nous avons déjà présenté le tableau des querelles religieuses que le clergé était parvenu à raviver dans le Midi, et des luttes violentes qui s'étaient élevées, dans plusieurs villes, entre les protestans et les catholiques. Des proclamations séditieuses, de la part des ennemis de la révolution, avaient contribué à produire ces désordres. Parmi les libelles répandus avec profusion dans les provinces méridionales, une délibération des soi-disant catholiques de Nîmes avait plus particulièrement excité l'indignation des patriotes, par la violence des invectives et la gravité des outrages dirigés contre le roi et les mandataires de la nation. Ayant été dénoncée par un grand nombre de municipalités, et ses auteurs eux-mêmes ayant eu l'audace de l'adresser à l'assemblée nationale, elle y devint l'objet d'une sérieuse discussion. «Il est constant, dit M. de Macaye, or-

23.

gane du comité des recherches, qu'une réunion
nombreuse de soi-disant catholiques, convoquée
avec une solennité imposante, s'est livrée publiquement à des injures graves et préméditées
contre le roi et l'assemblée nationale. Elle a osé
diffamer, dans l'opinion des peuples, les décrets
des législateurs et les actes du pouvoir exécutif.
Elle a insulté aux représentans de la nation, en
leur déniant le droit de changer la constitution
civile du clergé, et de réformer sa discipline extérieure; à l'autorité et à la dignité même du monarque, en le représentant comme esclave au
milieu de son peuple; aux décrets de l'assemblée,
en proposant de les soumettre à un nouvel examen; à la constitution, en publiant que le
royaume est dans l'anarchie; enfin, à la religion
elle-même, en l'associant à des excès qu'elle réprouve d'autant plus sévèrement que ses intérêts
en ont été le prétexte.

« Non contente de se livrer à un tel excès de
démence, cette foule égarée a mis tout en œuvre
pour propager le fanatisme qui l'agitait. Sa délibération coupable a été signée, imprimée, pu-
bliée. Dix commissaires, chargés de la répandre
dans tout le royaume, n'ont pas craint de porter
l'insulte au pied même du trône, et jusque dans
le sanctuaire auguste des lois et de la liberté.

Le délit est constant, il n'en est point de plus grave; mais il est difficile de sévir contre une assemblée de plus de trois mille personnes, et il l'est plus encore de séparer, dans l'opinion de la multitude, le crime qu'il faut punir, de l'intérêt sacré qui lui servit de prétexte. Vous chercherez donc, messieurs, un moyen propre à assurer, en même tems, la punition des coupables, et à maintenir le respect dû à la religion : ce moyen, vous pouvez le trouver dans votre autorité toute puissante sur l'opinion d'un grand peuple. L'improbation sévère et motivée d'une assemblée aussi imposante que la vôtre vous paraîtra sans doute une peine suffisante à infliger à des citoyens, que l'erreur d'un moment n'a peut-être pas privés de tout sentiment de patriotisme, et la délibération même, contre laquelle vous avez à sévir, vous offre pour cela un moyen facile. Dix des signataires se sont proclamés, en quelque sorte, les chefs de cette ligue téméraire. C'est eux que la raison et l'expérience de pareilles intrigues vous désignent comme les principaux, et peut-être les seuls vrais auteurs du délit : qu'ils soient mandés à la barre, pour y subir la honte ineffaçable qu'imprimera sur eux la censure des représentans de la nation, et que leur exemple intimide à jamais quiconque oserait égarer ce peuple facile, mais généreux, qu'on ne précipite dans l'erreur qu'en emprun-

tant le masque hypocrite des vertus qu'il ido-
lâtre.

« Ce n'est point tout encore : comme d'autres
délibérations, non moins criminelles, sont également parvenues à votre comité, il nous a paru
qu'il serait de votre prudence, au moment où
les assemblées primaires se forment dans toutes
les parties du royaume, d'écarter provisoirement
de ces assemblées ces esprits dangereux, qui s'a-
vouent eux-mêmes disposés à y porter le trouble
et à y introduire des principes destructeurs de la
constitution et de la tranquillité publique. »

Ce rapport, souvent interrompu par les murmures du côté droit, fut suivi d'une vive agitation. Dès que la discussion fut ouverte, Alexandre Lameth prit la parole. « Messieurs, dit-il, je
n'abuserai pas long-tems de votre attention, je
regrette déjà trop que cette affaire ait occupé
une de vos séances. Vous vous rappelez tous,
messieurs, la première délibération des soi-disant
catholiques de Nîmes (interruption violente à
droite). Je me suis servi, reprend l'orateur, avec
votre comité des recherches, de l'expression de
soi-disant catholiques de Nîmes, pour éviter de
citer l'intitulé de cette délibération, qui porte :
Délibération des catholiques de Nîmes, intitulé
répréhensible sous tous les rapports, puisque nous
ne connaissons pas d'assemblées politiques de ca-

tholiques, que nous ne connaissons que des assemblées de citoyens; de plus, parce que, sous le nom
de délibération des catholiques de Nîmes, il semblerait que tous les citoyens catholiques de Nîmes
aient pris part à cet acte coupable, et certes l'assemblée nationale ne leur fera point l'injure de
le croire. Vous vous rappelez tous, messieurs, la
délibération des soi-disant catholiques de Nîmes;
vous savez quelle indignation elle a excitée dans
tout le royaume : vous savez avec quel empressement elle vous a été dénoncée par un grand
nombre de municipalités. On n'aurait pas dû s'attendre, sans doute, qu'elle serait suivie d'une
seconde délibération, dictée par le même esprit,
et encore moins, que cette délibération trouverait des défenseurs au sein même de cette assemblée. Il suffit, pour s'en étonner, messieurs, de
se souvenir de quelques-uns des vœux exprimés
dans cette délibération. On vous engage à rendre au roi la plénitude de l'autorité royale : et
qu'entendent-ils par l'autorité royale? Ils enten-
dent le retour de l'ancien régime, le retour des
anciens abus, la destruction de la constitution.
Quel moment choisissent-ils pour faire cette demande? Celui où l'assemblée nationale vient d'arracher cette même autorité des mains des ministres pour la remettre dans celles du monarque;
le moment où, renfermant cette autorité dans de

justes bornes, en la rappelant à sa véritable institution, on la modifie de manière à assurer le
bonheur du roi et celui du peuple. Que deman-
dent-ils encore? la révision des décrets depuis la
fin du mois de septembre 1789.

« Vous voyez, messieurs, l'intention coupable
de cette demande; elle ne tend à rien moins qu'à
vouloir faire croire que le roi et l'assemblée ne
sont plus libres. Et à quelle époque cherchent-ils
à répandre cette insinuation perfide? Au moment
où le roi vient de donner de lui-même, du propre
mouvement de son cœur, les témoignages les moins
équivoques de son attachement à la constitution.
Voudrait-on vous faire consumer un tems précieux
que vous devez à l'établissement de la constitution,
de cette constitution que vous eussiez été heureux de pouvoir placer sous les yeux des députés
de toutes les parties du royaume, qui se réuni-
ront, au 14 juillet, en fédération nationale? Voudrait-on vous distraire de vos importans travaux
parce qu'une poignée de citoyens veut arrêter
l'heureuse révolution qui s'opère parmi nous?
Pardon, messieurs, si j'ai dit des citoyens : non,
ils ne méritent pas ce titre glorieux; non, ce ne
sont pas des citoyens ceux-là qui veulent opposer leur volonté particulière à la volonté générale, qui ne rougissent point de préférer leur
intérêt personnel à l'intérêt public, ceux-là qui

ne craignent point d'exciter des troubles, de semer la discorde et la guerre civile parmi leurs frères.

«Je ne m'étendrai point davantage sur la délibération prise par quelques habitans de Nîmes; et c'est pour ne pas provoquer votre sévérité que j'en cesse l'examen avec votre comité des recherches : j'invoque, au contraire, votre indulgence, en vous invitant à vous borner à mander à la barre, et à suspendre, des droits de citoyens actifs, les signataires des diverses délibérations, vous proposant d'ordonner au surplus de faire informer sur les troubles et les meurtres qui ont eu lieu dans la ville de Nîmes. Je demande que le projet de décret du comité des recherches soit adopté sans désemparer. Ce n'est pas le jour mémorable de notre constitution en assemblée nationale que les ennemis de l'assemblée devraient trouver des défenseurs. »

Ils en trouvèrent pourtant : l'évêque de Nîmes, l'un des plus ardens sectaires du clergé, et le maire, M. de Marguerite, essayèrent de justifier leurs concitoyens. Ils se bornèrent toutefois à proposer, comme amendement, de ne point cumuler contre eux deux peines différentes, et, puisqu'on les mandait à la barre de l'assemblée, de ne point les suspendre de leurs droits de citoyens actifs. Barnave fit rejeter cet amendement

par la question préalable, et l'assemblée décréta
que les individus qui avaient signé, en qualité de
président et de commissaires, les délibérations
des soi-disant catholiques de Nîmes, en date des
20 avril et 2 mai 1790, seraient tenus de compa-
raître à la barre de l'assemblée nationale, pour
rendre compte de leur conduite, et que jusque-là
ils demeureraient privés des droits attachés à la
qualité de citoyen actif : elle pria en outre sa
majesté de faire informer, devant le présidial de
Nîmes, sur les troubles et délits dont cette ville
avait été le théâtre.

Ce déchaînement du fanatisme, sur divers
points du royaume, n'avait point été excité sans
préméditation par les chefs de l'aristocratie sa-
cerdotale. Ils avaient voulu préparer les esprits
et les disposer à la violence, au moment où la
question de *la constitution civile* du clergé allait
être présentée et débattue à l'assemblée. C'était
la dernière ressource du parti, le dernier espoir
des usurpateurs de l'autorité temporelle.

L'opinion de tous les hommes éclairés veut
que la religion soit toujours placée en-dehors des
questions politiques. Les relations de l'homme
avec Dieu sont purement du domaine de la conscience, et la manifestation de chaque culte une
fois réglée et protégée, dans tout ce qui ne con-
trarie pas la liberté des autres, l'autorité civile

et les lois politiques doivent se borner à con
sacrer le respect dû au sentiment religieux,
en général, et laisser à chacun son libre arbitre,
en maintenant une entière égalité pour tous. Les
hommes ne sauraient s'ériger en juges de leurs
diverses croyances et de la supériorité de leurs
dogmes, sans qu'il en résulte entre eux une rivalité funeste au repos et au bonheur des nations.

Pour avoir méconnu ces principes, la plupart
des peuples modernes ont été en proie aux troubles les plus désastreux et aux guerres les plus
sanglantes. Sans en faire l'énumération, quels
flots de sang n'ont pas coulé en France, en Angleterre, en Écosse, en Italie, en Espagne, non-
seulement entre les sectateurs de religions différentes, mais même, pour de légères dissidences,
entre les enfans d'un même culte.

Telle était, on peut l'affirmer, l'opinion des chefs
du parti patriote. Ils n'auraient point voulu jeter
l'assemblée dans un dédale d'arguties théologiques,
ces querelles étant toujours de nature à raviver
les ressentimens et à aigrir l'irritation des esprits ;
mais il s'était formé dans l'assemblée une réunion
d'hommes, de mœurs austères, d'une piété ardente,
appartenant à une secte persécutée au tems des
Arnaud et des Pascal, et plus récemment par le
zèle fougueux de l'archevêque de Paris, Christo-
phe de Beaumont, parce qu'elle prêchait une mo-

rale plus sévère que le molinisme, et qu'elle montrait autant de disposition à la résistance, que les jésuites annonçaient de relâchement dans leurs doctrines et de complaisance pour le pouvoir absolu. Trouvant donc l'occasion favorable pour tirer vengeance de leurs oppresseurs, ou du moins pour les réduire à l'impuissance, ces disciples de Jansénius, la plupart anciens membres des parlemens, conçurent l'idée, non de faire pénétrer la philosophie dans le culte, mais de faire prévaloir leurs doctrines, et l'espoir d'y parvenir se fortifiait dans leur esprit par l'idée qu'elles se rapprochaient davantage des formes républicaines de la primitive Église.

La réunion janséniste, composée de MM. Fréteau, Camus, Martineau, et de plusieurs autres, auxquels se joignit l'avocat Treilhard, ardent adversaire de la cour de Rome et des prétentions ultramontaines, prépara pour le clergé un nouveau plan d'organisation. Les abus multipliés qui, d'après l'aveu même du clergé, avaient envahi l'Église, applanirent les obstacles devant le parti janséniste, et favorisèrent l'accomplissement de ses vœux.

De quelle différence, de quel contraste, en effet, n'est-on point frappé, si l'on compare au luxe et à l'orgueil des prélats du 18e siècle la pauvreté et l'humilité des premiers apôtres! Lorsque la reli-

gion chrétienne s'introduisit dans l'empire romain, elle se présenta sous des formes timides,
avec l'air de modestie qui caractérise sa doctrine. Elle n'implorait que la tolérance, le libre
exercice de son culte ; elle se montrait soumise
à toutes les volontés du pouvoir, et se conformait
aux circonscriptions politiques qu'avait établies
l'autorité, d'après les besoins des peuples et le
mode de l'administration; elle ne réclamait que
les droits de la persuasion, que la puissance de
l'exemple, la haute influence de la morale et de
la pratique de la vertu; elle disait, avec son fondateur, que son royaume n'était point de ce
monde; elle se rangeait toujours du côté des opprimés, pour les défendre contre les abus du pouvoir; elle disait hautement la vérité aux grands
de la terre et aurait rougi d'obtenir, par des manœuvres occultes, par des intrigues coupables,
une puissance corrompue par le mélange des intérêts personnels, et une domination, en opposition directe avec la moralité de ses préceptes.

Mais, depuis que, cessant d'être faible ou persécutée, elle avait acquis une autorité, que suit
toujours l'intolérance; depuis que ses ministres,
s'alliant aux maîtres des nations, avaient consacré
le pouvoir absolu par la doctrine du droit divin,
et reçu des dotations immenses pour prix de la
soumission dans laquelle ils tenaient les peuples

asservis, le christianisme avait perdu son plus généreux caractère, et les prêtres, participant à la domination temporelle, vivant au sein de l'opulence et des plaisirs, semblaient avoir abdiqué la sainte mission qui avait fait la gloire du sacerdoce.

Ainsi s'était effacé, parmi les ministres du culte catholique, l'un des plus beaux attributs de la religion chrétienne, l'amour du peuple et la défense des opprimés, vertus auxquelles le christianisme a dù ses miraculeux progrès. S'il n'est pas démontré, comme on l'a trop légèrement prétendu, qu'on lui doive l'abolition de l'esclavage, du moins sa morale était toute favorable à la liberté, et ses ministres tous populaires prêchaient l'égalité parmi les hommes. Allant même plus loin que la philosophie dans ses enseignemens, les prêtres appelèrent souvent sur les premiers chrétiens, par leurs anathèmes contre les riches et les puissans, des persécutions bien moins dirigées contre les dogmes que contre l'imprudence des attaques. Cependant, le christianisme, couvrant d'une protection spéciale l'humanité entière, ses institutions défendant les classes faibles et indigentes de la société, contre la tyrannie des princes et des grands, n'en devait pas moins se propager parmi les peuples, dont il conquérait l'amour et la reconnaissance, par des doctrines si favorables à l'amélioration de leur sort. C'est ainsi que, dans l'origine de la monarchie française, lorsque le travail des individus était la propriété des seigneurs, l'érection d'un grand nombre de fêtes religieuses fut, pour les serfs, un adoucissement à leurs maux, et, pour l'église, un puissant moyen de popularité. Mais les tems avaient amené de grands changemens dans les mœurs, dans les lois, dans le gouvernement des peuples : la civilisation avait affranchi les hommes ; l'industrie, le commerce, avaient rapproché les classes; le travail était devenu la propriété de chacun; et ce qui avait servi à modérer, à pallier une grave injustice, dans les institutions féodales, était devenu nuisible au bien-être personnel des individus, à la prospérité publique, dont le travail est la première source, comme il est le principe de l'ordre public et des bonnes mœurs.

D'un autre côté, le haut clergé ne prêchait plus, par ses préceptes ni par ses exemples, en faveur des dogmes que sa profession lui fesait un devoir de défendre. Sous le rapport des croyances, la plupart des chefs de l'église se montraient partisans des idées philosophiques, produites par le génie du dix-huitième siècle. Sous le rapport des mœurs, le cardinal de Rohan, M. de Brienne, archevêque de Toulouse, M. de Grimaldi, évêque de Noyon, M. de Dillon, arche-

vêque de Narbonne, et l'on pourrait même ajouter, un prélat revêtu aujourd'hui de la pourpre
romaine, ennemi aussi déclaré de la Charte que
des libertés de l'église gallicane, et près duquel
l'autorité royale est sans crédit, menaient une
vie mondaine qui eût été un grand sujet de scandale, si de pareils exemples eussent été plus
rares; mais, malheureusement, le plus grand
nombre des prélats méritaient les plus graves
reproches, et pour quelques hommes vertueux,
sincèrement attachés à la religion, assidus à leurs
devoirs, combien d'autres n'étaient-ils pas
célèbres par leur indifférence en matière de
religion, et, souvent, par la licence de leurs
mœurs.

Ces abus semblaient appeler de promptes réformes, et les jansénistes, profitant des circonstances, s'empressèrent, avec cette irascibilité qui
caractérise l'esprit de leur secte, de reconstituer
entièrement le clergé sur de nouvelles bases;
de faire revivre les usages des premiers tems
du christianisme pour l'élection des évêques; de
conformer la circonscription des diocèses à celle
que l'assemblée avait établie pour les départemens; et, enfin, de soustraire l'Église de France à
la domination ultramontaine.

A l'aide de ces idées de régénération, qui, sous
plusieurs rapports, avaient un but utile, les jan-

sénistes parvinrent à entraîner l'assemblée dans une discussion, et par suite dans des fautes qu'elle s'est reprochées d'autant plus qu'elle en avait entrevu les conséquences, et aurait pu les prévenir.

Les promoteurs de la nouvelle réforme trouvèrent encore un appui dans l'ordre des curés qui formaient la classe la plus nombreuse du clergé. Quoiqu'une partie de ces derniers fussent restés attachés au côté gauche, ils ne s'étaient point dépouillés de cet intérêt personnel, de cette ambition qui fait aspirer aux places élevées, et ils étaient d'autant plus disposés à soutenir le projet des jansénistes, qu'il leur offrait plus de chances pour parvenir aux dignités ecclésiastiques. Ils sentaient bien que la nomination des évêques étant rendue au choix libre des citoyens, les corps électoraux n'iraient assurément pas chercher à la cour les premiers pasteurs du peuple.

Le comité ecclésiastique, après avoir discuté les bases de son plan, dans un grand nombre de réunions particulières, choisit pour organe M. Martineau, janséniste austère et éclairé: ce rapporteur représentait fidèlement l'opinion du comité. Il chercha, dès le début, à intéresser en faveur des réformes qu'il proposait. Il dit que la constitution elle-même ne saurait rien faire pour le bonheur du peuple, si elle n'avait pour appui la religion qui

forme et purifie les mœurs ; que les lois civiles seraient impuissantes si elles n'étaient sanctionnées
par la loi divine. Chaque parole du rapporteur res-
pirait, en faveur de la religion, une vénération profonde qui se communiqua à une partie de ses auditeurs , et ce fut ce sentiment qui , influant sur
l'assemblée , lui fit accueillir le travail de comité
ecclésiastique.

« Sans doute, dit M. Martineau , il était nécessaire de réhabiliter les principes, si long-temps
oubliés et comme proscrits, sur lesquels reposent
les droits de l'homme en société; sans doute, il
importait de ramener toutes les institutions à
leur objet naturel et primitif, la sûreté, la liberté
de tous en général et de chacun en particulier;
mais votre ouvrage resterait imparfait et stérile,
si vous ne vous occupiez en même temps de
rendre à la religion l'énergie et la dignité qui appartiennent à sa céleste origine.

« Une vérité que confirme l'expérience de tous
les siècles et de tous les peuples, c'est que les
mœurs sont le premier lien des sociétés, le plus
ferme appui de l'ordre public, le plus sûr garant
de la prospérité des empires; et quelles mœurs,
messieurs, pourraient exister, là où il n'y aurait
point de religion ?

« C'est en vain que le législateur parle, en vain
qu'il prescrit des devoirs, qu'il prononce des

peines, qu'il établit des censeurs, des magistrats:
ses lois n'opposeront jamais aux passions qu'une
faible barrière, car il n'appartient qu'à la religion
d'exercer un empire qui s'étende sur toutes nos
actions et même sur nos pensées les plus secrètes. C'est dans notre propre cœur qu'elle établit son tribunal, et lorsque le coupable semble
s'applaudir des précautions qu'il a prises, pour
s'assurer l'impunité, elle lui montre au-dedans
de lui-même un témoin toujours présent, à l'œil
duquel rien ne peut échapper; elle lui fait entendre la voix redoutable d'un juge sévère, qui
punit jusqu'à la pensée du crime. Pour l'homme
de bien, au contraire, elle est un puissant aiguillon qui le réveille, l'encourage et le soutient: elle
lui ouvre une source de consolations et lui rend
facile la pratique de la vertu; voilà, messieurs,
ce qu'ont bien senti les politiques les plus sages
et les plus éclairés qui, tous, dans les temps anciens ou modernes, ont fondé leurs institutions
sur la base sacrée de la religion.

« Mais, plus la religion importe à la chose publique, plus elle demande de vous une attention
particulière, plus il est de votre devoir de prendre toutes les mesures convenables pour en maintenir ou en rétablir la salutaire influence sur les
mœurs, pour la préserver de tout ce qui peut la
corrompre, la défigurer ou l'avilir.

24.

« La religion catholique, apostolique et romaine, apportée à nos pères par les premiers successeurs des apôtres, dès les premiers tems de la monarchie, est incorruptible en elle-même. Elle ne peut éprouver ni changement ni altération dans les règles de sa foi et de sa morale. Ce qu'elle enseigne aujourd'hui, elle l'a toujours enseigné depuis sa naissance, et elle l'enseignera jusqu'à la consommation des siècles; nous en avons pour garant la promesse solennelle de son fondateur. Si elle appelle une main réformatrice, ce ne peut être que dans sa discipline extérieure, et à cet égard-là même, votre comité ecclésiastique ne s'est permis de rien prendre sur lui, ni de rien donner à l'esprit de système. Le plan de régénération, qu'il vous propose, consiste uniquement à revenir à la discipline de l'église primitive.

« Vous le savez, messieurs, et vous l'avez éprouvé plus d'une fois, presque tous les abus sont nés de ce qu'on s'est écarté de l'esprit des premières institutions; et souvent, pour en tarir la source, il suffit de faire remonter les choses au point d'où elles sont descendues.

« La discipline primitive de l'église fut l'ouvrage des apôtres, le fruit des leçons qu'ils avaient reçues de la bouche de leur divin maître. Comment pourrait-elle n'être pas la plus sainte, la plus conforme à l'esprit de l'Évangile, la plus avan-

tageuse aux progrès et au maintien de la religion, en un mot, la plus utile aux hommes ?

« Votre comité ecclésiastique a donc pensé,
messieurs, qu'il ne pouvait rien faire de mieux
que de prendre pour bases de son travail les
maximes de cette ancienne discipline. Depuis huit
à neuf cents ans, elle est l'objet des regrets de
tous les gens de bien ; les plus saints personnages,
les écrivains les plus distingués par leurs lumières
et par leur piété, n'ont cessé de faire des vœux
pour son rétablissement. Plusieurs conciles ont
tenté de nous y ramener, et ils l'ont tenté inutilement. L'intérêt personnel et les passions des
hommes y ont toujours apporté des obstacles insurmontables. Il fallait, messieurs, toute la force
de la révolution dont nous sommes témoins ; il
fallait toute la puissance dont vous êtes revêtus,
pour entreprendre et consommer un aussi grand
ouvrage. »

Le rapporteur passa ensuite à l'examen de plusieurs questions également importantes : il proposa la suppression de tous les titres et emplois
connus sous le nom de bénéfices simples, si
fort multipliés dans les siècles d'ignorance et
de barbarie, et qui, n'emportant pas même l'o-
bligation de la résidence, donnaient aux titulai-
res le droit de consumer dans l'oisiveté une partie
des revenus publics. Il posait en principe que

nul ne doit vivre de l'autel que celui qui sert
l'autel; et, prenant pour exemple la discipline
constante et uniforme de l'église dans les jours
de sa gloire, il soutenait que nulle part on ne
trouvait alors de ces ministres qui n'exercent aucune fonction, ou qui n'en ont pas d'autre que
celle de réciter des prières en public ou en particulier, comme si la prière n'était pas essentiellement le premier devoir de tout prêtre.

« En partant de ces principes, poursuit M. Martineau, votre comité ecclésiastique vous proposera de décréter également la suppression de tous
les bénéfices des églises collégiales, et même des
églises cathédrales. Ces bénéfices, dans leur état
actuel, ne sont vraiment d'aucune utilité, ni pour
les peuples, ni pour la religion, et la raison d'i-
nutilité est une raison suffisante de suppression....

« Votre comité vous propose encore, messieurs,
en conservant aux églises cathédrales la qualité
qui leur est essentielle d'églises-mères de tout le
diocèse, de leur rendre leur ancienne qualité
d'églises immédiatement paroissiales, par la suppression de toutes les églises paroissiales particulières, qu'il sera possible d'y réunir. L'évêque en
redeviendra le premier pasteur, le pasteur direct.
Vous lui donnerez tous les coopérateurs, tous les
vicaires dont il aura besoin pour le seconder ou

le remplacer. Le clergé formera, comme autrefois, son conseil, tant pour le gouvernement de la paroisse cathédrale, que pour le gouvernement de tout le diocèse. Alors l'évêque et son clergé seront vraiment ce qu'ils doivent être, et ce qu'ils furent dans leur première institution : un collége pastoral, dont l'évêque sera le chef; un corps unique, animé du même esprit, dirigé par les mêmes principes, digne d'être tout à la fois le modèle, le conseil des églises secondaires, digne d'être même la pépinière de tout le clergé du diocèse.

« C'est dans les mêmes vues que nous vous proposerons de supprimer tous ces établissemens connus sous le nom de séminaires, ou plutôt de les rassembler tous dans l'église cathédrale, et de les placer sous la direction immédiate de l'évêque.

« L'objet essentiel de toute bonne éducation est de nous apprendre, dans notre jeunesse, à faire ce que nous aurons à faire toute notre vie. Instruire les peuples des vérités fondamentales de la religion, des grandes maximes de la morale évangélique; leur montrer leurs devoirs, comme hommes et comme chrétiens, comme pères de famille et comme citoyens; soutenir dans le chemin de la vertu ceux qui y marchent, y ramener ceux qui s'en écartent, consoler ceux qui sont dans l'affliction, réconcilier ceux que des motifs

de haine ou d'intérêt divisent : voilà les importantes, les difficiles fonctions du saint ministère.
C'est à l'école de leur évêque et de son clergé que
les jeunes ecclésiastiques doivent apprendre à les
remplir un jour; ils y trouveront tout à la fois
les leçons et les exemples. Telles sont les écoles
d'où sont sortis les Athanase, les Chrisostôme,
les Cyrille, et tant d'autres saints pasteurs qui
ont édifié l'église par leurs lumières et leurs vertus.

« Après avoir supprimé tous les titres et tous
les établissemens inutiles, vous aurez, messieurs,
à vous occuper de l'organisation des ministres
nécessaires, c'est-à-dire, d'une nouvelle circonscription des évêchés et des cures. Rien de plus
bizarre que la formation actuelle des diocèses et
des paroisses. Certains diocèses ne comprennent
pas plus de 40, 30, et même 20 paroisses; d'autres en renferment plus de mille. Il en est de
même de la distribution des paroisses. Celles-ci
s'étendent à des distances fort éloignées, et sur
une très grande population; celles-là comptent
à peine quinze ou vingt habitans, et semblent
n'avoir été établies que pour quelques familles
privilégiées. On voit bien que ces divisions ont
été uniquement l'ouvrage des circonstances, et
qu'on n'y a consulté ni la dignité du culte, ni les
besoins des peuples.

« Vous avez, messieurs, fixé avec sagesse les bornes et l'étendue de l'administration civile, en divisant la France en 83 départemens. Pourquoi n'adopteriez-vous pas la même division pour l'administration ecclésiastique ? Les limites de chaque diocèse seraient toutes posées, la circonscription toute formée, et les évêques n'auraient à supporter que la masse de travaux et de sollicitudes que vous avez jugée être proportionnée aux forces humaines.

« De l'organisation du ministère ecclésiastique, je passe à la manière de pourvoir aux différens offices. De toutes les parties de la discipline de l'église primitive, il n'en est pas où il se soit introduit des abus plus absurdes et en plus grand nombre. Depuis le moment où les différens ministres de la religion, entraînés par l'exemple des premiers possesseurs de fiefs, eurent imaginé d'attacher à leurs offices une portion plus ou moins considérable des biens que la piété des fidèles avait déposés dans les mains de l'église, on a semblé perdre de vue la nature des emplois ecclésiastiques, compter pour rien les redoutables obligations qu'ils imposent, et n'y considérer que les biens dont ils donnaient l'administration. A peine s'est-on ressouvenu que c'étaient des *offices*. Dans le langage ordinaire, on ne les a plus connus que sous le nom de *bénéfices*; c'est-à-dire de graces, de bienfaits. Chacun a voulu être le maître de les distribuer à son gré. De là les droits de patronage laïc et ecclésiastique, le droit de nomination royale et seigneuriale, l'usage des résignations et des permutations; de là les indults, ces courses ambitieuses en cour de Rome, et une foule d'autres inventions bizarres, qui attachaient à la possession d'une terre, d'un office, le droit de donner aux peuples des pasteurs, et à la religion des ministres.

« Quels maux ne sont pas résultés de ces abus? Des courtisans ambitieux et corrompus ont souvent obtenu les nominations royales; les intrigans ont profité seuls des indults, des résignations, des permutations, des dévolus en cour de Rome; des relations d'intérêt, de protection, et d'autres considérations, également contraires à l'esprit public, ont déterminé le choix des patrons ou collateurs laïcs; les patrons collateurs ecclésiastiques n'ont pas toujours été conduits par des vues plus religieuses : les talens et les vertus ont été oubliés; les passions ont tout dirigé, et les peuples n'ont eu souvent, pour pasteurs, que des hommes ignorans ou corrompus.

« Chargés de régénérer toutes les parties de l'état, vous n'aurez garde, messieurs, de laisser subsister ces abus; vous en extirperez jusqu'au moindre vestige.

« Si, ce qu'on ne peut révoquer en doute, les évêques, les curés, et les autres ministres de la religion, ne sont établis que pour les peuples, à qui convient-il mieux qu'aux peuples de les choisir? La discipline de l'église primitive ne connaissait pas d'autre forme de pourvoir aux offices ecclésiastiques. On y tenait pour maxime qu'un ministère, qui porte tout entier sur la confiance des hommes, ne pouvait être exercé dignement et utilement par celui qui ne connaissait pas ceux qu'il devait gouverner, et qui n'en était pas connu. On était persuadé que celui à qui tous doivent obéir, que tous doivent écouter, doit être choisi par tous.

« L'exemple, donné d'abord par les apôtres, fut suivi par leurs successeurs. Nul n'était élevé à l'épiscopat, nul même n'était promu à l'ordre de la prêtrise que par les suffrages du peuple. Nos pontificaux nous en retracent encore le souvenir. Jamais un évêque n'est consacré que sur la réquisition faite par l'ancien des assistans, au nom de toute l'église. Jamais l'évêque ne donne les ordres sacrés qu'après avoir demandé le consentement du peuple.

« Sans doute, messieurs, les suffrages du peuple, même unanimes, ne fesaient pas l'évêque. Ils ne lui donnaient ni les pouvoirs, ni la mission qui sont le caractère distinctif de l'épiscopat. Après avoir été élu par tous les fidèles, il lui restait à être examiné, confirmé, institué par son métropolitain, ou par les évêques de la province. Mais il n'en est pas moins certain que le métropolitain ou les évêques provinciaux n'élevaient jamais à la dignité d'évêque que celui qui leur avait été présenté par le peuple. C'est cette ancienne discipline que nous vous proposerons, messieurs, de remettre en vigueur. L'église gallicane l'a conservée plus long-tems qu'aucune autre ; et la nation n'a jamais pu être dépouillée du droit de choisir celui qui doit parler à Dieu en son nom, l'enseigner et la consoler. Le peuple ne peut être forcé de donner sa confiance à celui qu'il n'a pas choisi, à celui qui lui est envoyé par une main souvent suspecte, quelquefois ennemie.

« Il me reste à vous parler, messieurs, du traitement que vous devez assurer aux différens ministres des autels.

« Les ministres de la religion devant se consacrer en entier à des fonctions aussi utiles qu'honorables, c'est à la nation à pourvoir à leur subsistance. Vous en aviez, messieurs, contracté l'engagement solennel en son nom, et elle le remplira avec franchise, avec loyauté, quoi qu'en puissent dire quelques malveillans. Votre sagesse, messieurs, saura vous garantir des deux excès opposés.

« Assurer aux ministres de la religion, à chacun suivant son rang et l'importance ou l'étendue de ses fonctions, une subsistance abondante, mais modeste; telles ont été nos intentions, et tel sera le but que vous saurez atteindre. »

Après avoir sollicité l'entière suppression des canonicats, prébendes, chapelles, prieurés, chapitres et abbayes de l'un et l'autre sexe, et une multitude d'autres offices non moins abusifs, M. Martineau proposait de substituer à l'ancienne organisation un siége épiscopal par département, avec un conseil permanent, *sans l'assistance duquel l'évêque ne pourrait faire aucun acte de juridiction*, un séminaire par diocèse, et une seule paroisse pour les villes et bourgs qui ne contiendraient pas plus de dix mille ames.

Quant à la manière de pourvoir aux offices, le comité proposait, conformément aux usages de la primitive église, la voie de l'élection populaire, au scrutin et à la pluralité absolue des suffrages. L'évêque serait élu par le corps électoral, appelé à choisir les membres de l'assemblée de département; les curés par les électeurs désignés pour la nomination des membres de l'assemblée de district. Le roi confirmerait l'é-

lection de l'évêque, le métropolitain lui confére-
rait l'institution canonique. Si le métropolitain
refusait l'institution, il serait convoqué un synode
de la métropole, qui jugerait en dernier ressort
les causes du refus [1]. Pour être éligible à un évêché, il fallait avoir rempli des fonctions pasto-
rales durant dix années; pour être éligible à une
cure, il suffisait d'avoir exercé pendant cinq ans
les fonctions de vicaire. Chaque curé aurait le
droit de choisir ses vicaires. Les ministres du
culte seraient tous soumis également à l'obligation de résider dans leur diocèse ou paroisse. Ils
ne pourraient s'en éloigner que pour des motifs
graves et avec une autorisation spéciale, à peine
d'être privés de leur traitement.

Telles étaient les principales dispositions du
plan présenté par le comité ecclésiastique, et qui,
ayant été adopté sous le nom de *Constitution civile du clergé*, devint la source ou le prétexte des
accusations les plus graves contre l'assemblée, et
de la plus violente résistance.

Quelque curieux que pussent être, pour quel-

[1] Cette disposition fut modifiée par la discussion : on
accorda au métropolitain le droit d'examiner l'élu sur sa
doctrine et sur ses mœurs, et même de lui refuser l'institution canonique, en motivant son refus, et sauf toutefois le recours des intéressés par la voie d'appel comme
d'abus.

ques personnes, les détails d'une discussion aussi vive que prolongée, à laquelle on rattacha l'examen des questions les plus délicates du droit canonique, nous devons nous borner aux points principaux, à ceux qui soulevèrent le plus d'opposition. De ce nombre étaient la nouvelle circonscription des diocèses, l'élection populaire, la décision du conseil, au lieu de celle de l'évêque, et les appels dans l'ordre de la juridiction ecclésiastique.

Le premier orateur entendu contre le projet fut M. l'archevêque d'Aix. Il soutint que la religion est le frein qui arrête les méchans, qu'elle encourage la vertu; qu'inaltérable dans ses dogmes, dans sa morale, dans sa doctrine, elle seule pouvait mettre le sceau à cette déclaration, qui assurait à jamais à l'homme ses droits et sa liberté.

« C'est de Jésus-Christ, continue le prélat, que les apôtres ont reçu la mission d'enseigner ses dogmes. Il ne l'a confiée ni aux magistrats, ni aux rois, ni aux administrateurs civils; les apôtres l'ont ensuite transmise aux évêques par la voie de l'ordination. On propose de diviser la juridiction ecclésiastique. Elle a été établie et limitée par les apôtres; aucune puissance humaine n'a droit d'y toucher.

« Un évêque ne peut exercer sa juridiction sur

un évêché étranger. En supprimer une partie, ce serait anéantir pour les fidèles l'administration de l'église. La juridiction des curés est limitée par les évêques; ils ne peuvent faire aucun changement qu'en vertu de leurs ordres. Si des réformes sont nécessaires, s'il y a des abus à détruire, il faut recourir à l'autorité de l'église gallicane; il faut la consulter dans un concile national. C'est là que réside le pouvoir qui doit veiller au maintien de la foi. Nous en réclamons donc la convocation avec les instances les plus respectueuses; mais, si le roi et l'assemblée nationale n'obtempéraient point à nos vœux, c'est à regret que nous sommes forcés de le dire, nous déclarons expressément que nous ne pourrions prendre aucune part à la délibération. »

Treilhard s'attacha à démontrer la nécessité des changemens proposés. Il rappela les inégalités monstrueuses existant dans les anciennes circonscriptions. Il dit que les services, assez étendus pour occuper le titulaire, ne devaient point l'accabler; qu'il fallait proportionner les traitemens à l'utilité et à l'importance des fonctions; que les bénéfices sans emploi, si abusifs et si dangereux, devaient être supprimés, ainsi que les collégiales et les chapitres des cathédrales. Quant au mode de pourvoir aux offices, aucune voie ne semblait à l'orateur plus propre à assurer à l'église de dignes pasteurs que celle des élections. C'est ainsi qu'autrefois Saint-Mathias avait été élu par tous les disciples; et, tant que cette discipline si sainte s'était maintenue, les autels avaient eu de sages et vertueux ministres; mais, lorsque la nomination des évêques avait été concentrée dans les mains du roi, ou plutôt dans celles des ministres, on avait trop souvent choisi, non celui qui possédait le plus de vertus apostoliques, mais celui dont la famille jouissait d'un plus grand crédit. Quels maux n'étaient pas résultés de ces choix? La plupart des évêques, incapables de remplir leurs devoirs, s'en déchargeaient sur des secrétaires obscurs. Les lieux mêmes, où ils devaient exercer leurs fonctions, leur devenaient tellement importuns, qu'on citait comme des modèles le petit nombre de prélats qui résidaient. Les mêmes abus régnaient dans le choix des grands-vicaires. Ils étaient plus empressés à obtenir les graces qu'à les mériter. Les ennemis de la religion pouvaient seuls contester le droit de purifier, par de saintes réformes, l'administration du culte public. Il était facile de leur répondre, en posant les limites de l'autorité temporelle et spirituelle. La première était établie pour la paix de la société, pour assurer le bonheur des individus pendant cette vie; la seconde avait pour unique but le salut des fidèles : elle était toute spirituelle dans ses moyens comme dans son objet.

Treilhard établit, avec l'autorité de l'abbé Fleury, par des exemples tirés des écritures et par les paroles de J.-C., que la juridiction spirituelle se réduit à l'instruction des fidèles, à la célébration du service divin, et à l'administration des sacremens; que les apôtres ayant été institués pour toute la terre, la division des diocèses et l'élection des pasteurs n'appartenaient ni à la foi, ni au dogme; que le peuple choisissait les pasteurs, que les évêques les ordonnaient, que l'élection populaire fut adoptée dans les Gaules, et que, tour-à-tour usurpé par les papes et par les rois, le droit d'élire ne constituait qu'une simple discipline temporelle.

« Cette doctrine, ajoute-t-il, est conforme à ce qui s'est pratiqué toutes les fois que l'autorité s'est trouvée dans des mains dignes de la soutenir. Charlemagne, à la tête de la nation, régla des objets de police et de discipline ecclésiastique : après la conquête de la Saxe, il divisa son royaume en huit diocèses, dont lui-même détermina la circonscription. Carloman, dans une assemblée générale en 742, établit des évêques et un archevêque. Pépin fit de semblables dispositions. Il serait facile de citer, à l'appui de ces faits, une foule de capitulaires. Dans les conciles de

Mayence, de Tours, de Châlons, les prélats, en présentant quelques réformes, disaient *qu'il appartenait au souverain d'adopter, de changer tout ce qu'il jugerait convenable dans ce qu'ils proposaient.*

« Ainsi les droits du pouvoir temporel sont incontestables. Si quelquefois les rois ont laissé à d'autres le soin de les exercer, ils n'ont pas pour cela pu les perdre. Ces droits ont été établis par plusieurs ordonnances. De nos jours, en 1762, l'autorité royale et les parlemens ont supprimé un corps religieux devenu trop puissant.

« Si les pères des anciens conciles étaient parmi vous, si on les interrogeait sur les réformes, dont la nécessité est gravée dans tous les cœurs, en est-il un qui se levât pour dire : *Ceci n'appartient qu'à nous ;* si vous voulez faire ces réformes, nous abandonnerons cette assemblée. Ainsi, ils déserteraient la cause publique ! Ainsi, par des déclarations téméraires, ils ne craindraient pas de mettre la religion en péril, parce que la nation s'occuperait de réformer des ministres oisifs et de salarier convenablement les plus utiles pasteurs ! Ainsi, ils abuseraient des plus saintes fonctions, pour défendre des intérêts temporels ! Messieurs, répondez-moi, j'ose vous le demander, reconnaîtriez-vous à cette conduite la morale de la religion ? »

L'application de ces paroles était facile; elle fut faite. Mais, au lieu de favoriser le triomphe des sentimens généreux auxquels elles faisaient un honorable appel, elles portèrent une nouvelle aigreur dans les esprits, comme le font d'ordinaire tous les justes reproches, lorsqu'on n'a pas le courage d'agir de manière à ne plus les mériter.

Croyant donc user à leur tour de représailles, les adversaires du projet dirigèrent contre l'assemblée des attaques personnelles. Ils s'efforçaient de la représenter comme animée de sentimens de haine et d'envie contre le clergé, comme sacrifiant les lois sacrées de la justice à ses vues financières. Ils disaient que, non contente de s'être emparée de ses biens, elle voulait encore le dépouiller de son influence sur les fidèles. Il faut remarquer que ces orateurs ne parlaient qu'avec une sorte de dédain des libertés de l'église gallicane et des institutions qui les avaient consacrées, tandis qu'ils professaient une grande vénération pour les autorités les plus contraires au véritable esprit de la religion, pour celles surtout qui servaient de bases à la suprématie de la cour de Rome. « Les régénérateurs n'ont point encore pensé, disait le curé Leclerc, à détruire les maisons de débauche et de prostitution, ces tombeaux de la fortune et de la vie des citoyens; mais déjà les maisons religieuses n'existent plus, déjà il ne reste plus d'asile à la piété fervente, et maintenant les évêchés, les collégiales, les cathédrales sont menacés de proscription, et nous vivons dans un royaume qui professe la religion catholique! Régir, gouverner les églises, régler la discipline, *faire des lois*, instituer les prêtres, telle est la juridiction ecclésiastique. Or, une juridiction pareille ne peut venir que de J.-C.; elle est indépendante des institutions sociales. Pourquoi donc voulez-vous l'envahir? Vous ne le pouvez pas sans crime et sans impiété. Vous vous dites les protecteurs des droits de l'église; vous n'en serez que les usurpateurs. A Dieu ne plaise que le protecteur gouverne; il attend *humblement* que sa protection soit réclamée: jusquelà, il obéit.

« Depuis l'origine de l'église, il n'y a pas eu un évêché institué par la puissance temporelle. Il n'en est pas un non plus qu'elle ait supprimé; car celui-là seul, qui peut créer, peut anéantir. L'autorité séculière est donc toujours incompétente, lorsqu'il s'agit de faire des changemens à l'état de l'église. Elle ne se gouverne pas par des spéculations de finances, par des considérations mondaines. Je ne parlerai pas d'un grand nombre d'évêques, qui ne peuvent être illégitimement déposés; je ne parlerai pas d'une foule de curés estimables qui se trouveraient bannis et inter-

dits. La puissance spirituelle, étant la seule col-
latrice des bénéfices, peut seule juger de la capacité des sujets et de la validité des titres.
L'élection par le peuple serait une usurpation et
peut-être une simonie. Dans les premiers siècles,
il est vrai, les élections se fesaient par le peuple,
mais, comme elles causaient des troubles, elles
ont été attribuées aux évêques, et depuis, les rois
ont succédé à ce droit. Voudrait-on faire illusion
au clergé du second ordre...»?Les murmures qui
s'élevèrent, à ces derniers mots, avertirent l'orateur qu'il venait de froisser la partie du clergé à
laquelle il appartenait; mais il n'en continua pas
moins; et, invoquant à l'appui de son opinion la
hiérarchie consacrée par le concile de Trente [1],
il soutint que la mission des curés ne leur était
transmise par J.-C. que par la médiation des évêques. « Tels sont mes principes, ajouta-t-il; j'y
serai fidèle, parce qu'ils tiennent à la foi. Je condamne hautement une doctrine qui conduit di-

[1] L'orateur ayant cité fréquemment le concile de Trente
comme une autorité irrésistible, un membre lui répondit
sur-le-champ que la discipline de ce concile n'avait point
été reçue en France; que les parlemens, quoiqu'ils se fussent souvent montrés les appuis du despotisme, avaient
toujours résisté à son admission, et qu'il était étonnant que
dans le sein d'une assemblée libre, on osât tenir un langage qui ne convenait qu'à des esclaves.

rectement au presbytérianisme ; et, si nous pouvions ne pas nous élever contre elle, les évêques, le jour du jugement, seraient en droit de nous demander compte de notre lâcheté. J'adhère donc à la déclaration de M. l'archevêque d'Aix, et j'y souscris tant pour moi que pour l'église que je représente. »

La discussion se poursuivait avec chaleur de part et d'autre. Les orateurs y portaient d'autant plus de vivacité, que chacun semblait défendre ses intérêts personnels. Il n'y avait guère, en effet, que les membres du clergé et les jansénistes qui prenaient la parole, les uns en faveur d'une organisation qui les comblait de richesses, les autres pour appuyer des réformes réellement utiles, mais dont ils espéraient, peut-être, des avantages et de la puissance. Le reste de l'assemblée n'était, en quelque sorte, que le témoin et le juge du combat.

Camus se présenta à son tour dans l'arène, pour défendre le projet du comité contre la vive attaque du curé Leclerc, qui, sans être revêtu dans l'église de hautes fonctions, venait de se montrer l'un des plus ardens champions du haut clergé. Camus, versé dans l'étude des livres saints et des lois canoniques, en fit de fréquentes citations, pour démontrer qu'on ne devait point reconnaître de divisions territoriales, et que la distribution des évêchés et des cures appartenait à la puissance civile. A l'appui de cette opinion, il invoqua l'autorité des faits historiques. « A la fin du huitième siècle, dit-il, l'évêque Ingérald fit de fausses décrétales, pour attribuer aux papes l'institution des évêques; de là l'autorité que les papes se sont arrogée, de là ces abus qui ont déshonoré l'église, et qui la flétriront tant qu'ils existeront. La discipline constante de l'église était contraire à cette autorité usurpée. Le pape lui-même, quand il érige un évêché, et prononce la formule, *nous érigeons en cité, in civitatem*, ne reconnaît-il pas que cette faculté est purement civile? Il est donc vrai de dire que toutes les fois que la puissance civile veut diminuer le nombre des évêchés elle le peut. Ce qui est vrai pour les évêchés, peut également s'appliquer aux cures. Les évêques sont les supérieurs des curés, mais ils ne sont, comme eux, que des pasteurs. »

L'orateur s'attache à prouver, par de nombreux exemples puisés dans notre histoire, que le droit d'élire les ministres du culte a été usurpé sur le peuple par les princes et par les évêques. Il soutient que rien n'est plus conforme à l'esprit de la religion, plus propre à lui rendre sa pureté primitive, que d'attribuer au peuple l'élection des évêques et des curés.

«Restent les appels. D'où vient l'appel au pape? Par qui a-t-il été introduit? Qui s'y est opposé?

Nous trouvons dans le code de Denis-le-Petit, remis par le pape à Charlemagne, la défense des appels à Rome, et le principe que toute cause doit être jugée où elle a pris naissance. Les pères du concile d'Afrique déclarèrent que quiconque irait outre-mer porter des appels, ne serait plus reçu dans l'église d'Afrique.

« Saint Pierre a donné à l'évêque de Rome le droit d'avertissement, mais sans aucune juridiction. Ainsi, il est également conforme aux maximes de la raison et aux anciennes lois canoniques de déclarer que les discussions, élevées dans le royaume, devront être décidées en France. »

« Le projet qu'on vous propose, répondit le curé de Roanne, sous le prétexte de réformer les abus, dénature la constitution de l'église, trouble sa hiérarchie, et détruit cette correspondance entre les ministres et leur chef, si essentielle à l'unité de la religion. Le comité a voulu prendre pour base l'ancienne discipline : les maximes sont invariables, dites-vous; mais les canons peuvent changer. C'est en partant de ce principe, que Luther a commencé sa réforme, qu'il a aboli les monastères, qu'il a déclaré que le vœu de chasteté n'était pas d'institution divine, enfin qu'il a épousé une religieuse. Il n'y a que l'autorité de l'église, résidant dans l'épiscopat, qui puisse modifier ses lois canoniques. L'autorité des évêques est la même que celle des apôtres; tout ce que déciderait l'assemblée nationale, *toutes les réso-lutions des rois de la terre seraient essentielle-ment nulles sans le consentement épiscopal.* On vous propose de diminuer le nombre des évêques et des curés! Sépara-t-on jamais les pères et les enfans? On veut donc absolument nous séparer des chefs de l'église! On veut donc entraîner l'é-glise gallicane dans le schisme! N'a-t-on pas dans tous les tems appelé du jugement des conciles au Saint-Siége?

« J'entends des personnes qui me disent que je crois à l'infaillibilité du pape: non, je n'y crois point; mais je reconnais dans l'église un chef comme il doit y en avoir dans toute espèce de gouvernement. Après avoir détruit l'autorité du pape, on anéantit celle des évêques. L'évêque ne pourra refuser d'instituer un curé qu'avec le con-sentement de son conseil; si, avec ce consente-ment il le refuse, le synode sera assemblé. Le mé-tropolitain ne pourra refuser sans assembler le synode. Ainsi le synode, composé de prêtres, prononcera sur le jugement de l'évêque : c'est le presbytérianisme qu'on veut établir.... Je conclus en disant qu'il n'y a pas lieu à délibérer sur le plan proposé. Si cependant vous vouliez l'exécu-ter, il faudrait prier le roi de le soumettre préala-blement à l'examen du souverain pontife. »

« On confond sans cesse l'église et la discipline
ecclésiastique, dit le curé Gouttes, et pourtant la
discipline extérieure n'appartient en rien à l'é-
glise. Saint Mathias fut d'abord élu par les fidèles ;
les fidèles, dont le nombre s'était accru, demandèrent qu'on augmentât celui des pasteurs.
« Choisissez, disent les apôtres, et nous institue-
rons.... (Plusieurs membres du côté droit ayant
interrompu l'orateur par des murmures, il se
tourna vers eux et leur dit : « Je fais profession,
aussi bien que vous, d'aimer, d'honorer, de respecter la religion ; s'il le faut, je saurai même
verser mon sang pour elle...» Dans ce moment la
voix de l'orateur est de nouveau couverte ; tous
les ecclésiastiques siégeant au côté gauche, sont
debout : ils déclarent qu'ils s'unissent de toutes
leurs forces à l'honorable profession de foi qu'ils
viennent d'entendre.)

Le silence rétabli, l'abbé Gouttes continue :
«Le droit d'élection a été reconnu, attribué au
peuple par les apôtres eux-mêmes ; on a cité saint
Grégoire, moi, je citerai saint Ambroise. Ainsi
donc, il est incontestable que c'est au peuple qu'il
appartient de nommer aux fonctions ecclésiastiques ; quant à la formation des métropolitains,
elle tient uniquement à la juridiction civile. Saint
Jean l'apôtre avait fondé des églises dans l'Asie ;
saint Paul dans la Grèce ; saint Marc, disciple

converti, institua l'église d'Alexandrie, qui obtint
le patriarchat, parce que cette ville était une capitale. Byzance n'avait pas de patriarche, Cons-
tantin lui en donna un ; et Rome, Constantinople
et Alexandrie furent le siége d'un patriarchat. Rome
l'a emporté sur Antioche : pourquoi ? parce que
Rome était la capitale de l'ancien empire romain.
Il y a eu la même variété dans les églises d'Afrique. Tout le monde sait que, quand les rois l'ont
voulu, ils ont donné la primatie aux villes de
leur choix. Le plan du comité est donc conforme
aux anciens usages: il a pour but de nous ramener à l'église primitive, ce qui serait un immense
bienfait. Comment a-t-on pu nous dire qu'on attaquait l'autorité ecclésiastique en demandant un
synode ? tout en croyant à la hiérarchie ecclésiastique, j'avoue que je n'ai pu penser que les évêques fussent institués par Dieu, et les curés
par les évêques. On dit que les évêques sont
les successeurs des apôtres, et les curés, les
successeurs des disciples : mais les apôtres et
les disciples n'étaient-ils pas également d'institution divine ? C'est en vain qu'on cherche
à avilir les curés en disant qu'ils ne sont que les
mandataires des évêques. Les évêques ne les ont
pas traités en frères. L'union des évêques et des
curés est nécessaire à la splendeur, à la sainteté
du sacerdoce, de la religion, et ce serait à tort

qu'un évêque voudrait décliner le synode. Qu'on lise l'histoire, on verra que les diacres de Rome ont appelé le pape lui-même à un synode; on verra que chez les anciens, les mots *évêque* et *prêtre* étaient synonymes. J'ai tenu ce langage, afin que les évêques n'ignorent plus que leur supériorité dans l'ordre ecclésiastique est plutôt une coutume de l'église qu'une émanation de la volonté divine. »

L'abbé Gouttes appuyait ses principes et ses argumens sur des textes et des citations latines : « Nous n'entendons pas le latin, s'écrie brusquement d'Espréménil. » Eh bien! poursuit l'orateur, voici du français : Saint Augustin, évêque d'Hyppone, écrit à saint Jérôme : *Encore que, selon les titres d'honneur, l'épiscopat soit au-dessus de la prêtrise, Augustin est au-dessous de Jérôme....* La preuve, que ce n'étaient point les évêques seuls qui décidaient les affaires, se trouve dans une lettre de saint Cyprien à ses prêtres : *Quant à ce que m'ont écrit nos confrères (les prêtres), je n'ai rien pu répondre, parce que je me suis imposé la loi de ne rien faire sans votre consentement et sans le consentement du peuple.*

«Ainsi, dans l'église, la loi était faite par tous. Le concours de toutes les volontés était nécessaire pour établir les règles et la discipline. D'après ces exemples, je conclus que les affaires

de discipline extérieure sont de la compétence
de la nation, et qu'elle a droit d'adopter en entier les réformes qui vous sont proposées. »

L'assemblée, ayant fermé la discussion générale, passa à l'examen des nombreux articles du
projet : le schisme éclata dès les premiers mots.
Au moment où le président venait de mettre aux
voix le second article relatif à la circonscription
des diocèses, l'évêque de Clermont se leva, et
protesta, au nom du clergé, contre les délibérations que l'assemblée allait prendre, sur un point
qu'il disait toucher aux intérêts les plus sacrés
de la religion. Les prélats et les ecclésiastiques,
qui siégeaient au côté droit, adhérèrent à cette
protestation et quittèrent la salle au milieu du
tumulte.

Les opposans ayant bientôt repris séance, la
lecture de chacun des articles souleva de nouvelles clameurs et des attaques collectives contre
tout l'ensemble du projet. Quelle que fût la question mise aux voix, les prélats ne cessaient d'attester que la limitation de la juridiction des évêques, la nomination par la voie de l'élection
populaire, la formation d'un conseil, pour concourir au gouvernement du diocèse; en un mot,
toutes les dispositions proposées étaient autant
d'usurpations de la puissance civile sur les droits
des successeurs des apôtres, autant d'atteintes

portées aux véritables doctrines de l'église. La plupart réclamaient avec instance la convocation d'un concile national.

Cependant, malgré les résistances et les protestations réitérées, chaque article du projet était successivement adopté, quelquefois, il est vrai, avec des modifications que la majorité de l'assemblée s'empressait de consentir, sans pour cela parvenir à calmer l'irritation des esprits, qui se manifestait par les accusations les plus vives contre l'assemblée.

Quand on en vint à la fixation du traitement des évêques, Cazalès prit la parole en leur faveur : « Il ne suffit pas, dit-il, d'assurer aux évêques des moyens de subsistance. Les revenus des ministres de la religion ont une destination et plus sainte et plus étendue. Il y a une étroite alliance entre la religion et la charité. L'aumône était un sacrement ; elle était une des fonctions du sacerdoce : il est impossible de la séparer de celles des ministres d'un Dieu de bonté et de bienfaisance. En vain vous dirait-on que les établissemens de l'ordre public porteront des aumônes à l'indigence, des secours à ceux qui souffrent ; des administrateurs civils auront-ils cette ferveur de zèle, cette abondance de charité que la religion seule peut donner ?

« Si ces considérations vous frappent, vous reconnaîtrez, avec moi, que le traitement proposé par votre comité est au moins insuffisant pour les grandes villes. A qui seront confiés les moyens de secourir l'infortune, si ce n'est aux ministres des autels? Je le demande au peuple qui m'entend : qu'il dise si, dans un hiver désastreux, l'évêque et les curés de Paris ne sont pas venus à son secours? Que serait-il devenu sans les aumônes déposées entre les mains de ces hommes vertueux par les propriétaires de la capitale? Ces aumônes ont été fournies par la noblesse, par le clergé, qui furent à cette époque les bienfaiteurs, les pères du peuple. Par quelle contradiction, par quels étranges motifs les lui a-t-on désignés depuis comme ses oppresseurs? » Cazalès conclut à ce que le traitement des évêques fût porté au moins au double de la fixation proposée par le comité.

Les propositions du comité ecclésiastique furent maintenues malgré les efforts de Cazalès. On lui répondit que les richesses corrompent les mœurs; que les riches ne sont pas toujours les plus généreux; que par le luxe et les besoins attachés à la fortune, ils sont souvent pauvres eux-mêmes au sein de l'opulence; que le vrai moyen de soulager les indigens n'est pas de remettre des fonds considérables à la disposition des ministres du culte, et d'affecter au traitement des évêques les sommes destinées à remplir l'un des devoirs les plus sacrés de la société; mais qu'il appartient à une administration éclairée de venir au secours des pauvres par de bonnes lois, et surtout par des occupations utiles, qui les accoutument au travail, tandis que les aumônes ne font, le plus souvent, qu'entretenir et favoriser la paresse et la mendicité.

Tels furent les principaux changemens que les nouveaux réformateurs parvinrent à faire adopter à l'assemblée, sur la discipline extérieure de l'église, et dont l'ensemble forme le décret devenu si célèbre, sous le titre de *Constitution civile du Clergé*. Cette loi devait naturellement rencontrer de grands obstacles, soit par l'extrême ignorance qui régnait dans les campagnes, soit par les intrigues multipliées qui avaient préparé la résistance. On verra bientôt tout le parti que le clergé sut tirer de déterminations qu'il accusait de porter atteinte aux dogmes, sous le voile desquels il ne défendait, dans le fait, que son ancienne domination et ses immenses richesses. La commotion se fit alors vivement sentir; mais, cependant, le moment n'était point encore arrivé où elle devait produire une explosion générale; ce ne fut que plus tard, lorsque les fonctionnaires ecclésiastiques furent assujétis à prêter un serment que la plupart refusèrent. Le clergé, qui avait appelé

à son aide la puissance ultramontaine, trouva le
moyen de jeter l'alarme dans les consciences, et
de préparer ainsi des troubles, dont la trace n'est
point encore effacée de nos jours.

La série des travaux constitutionnels nous ra-
mène aux questions fondamentales de l'ordre judiciaire, interrompues par d'autres discussions. La
première qui se présentait alors à la délibération,
d'après le mode proposé par Barrère et suivi par
l'assemblée, était relative au ministère public,
l'une des plus belles institutions des tems modernes, si elle était fondée de manière à protéger
toujours la sainteté des conventions sociales. Il
ne s'agissait pas encore de son organisation, mais
seulement de décider si les citoyens qui devaient
exercer ce ministère seraient exclusivement nommés par le roi.

La création d'une partie publique, veillant à
la sûreté commune, à l'exacte observation des
lois, dénonçant à la justice les délits et les crimes, chargée d'en poursuivre les auteurs et d'en
demander, au nom de la société, vengeance ou
réparation, avait obtenu l'admiration de Montesquieu, parce qu'il y voyait un refuge contre les
dangers des accusations populaires. On lit dans
l'Esprit des Lois : « A Rome, sous les empereurs,
« on vit paraître un genre d'hommes funestes,
« une troupe de délateurs. Quiconque avait bien

« des vices et bien des talens, une ame bien basse
« et un esprit ambitieux, cherchait un criminel
« dont la condamnation pût plaire au prince. C'é-
« tait la voie pour aller aux honneurs et à la
« fortune, chose que nous ne voyons plus parmi
« nous [1]. »

Quels que fussent les avantages du ministère
public, tous les esprits n'étaient pas tellement
rassurés par cette institution, qu'ils n'éprouvas-
sent encore quelque crainte pour la liberté et la
sûreté des citoyens.

« Vous avez décrété, disait M. Milcent, que les
magistrats seraient élus par les justiciables; vous
ne pouvez, sans manquer à vos principes, laisser
le ministère public à la nomination du roi. Parmi
tous les officiers qui forment un tribunal, le pro-

---

[1] Ce qu'il y avait de plus odieux dans les lois des empereurs était l'encouragement qu'elles donnaient à des
calomnies homicides, en abandonnant à la cupidité des
délateurs les dépouilles de leurs victimes. Ce danger
n'est point aussi effrayant, sans doute, lorsque l'accusation est confiée au ministère public; mais n'y a-t-il pas
aussi de l'inconvénient à ce que les gens du roi, dépositaires de ce droit, ne soient point inamovibles, et à ce
qu'ils ne puissent conserver leurs places ou obtenir de l'a-
vancement que par leur obéissance aux ordres du pouvoir? Dans un tel état de choses, peut-on espérer que la
liberté individuelle et tous les droits des citoyens seront
toujours religieusement respectés?

26.

cureur-général est sans contredit celui qui exerce
les fonctions les plus importantes et les plus ef-
frayantes pour la liberté publique.

« Le ministère du juge est en quelque sorte
passif : il ne peut l'exercer qu'au moment où on
le réclame, et pour le fait qu'on lui présente ; le
pouvoir du ministère public, au contraire, est
essentiellement actif par lui-même. Il n'a pas besoin d'une impulsion étrangère pour se mettre
en mouvement ; il agit par sa propre autorité, ce
qui tend à en rendre les abus bien plus funestes.

« Qu'il garde le silence sur un délit, ce délit
demeure sans punition et sans poursuite, tandis
qu'entraîné par le caprice et la suggestion, le pro-
cureur du roi pourra compromettre la tranquillité d'un citoyen sur la plus légère apparence
d'infraction à la loi.

« Je suppose en France cinquante cours souveraines. Un ministre ennemi de la liberté, en
nommant cinquante officiers dévoués à ses principes, pourra, dans un tems de crise, avec ce
petit. nombre d'agens répandus dans tout le
royaume, produire vraiment des maux incalculables.

« Je le dirai donc : si le peuple ne devait nommer qu'un seul magistrat dans chaque tribunal,
je demanderais qu'on lui donnât le choix du ministère public. Le procureur-général doit être

l'homme du public; il est chargé spécialement de défendre, de protéger le peuple; et vous voulez que le peuple, que le public ne participe en rien à sa nomination.

« On objecte qu'il ne poursuit les affaires qu'au nom du roi; mais les affaires se jugent aussi au nom du roi par le juge que les citoyens choisiront. Le roi étant le chef suprême de la justice, elle ne peut être poursuivie et rendue qu'en son nom. »

« Si l'universalité du peuple, répondait M. Chabroud, confie aux individus le soin de veiller à l'observation de la loi, la vigilance pourra être endormie par l'intérêt particulier; au contraire, elle sera éveillée, dans le prince, par l'intérêt particulier lui-même. Les officiers que le peuple nommerait ne seraient contenus que par la censure de l'opinion publique; nommés par le monarque, ils seront soumis à une inspection plus suivie, plus immédiate, plus active.

« Les représentans de la nation feront des lois, le roi les transmettra au peuple pour qu'elles soient observées. Il faut qu'il ait partout des organes pour cet objet. Qui mieux que lui les choisira?

« Si les juges oublient les lois, le roi devra leur rappeler leur devoir de s'y conformer. Si le pauvre est opprimé, si la veuve et l'orphelin sont sans défenseur, c'est à celui qui fait exécuter la loi qu'il appartient de les secourir : c'est par-là, que le roi mérite le nom de père du peuple. Il lui faut donc des officiers qui le représentent auprès des tribunaux. »

L'orateur soutient que les actions publiques doivent être confiées au roi, et qu'il y a de grands inconvéniens à les confier, dans chaque district, à des hommes élus par le peuple. « Le peuple ne peut exercer lui-même ses actions : il faut qu'il en délègue l'exercice. Le roi seul peut en être le dépositaire. » M. Chabroud fait ensuite ressortir la différence qui existe entre l'exercice de l'action publique et le soin de la juger, pour en tirer l'induction, que bien qu'on ait justement refusé au roi une participation à l'élection des juges, il devait seul nommer les officiers du ministère public.

La question ne fut point alors approfondie : M. Chabroud avait à peine cessé de parler qu'on ferma la discussion, et l'assemblée rendit le décret suivant : « Les officiers, chargés des fonctions du ministère public, seront nommés par le roi ; mais ils seront institués à vie, et ne pourront être destitués que pour forfaiture jugée.

Quoique décidée d'abord en faveur du roi, la question ne fut véritablement traitée qu'au mois d'août : elle reçut alors une solution toute différente, car on ne peut nier qu'en effaçant du nombre des attributions du ministère public l'une de ses plus importantes fonctions, celle de porter l'accusation au nom de la société ; l'assemblée n'ait modifié le décret qu'elle avait précédemment rendu.

L'assemblée s'occupa ensuite d'établir les bases du tribunal chargé de maintenir l'exécution uniforme des lois, et d'annuler les jugemens qui les violeraient, ou en feraient une fausse application. Cette institution devant être placée au dessus des cours judiciaires, et investie de fonctions d'un ordre supérieur, on remit alors en question plusieurs des points qui venaient d'être décidés, comme l'ambulance des juges, la forme et la durée de l'élection.

Le recours en cassation ayant été préalablement décrété, comme moyen de se pourvoir contre les jugemens en dernier ressort, pour cause de violation ou de fausse application de la loi, Merlin, invoquant les résolutions antérieures, soutint que l'intérêt de la nation, l'intérêt de la justice et des justiciables, exigeaient que le tribunal de cassation fût sédentaire. « L'intérêt de la nation, dit-il, est d'assurer l'unité de la législation, l'uniformité des jugemens. Ce but ne saurait être rempli qu'avec la permanence. En effet, le tribunal de cassation est le gardien suprême de la loi, le conservateur des propriétés et le lien des tribunaux d'appel, mais il ne pourrait être ambulant que par sections, et, si vous divisez ce tribunal, comment voulez-vous conserver les mêmes principes? la section qui se trouvera au pied des Pyrénées, et celle qui sera envoyée au pied du Mont-Jura, feront une application différente de la loi. Avoir un tribunal unique, c'est le plus sûr moyen de prévenir, dans l'état, toute scission. Les Anglais vous en ont donné l'exemple: c'est à leur chambre haute qu'ils ont confié le droit de la cassation.

« J'ai dit qu'il était de l'intérêt de la justice que les juges du tribunal de cassation fussent sédentaires. S'il en était autrement, la justice serait mal rendue. Des magistrats instruits et consommés ne se résoudraient pas à des chevauchées perpétuelles. Un juge qui ne resterait qu'un mois dans une ville, qui se trouverait éloigné de tout ce qui est propre à le retenir, pourrait ne pas résister à la séduction.

« Contraire à l'intérêt de la justice, l'ambulance du tribunal de cassation ne le serait pas moins à l'intérêt des justiciables. Les contestations étant jugées par arrêt, il importe à leurs affaires et à leur fortune qu'il existe des entraves aux demandes en cassation. C'est une action extraordinaire dont l'emploi doit être fort rare, sinon ce

tribunal formerait un troisième degré de juridiction.

« Il est un moyen d'ouvrir aux pauvres la facilité
de recourir à la cassation, c'est d'interdire toute
sollicitation personnelle. Il ne faut pas croire que
cette loi soit illusoire : elle est en usage en Hollande, et s'exécute très sévèrement. »

M. Goupil de Préfeln s'efforça de faire ressortir
les avantages qu'il apercevait dans le système
opposé. Il dit que le tribunal de cassation sédentaire, loin d'être un bienfait de la loi, deviendrait pour l'homme riche une arme offensive contre les malheureux; que, placé loin du
pauvre, celui-ci serait la victime d'une justice
qu'il serait trop cher d'obtenir.

Plusieurs orateurs parlèrent ensuite ; mais,
sans appeler l'attention du lecteur sur des opinions qui ne fixèrent pas celle de l'assemblée,
nous croyons devoir rapporter le discours de
Barrère, qui, retraçant d'une manière générale,
les principales observations déjà faites, offre un
résumé complet de la discussion: «En vous occu-
pant, a-t-il dit, d'établir des juges pour casser le
jugement rendu contre le vœu littéral de la loi,
et contre les formes prescrites, vous agitez un
des plus grands intérêts de la constitution; vous
devez être, sur cet objet, politiques autant que
législateurs; car cette cour est à tous les tribu-

naux ce que l'assemblée nationale est à tous les pouvoirs; et vous devez aujourd'hui aviser autant au maintien de la constitution qu'à l'intérêt de chaque citoyen.

« On vous a proposé une cour sédentaire; mais ici les objections se présentent en foule. Ici, l'inconvénient de transporter les justiciables à deux cents lieues de leurs foyers et de leurs intérêts domestiques, lorsque vous aviez promis une justice rapprochée des justiciables; de nécessiter autour d'une cour sédentaire, une atmosphère dévorante, des travaux judiciaires et des officiers ministériels dispendieux, lorsque vous aviez promis la justice gratuite; d'augmenter les frais de l'instruction sur la cassation, au point de la rendre plus ruineuse qu'un nouveau degré d'appel, lorsque vous aviez promis qu'il n'y aurait que deux degrés à parcourir dans la carrière judiciaire; de créer une justice de recours, exposée à la corruption et à la sollicitation des plaideurs, lorsque vous aviez promis une justice impartiale; de rendre la voie de cassation impraticable pour le plaideur peu fortuné, lorsque vous aviez assuré l'égalité des droits aux yeux de la loi, et l'égalité de protection qui en est la suite. Où serait donc alors cette égalité politique tant vantée, pour les provinces, qui ont si généreusement renoncé à leurs priviléges particuliers, et pour tous les ci-

toyens, qui ont autant de droits au pied des Pyrénées qu'au sein de cette capitale?

« Voilà les inconvéniens judiciaires. Que serait-ce, si je vous présentais les inconvéniens politiques d'une cour nombreuse, puissante de la
confiance du peuple, dominant sur toutes les
parties du royaume, régnant sur tous les tribunaux, formant un point de l'unité monarchique,
et chargée de conserver l'empire des lois constitutionnelles; concevez-vous ce qu'une pareille
cour pourrait faire par elle-même dans un
royaume où l'on a long-tems discuté la nécessité
d'une seconde chambre nationale? concevez-
vous ce qu'elle pourrait faire dans les mains
d'un ministre habile et d'un roi ambitieux, dans
un empire où l'on ne verra plus que des corps
partiels, des administrations limitées, des tribunaux circonscrits, et de petits pouvoirs disséminés
sans aucune correspondance mutuelle?

« Cette cour, entièrement sédentaire, serait un
grand danger politique. Le conseil de nos rois,
devenu sédentaire sous Philippe-le-Bel, n'était-il
pas parvenu à se dire la nation, pour opprimer
la nation? Il y avait cependant des états-généraux, et le pouvoir de cette cour était restreint
au jugement de certaines causes, dans une partie
du royaume.

« Mais les inconvéniens d'une cour ambulante

ne sont pas non plus moins nombreux. D'abord, par un aperçu général sur les tribunaux ambulans, tous les publicistes qui ont écrit sur notre histoire et sur nos lois ont regardé comme un progrès, dans la civilisation et la perfection judiciaire, l'opération qui a rendu les tribunaux sédentaires. Le ministère du cardinal d'Amboise est devenu célèbre pour avoir fixé l'échiquier de Rouen, qui n'était qu'une justice souveraine ambulatoire.

« En second lieu, avec l'ambulance point d'unité dans les opérations, point d'ensemble dans les principes, point d'uniformité dans la jurisprudence. Avec de nombreux tribunaux, il y a toujours plusieurs manières de juger, d'exécuter la même loi et les mêmes formalités judiciaires. Que feront donc ces sections ambulantes, si elles prononcent séparément ? Elles porteront, dans les diverses parties du royaume, l'esprit particulier, inséparable de toutes les corporations. Ces fractions judiciaires ne produiront que des opérations incohérentes, des décisions opposées, des principes versatiles. Cependant il est de l'essence de la cour de cassation de statuer aujourd'hui comme elle a statué hier, parce que la loi est une, parce que les formalités sont les mêmes, et qu'elle ne doit prononcer que sur la violation des lois et des formes.

« L'ambulance ne donnera à chaque section

judiciaire qu'un petit nombre de magistrats. Vous ferez donc casser par quatre ou six juges le jugement rendu par douze ou quinze autres. Il faut cependant que ce soit la majorité qui juge la minorité ; et c'est contre la raison, de soumettre le jugement de douze juges à celui de six.

« Des sections seront exposées aux sollicitations locales, aux influences de la ville où seront les juges, dont les arrêts seront attaqués. La justice, qui devrait être la moins influencée, parce qu'elle fait renaître les procès au moment où ils devraient finir, sera, par l'ambulance, livrée à la corruption.

« L'ambulance est enfin peu propre à asseoir l'esprit du juge. Les opérations de la cour de cassation demandent l'application de la vie sédentaire. Quelle serait la dignité et la forme de travail d'une cour aussi importante obligée de voyager sans cesse !

« Au milieu des inconvéniens inséparables d'une cour de cassation, qui serait ou entièrement sédentaire, ou entièrement ambulante, il faut se décider à une forme mixte, qui porte dans toutes les villes de département la facilité de l'instruction des procès, le premier bienfait que vous devez aux justiciables, et qui fixe auprès de la législature le jugement impartial des demandes en cassation.

« La partie sédentaire, formant un tribunal, sera le lien politique des divers tribunaux, les ralliera à un même esprit, et entretiendra également en eux le maintien des formalités judiciaires et de la constitution. Il faut d'ailleurs un tribunal qui juge constamment et promptement les attaques portées à la chose jugée ; il faut chaque année voir terminer les contestations de l'année précédente, suivant le rang de leur date. Les sections ambulantes produiront deux grands avantages : l'un, d'élaguer les demandes évidemment mal fondées ; l'autre, de préparer sur les lieux l'instruction pure, impartiale et éclairée des demandes admises. La présomption est toujours en faveur des jugemens rendus en dernier ressort. Être sévère pour l'admission des demandes en cassation, c'est mettre un terme à la carrière des procès, c'est raffermir la confiance nécessaire aux tribunaux, c'est augmenter surtout la force de la chose jugée. Voici un aperçu de mon plan :

« La cour de cassation serait composée de quatre-vingt-trois membres, un par département ; elle se diviserait ensuite en deux parties ; la première, de 38 membres, siégerait auprès de la législature, et jugerait les demandes en cassation, admises et instruites devant les sections. La deuxième partie, de 45 membres, serait divisée en 9 sections, qui se partageraient les départemens, et iraient chaque année, dans les chefs-lieux, recevoir les requêtes en cassation, juger leur admissibilité, et recevoir ensuite les mémoires des parties, avec les motifs des tribunaux. »

·· Le plan proposé par Barrère, pour l'établissement d'un tribunal de cassation, ne fut point adopté par l'assemblée, et n'y obtint pas même une grande faveur : cependant il renfermait des vues utiles, qui depuis ont reçu leur application.

Robespierre se fit remarquer, dans cette discussion, par une opinion plus judicieuse que celles qu'il exprimait habituellement. M. Goupil de Préfeln avait dit : « Anéantir un jugement, ce n'est pas juger ; la cassation n'est pas une partie du pouvoir judiciaire, mais une émanation du pouvoir législatif. » S'emparant de cette idée, Robespierre lui donna d'utiles développemens. « Le tribunal de cassation, dit-il, n'est point destiné à appliquer la loi aux différends des particuliers, ni à prononcer sur le fond des procès, mais à défendre les formes et les principes de la constitution et de la législation contre les atteintes que les tribunaux pourraient leur porter. Il n'est point le juge des citoyens, mais le protecteur des lois, le surveillant et le censeur des juges ; en un mot, il est placé hors de l'ordre judiciaire et au-dessus de lui, pour le contenir dans les bornes

et dans les règles où la constitution le renferme.

« Que faut-il, pour qu'il puisse remplir cet objet essentiel de son institution ? Il faut évidemment qu'il soit constitué de manière à ce qu'il ne
puisse se faire un intérêt opposé à celui du législateur ; car alors il emploierait sa puissance, pour
faire dominer sa volonté particulière ; et, loin
de maintenir les lois, il pourrait en favoriser la
ruine. »

Jusque-là, rien de plus raisonnable et de plus
conforme aux principes ; mais on va voir quelles
fausses conséquences l'orateur voulait en déduire
en faveur de ses opinions exagérées.

« Comment donc, ajoutait-il, empêcher la cour
de cassation de se coaliser avec les tribunaux
contre le pouvoir législatif ? Comment la réduire
à l'impuissance d'adopter des principes et un esprit différens de ceux du législateur, et de former
un corps souverain et indépendant ? Un seul
moyen vous est offert ; c'est de constituer ce tribunal au sein même de la législature. Nous sommes entraînés, par la nature même des choses,
à consacrer cette maxime qui n'était point étrangère au droit public de Rome, et que notre ancien gouvernement même avait admise. La législation romaine posait en axiome, que l'interprétation des lois appartient au pouvoir qui fait la

loi : *ejus est interpretari legem, qui condidit legem.*
On a senti qu'une autre autorité que celle du législateur, pouvant interpréter les lois, finirait par les altérer et par élever sa volonté au-dessus de la sienne; et il n'est pas besoin de dire que ce principe s'applique, à plus forte raison, à un cas où les lois sont directement attaquées par les actes du pouvoir judiciaire qui les enfreint. »

Ici, la confusion des idées est frappante. Que Robespierre proclame la maxime consacrée par la législation romaine, que c'est *au pouvoir qui a fait la loi qu'appartient exclusivement le droit de l'interpréter*, rien de mieux; mais qu'il cherche à investir le corps législatif de maintenir l'exacte observation des lois dans leur application aux faits particuliers, c'est méconnaître la nature de chacun des pouvoirs, essayer de les confondre tous, et détruire l'équilibre conservateur de l'ordre légal.

Mais, si d'un côté, l'homme le plus exagéré du parti populaire annonçait de pareilles prétentions, de l'autre, celles que manifestait un membre de l'extrême droite n'étaient pas moins insensées, quoique dans un but contraire. L'abbé Royer, opiniâtrement attaché aux anciens usages, voulait faire considérer le droit de reviser les jugemens comme inhérent au pouvoir exécutif, et l'attribuer au conseil du roi, dont il était lui-même un des magistrats.

Le maintien de l'exécution des lois et ordonnances du royaume, dans les tribunaux, avait en effet été confié jusqu'alors au conseil privé du roi, établi depuis environ quatre siècles. C'était à ce conseil qu'étaient portées les demandes en cassation ou révision des jugemens, ainsi que les réglemens de juges. Voici quels argumens l'abbé Royer fit valoir, pour maintenir le corps dont il faisait partie, supprimé de fait par les décrets antérieurs, dans l'exercice d'une prérogative qui aurait anéanti à la fois et le pouvoir judiciaire, dont l'assemblée venait de poser les bases, et les utiles réformes que déjà elle avait opérées. Je cite les opinions opposées de l'abbé Royer et de Robespierre, comme des preuves constatant, avec un grand nombre d'autres, que les vues et les intérêts des partis ne cessaient de se manifester dans toutes les délibérations, de quelques voiles qu'ils cherchassent d'ailleurs à se couvrir.

« Attaché au conseil du roi, dit l'abbé Royer, je ne viens point essayer d'intéresser votre justice en faveur des magistrats du conseil, qui sont sur le point de perdre leur état ; un sentiment plus digne de vous et de moi me fait monter à cette tribune.

« Je m'étonne de voir mettre en question s'il sera établi un tribunal de cassation, si les juges de ce tribunal seront permanens ou ambulans, puisque cette fonction a toujours été attribuée au pouvoir exécutif, et *qu'on ne peut lui ravir ce pouvoir*, qui lui a été confié par la nation. Il est bien clair que ce tribunal ne doit être composé que de membres qui aient la confiance du roi. La demande en cassation n'est autre chose qu'un recours au prince; elle doit être inséparable de sa personne.

« Intimement convaincu que ce sont là les caractères qui doivent distinguer *la cour plénière...*, (à ces mots diverses exclamations se fesant entendre au côté gauche, l'orateur étonné reprend:) je veux dire *cour suprême;* mais j'entends si souvent répéter le mot de cour plénière autour de moi, que je l'ai prononcé involontairement [1]. J'ai examiné si le conseil d'état s'écarte tellement de ce mode d'organisation qu'il ne puisse en tenir lieu. Tout ce qui est de matière contentieuse, dans l'administration de la justice, est de son ressort; il peut arrêter les provisions, reviser les jugemens criminels. La formation du tribunal de

---

[1] On n'en saurait douter un instant, *la cour plénière* était au fond de la pensée de l'orateur, comme dans celle des membres au milieu desquels il siégeait.

27.

cassation ne pourrait être séparée du roi sans altérer sa dignité. Vous avez investi son autorité du soin de veiller sur toutes les lois ; vous avez décrété qu'il aurait le *pouvoir exécutif suprême :* Or, que deviendrait cette prérogative, s'il était permis d'enfreindre et de violer les lois, sans avoir rien à redouter de sa puissance. Autrefois, les rois rendaient la justice par eux-mêmes ; l'étendue de leur empire les a obligés à déléguer ce droit, mais ils n'en sont pas totalement dépouillés ; et, vous-mêmes, vous avez rendu hommage à ce principe, en décrétant que le pouvoir exécutif suprême réside entre les mains du roi. »

Il ne s'agit pas ici, s'écria-t-on, de la nomination de ces magistrats, mais de savoir s'ils seront ambulans ou sédentaires. « Je ne sais pas, poursuivit l'abbé Royer, pourquoi l'on refuse d'entendre le seul membre du conseil qui soit dans cette assemblée, quand il ne demande qu'à faire connaître les règles usitées dans son tribunal. Je soutiens que c'est concentrer tous les pouvoirs dans le corps législatif, que de s'arroger le droit de déterminer la manière dont sera composé le tribunal de cassation. Permettez-moi, messieurs, de vous soumettre les règles constamment usitées au conseil...» De nouveaux cris réclamant l'ordre du jour avec plus de force, M. le conseiller d'état prend le parti de descendre de la tribune, en disant que, *comme membre du conseil, il se croyait qualité pour faire ces observations.*

M. Chabroud termina les débats par une exposition précise des devoirs du tribunal de cassation. « Les fonctions des officiers de ce tribunal, dit-il, sont de deux sortes : rechercher si les formes ont été observées, si la loi a été bien appliquée. Ces deux conditions remplies, il n'y a pas lieu à cassation. On ne peut donc examiner, dans ce tribunal, que deux choses, la forme de l'instruction et l'application de la loi. Si l'on fait entrer le fait dans l'examen, ce tribunal devient inévitablement un troisième degré de juridiction, et alors les procès seraient interminables et ressembleraient à ces jeux de hasard, dont l'avantage des chances est toujours pour celui qui continue ses mises le plus long-tems. »

M. Chabroud appuyait ensuite la division du tribunal en plusieurs sections, et répondait aux objections principales qui avaient été faites contre l'ambulance.

Cette question mise aux voix, l'assemblée décréta que tous les juges de cassation seraient sédentaires, et renvoya les autres difficultés à son comité de constitution. Elle passa ensuite à l'examen des principes qui devaient présider à la circonscription des compétences.

L'administration de la justice comprend une

multitude de matières, dont quelques-unes exigent des études et des lumières spéciales, et sont régies par une législation particulière. Devaient-elles être toutes indistinctement soumises à la décision de tribunaux d'une même espèce, ou les différences existantes dans leur nature, dans leur objet, dans les lois qui les gouvernent, ne réclamaient-elles pas l'établissement de juridictions exceptionnelles? Les affaires commerciales, par exemple, dont la connaissance suppose une longue habitude du commerce, les difficultés relatives à la perception des impôts, les contestations qui s'élèvent entre l'administration et les citoyens, les contraventions aux réglemens de police dans les villes et les communes, et quelques autres matières, qui exigent plus de simplicité dans les formes et de célérité dans les jugemens, devaient-elles être distraites de la juridiction des tribunaux ordinaires et attribuées à des juges institués spécialement pour prononcer sur chacune d'elles? Telle était, dans la série des questions proposées, celle qui fut soumise la dernière à la délibération de l'assemblée. M. de Nairac, député de Bordeaux, et l'un des premiers négocians de cette ville, ouvrit la discussion par un discours remarquable en faveur des juridictions consulaires et sur la nécessité de leur conservation.

« Le commerce, dit-il, est la source de l'abondance publique et de la richesse des particuliers. C'est à l'aide du commerce que de grands peuples de l'antiquité ont fondé et élevé leur puissance; c'est par le commerce que l'Angleterre, avec une population de huit millions d'hommes, est devenue un état formidable. Le commerce encourage l'agriculture, il fait fleurir les arts, il détruit de funestes préjugés; il unit les nations, et produit chez les hommes un sentiment de justice exacte. Nous en avons long-tems méconnu les bienfaits, nous sommes demeurés en arrière des autres peuples, par le choc de l'autorité royale et de la puissance féodale; et, sans la révolution actuelle, nous aurions lutté encore long-tems contre des préjugés que l'exemple de nos voisins n'avait pu affaiblir.

« Originairement, les actions commerciales étaient portées devant le juge ordinaire; mais on s'aperçut bientôt que ces affaires n'étaient pas susceptibles de formalités judiciaires; qu'elles sont, suivant Montesquieu, *des actions de chaque jour, que d'autres, de même nature, doivent suivre chaque jour, et qu'elles doivent être décidées chaque jour.* C'est ce qui détermina Charles IX, sur les représentations du commerce de Paris, à donner, au mois de novembre 1563, un édit portant création d'un juge et de quatre consuls marchands dans la capitale ; ce qui fut étendu ensuite aux principales villes. Les baillis et les sénéchaux, jaloux de leurs attributions, tentèrent de les en dépouiller. Quelques déclarations réprimèrent ces entreprises, jusqu'à l'ordonnance de 1673, qui fixa le sort des consuls ; mais bientôt de nouvelles usurpations les dépouillèrent encore, et le parlement de Bordeaux porta l'abus de son autorité jusqu'à défendre les assemblées des négocians, convoquées dans les cas extraordinaires par les juges et consuls, pour des intérêts purement commerciaux.

« Jamais ces juridictions consulaires ne se sont plaintes. On voit tous les jours des négocians, surchargés par le poids de leurs propres affaires, les abandonner pendant deux années entières, pour ne s'occuper que de celles des autres; rendre la justice gratuite et sommaire; et expédier une si prodigieuse quantité de procès, qu'en 1787 cinq juges consuls ont rendu à Bordeaux plus de seize mille sentences, sans que les parties aient été obligées de se morfondre à la porte de leurs juges pour solliciter le jugement, et sans avoir été ruinées par les dépens. Aussi, l'on a senti, dans tous les tems, l'utilité de ces juges, qui n'avaient d'autre intérêt que d'être justes, d'autre ambition que de servir leur patrie et de mériter l'estime de leurs concitoyens. De pareils tribunaux devraient être institués partout où ils n'existent pas.

« Toutes les places de commerce en éprouvent l'heureuse influence; elles en sollicitent la durée, et il n'y aura jamais de tribunal moins à charge à la nation, où la justice soit rendue avec plus de célérité, où les subtilités de la chicane soient aussi peu connues, et où il en coûte moins pour plaider. Comment voudrait-on changer l'organisation de ces tribunaux, pour les soumettre à de vaines formalités, lorsque, par leur nature, ils les excluent toutes; les livrer à des juges étrangers au commerce, qui ne pourraient pas décider chaque jour ces matières si instantes. Non, sans doute, ce changement ne s'opérera pas dans un moment où le commerce, délivré des entraves et des préjugés qui l'enchaînaient, deviendra plus étendu; dans une époque où il sera la ressource de tous les citoyens, et où il pourra compter, comme en Angleterre, au nombre de ses membres, les fils, les parens des hommes les plus distingués par leur naissance et leurs dignités; dans une époque enfin où le négociant français ira apprendre à tous les peuples que sa patrie est libre, et que sa liberté est le garant de sa loyauté et de sa bonne foi. »

M. de Nairac concluait à ce que les juridictions consulaires fussent conservées, à ce qu'il

en fût établi dans les villes où elles manquaient ;
sauf les changemens à faire dans leur organisation, lorsque le plan en serait proposé à l'assemblée par son comité.

Vainement on objecta que l'unité, qui formait
la base de la constitution, exigeait qu'il n'y eût
qu'une seule classe de tribunaux pour toutes les
matières ; qu'instituer des tribunaux d'exception,
ce serait multiplier les questions de compétence,
qui entraînent tant de débats ; les considérations
présentées par M. de Nairac triomphèrent de
toutes les oppositions ; on reconnut qu'avec des
juges spéciaux, pour les affaires de commerce, la
justice serait plus prompte, plus simple, moins
dispendieuse, et d'autant plus impartiale et plus
éclairée qu'elle serait rendue par des pairs, par
des négocians, qui sur ce sujet ont plus de connaissances pratiques que des magistrats. Après une
légère discussion, il fut décrété qu'il y aurait des
tribunaux particuliers pour le jugement des matières de commerce. M. Desmeuniers réclama la
même exception en faveur de l'administration et
des impôts, pour ne pas donner aux tribunaux
l'occasion d'inquiéter les administrateurs ou de
s'immiscer dans l'administration ; mais ces autres
questions furent renvoyées au comité de constitution.

Les pactes fédératifs entre les troupes de ligne

et les gardes nationales avaient été l'origine de fédérations particulières entre plusieurs départemens ; le Dauphiné, la Bretagne, l'Alsace, la Lorraine et surtout le Lyonnais, avaient donné l'exemple de ces fêtes civiques, propres à entretenir l'esprit de patriotisme dans l'armée, et à resserrer les liens d'union entre les citoyens et les soldats des différentes provinces. Ayant obtenu l'approbation du gouvernement, elles inspirèrent à leur tour l'idée de réunir dans la capitale des députations de toutes les gardes nationales, de tous les corps civils et militaires du royaume, pour prêter, en commun, le serment solennel de fidélité à la constitution. Déjà le projet d'une fédération générale avait été présenté à l'assemblée par une députation de la ville d'Arras, au nom de la province d'Artois, et à la tête de laquelle se trouvait M. de Fosseuse. La proposition en fut renouvelée, le 5 juin, dans une séance du soir, par la municipalité de Paris. Bailly porta la parole : « Un nouvel ordre de choses, dit-il, s'élève et va régénérer toutes les parties du royaume, comme toutes les branches de l'administration. La division des provinces n'existe plus ; tous les noms se confondent en un seul, celui de Français, et c'est maintenant le nom d'un peuple libre. La liberté repose sur la soumission aux lois et l'amour de la patrie ; notre union fait notre force ; il importe donc à la chose publique de la rendre plus générale et plus intime.

« Les assurances de fraternité circulent dans toutes les villes du royaume. La capitale a reçu de toutes parts des gages d'amitié et des promesses de secours. La commune de Paris est empressée d'y répondre ; elle a adhéré à plusieurs de ces fédérations, elle est jalouse d'en proposer une à son tour ; toutes nos sections se sont réunies dans un même sentiment, et pour un seul vœu, celui d'une fédération générale des départemens, celui de ne plus former qu'une garde nationale, animée d'un même esprit, pour défendre la liberté publique, pour faire respecter les lois de l'empire et l'autorité du monarque.

« La fédération de tous les corps civils et de toutes les gardes nationales du royaume doit être faite et jurée par des députés réunis dans une même ville, et si nous osons proposer l'enceinte de nos murs pour cette auguste cérémonie, c'est qu'elle doit être formée sous la protection de la loi, en présence des législateurs qui en sont la source, et du meilleur des rois, dépositaire de la force publique. »

Bailly fit ensuite lecture d'un projet d'adresse des habitans de Paris à leurs concitoyens de tous les départemens. On applaudit vivement ce qui suit : « Dix mois sont à peine écoulés depuis l'époque mémorable, où des murs de la Bastille conquise s'éleva un cri soudain : Français, nous sommes libres ! qu'au même jour, un cri plus touchant se fasse entendre : Français, nous sommes frères !......

« Vos exemples et les dernières paroles du roi nous ont inspiré une grande pensée : Vous l'adopterez ; elle est digne de vous. C'est le 14 juillet que nous avons conquis notre liberté : c'est le 14 juillet que nous vous proposons de vous rendre dans nos murs pour jurer avec nous de la maintenir ; que le même jour, à la même heure, un cri unanime se fasse entendre dans toutes les parties de la France : Vivent la nation, la loi et le roi ! »

L'assemblée accueillit avec faveur le projet de fédération générale et s'empressa de régler les détails d'exécution. Elle détermina le mode d'élection des députations, les moyens de pourvoir aux dépenses ; fit nommer des commissaires pour la direction des préparatifs ; et chargea le maire et le commandant général du soin de veiller à la sûreté et à la tranquillité publique. Talleyrand ayant ensuite annoncé que Lafayette avait communiqué au comité une idée qui paraissait contenir un principe fondamental de l'institution des gardes nationales, dont il serait utile que l'assemblée entendît le développement, Lafayette parut à la tribune : «Quelque empressé que je sois, dit-il, de célébrer les fêtes de la liberté, et nommément les 14 et 15 juillet [1], j'aurais souhaité que l'époque d'une confédération générale fût moins déterminée par des souvenirs que par les progrès de nos travaux ; non que je parle ici des décrets réglementaires ou législatifs, mais de cette déclaration des droits, de cette organisation de l'ordre social, de cette distribution de l'exercice de la souveraineté, qui forment essentiellement une constitution ; c'est pour elle que les Français sont armés, et qu'ils se confédèrent. Puissions-nous, animés par l'idée de cette sainte réunion, nous hâter de déposer sur l'autel de la patrie un ouvrage plus complet ! l'organisation des gardes nationales en fera partie ; par elle la liberté française est garantie à jamais ; mais il ne faut pas qu'à cette grande idée d'une nation tranquille sous ses drapeaux civiques, puissent être mêlées un jour de ces combinaisons individuelles qui compromettraient l'ordre public, peut-être même la constitution. Je crois qu'au moment où l'assemblée et le roi impriment aux confédérations un si grand caractère, où toutes vont se réunir par députés, il convient de proclamer un

[1] Le 15 juillet était le jour où le roi était venu à l'assemblée.

principe si incontestable que je me contente de proposer le décret suivant : « L'assemblée nationale décrète, comme principe constitutionnel, que personne ne pourra avoir le commandement des gardes nationales dans plus d'un département; elle se réserve de délibérer si ce commandement ne doit pas même être renfermé dans chaque district. » L'assemblée s'empressa de décréter cette proposition de Lafayette.

Le 19 juin, dans la séance du soir, plusieurs députations furent admises à la barre de l'assemblée pour lui adresser leurs félicitations, et prêter devant elle le serment civique. On distingua celle des vainqueurs de la Bastille, et surtout cette députation bizarre, composée d'étrangers, qui s'étaient attribué la mission de venir, au nom de tous les peuples, et sous leurs divers costumes, féliciter l'assemblée nationale et applaudir à ses décrets. Anacharsis Clootz [1], doué d'une imagination ardente, et que ses excès révolutionnaires ont plus tard rendu trop célèbre, porta ainsi la parole au nom de la députation :

« Messieurs, le faisceau imposant de tous les drapeaux de l'empire français, qui vont se déployer le 14 juillet dans le Champ-de-Mars, dans

[1] Il était de la ville de Clèves, alors sous la domination prussienne; il appartenait à l'ordre de la noblesse, et avait même, je crois, le titre de baron.

ces mêmes lieux, où Julien foula aux pieds tous les préjugés, où Charlemagne s'environna de toutes les vertus. Cette solennité civique ne sera pas seulement la fête des Français, mais encore la fête du genre humain. La trompette, qui sonna la résurrection d'un grand peuple, a retenti aux quatre coins du monde, et les chants d'allégresse d'un chœur de vingt-cinq millions d'hommes libres, ont réveillé des peuples ensevelis dans un long esclavage. La sagesse de vos décrets, messieurs, l'union des enfans de la France, ce tableau ravissant donne des soucis amers aux despotes, et de justes espérances aux nations asservies.

« Un grand nombre d'étrangers de toutes les contrées de la terre demandent à se ranger au milieu du Champ-de-Mars, et le bonnet de la liberté, qu'ils élèveront avec transport, sera le gage de la délivrance prochaine de leurs malheureux concitoyens. Les triomphateurs de Rome se plaisaient à traîner les peuples vaincus enchaînés à leurs chars; et vous, messieurs, par le plus honorable des contrastes, vous verrez dans votre cortège des hommes libres dont la patrie est dans les fers, dont la patrie sera libre un jour par l'influence de votre courage inébranlable, et de vos lois philosophiques. Nos vœux et nos hommages seront des liens éternels qui nous attacheront à vos chars de triomphe. »

Le baron de Menou, qui présidait l'assemblée, en l'absence de l'abbé Syeyes, répondit : « Après l'auguste cérémonie dont vous serez les témoins, retournez dans les lieux qui vous ont vus naître, dites à vos monarques, dites à vos administrateurs, quelque nom qu'ils puissent porter, que s'ils sont jaloux de faire passer leur mémoire à la postérité la plus reculée, dites-leur qu'ils n'ont qu'à suivre l'exemple de Louis XVI, le restaurateur de la liberté française. »

Ce n'est point sans raison qu'on a jeté une espèce de ridicule sur cette réunion d'étrangers, qui, presque tous inconnus, venaient applaudir aux résolutions de l'assemblée nationale ; mais c'est à tort que plusieurs écrivains, ennemis de la révolution, n'ont pas craint d'avancer que cette scène avait été préparée par les chefs du côté gauche. Je crois pouvoir affirmer qu'aucun d'eux, à l'exception du président, qui devait avoir été prévenu, n'avait connaissance de ce qui se préparait, et que Menou n'en avait fait part à aucune des personnes, avec lesquelles il était le plus intimement lié.

Les honneurs de la séance ayant été, suivant l'usage établi, accordés à la députation, Alexandre Lameth prit la parole pour présenter une observation motivée par la circonstance : « Au moment de la réunion à Paris, des députés des différentes

provinces pour la fédération, lorsque toutes les
nations prennent un intérêt si vif à l'établissement
de la liberté dans notre pays, lorsque tout re-
tentit de ce nom sacré au milieu et autour de
nous, resterons-nous, messieurs, resterons-nous
encore environnés de ces monumens que le despotisme s'est fait élever par la servitude? Lorsque,
de toutes les parties du royaume, les Français vont
se rassembler dans la capitale pour resserrer plus
étroitement encore le nouveau pacte social, pour
en faire un pacte de famille, pour jurer cette
constitution qui assure à tous les Français la liberté et l'égalité; souffrirons-nous que les regards
des braves citoyens des quatre provinces, enchaînées comme des esclaves au pied de la statue de
Louis XIV, soient exposés à tomber sur ce monument élevé par la flatterie d'un courtisan (1) à
l'orgueil de son maître? Souffrirons-nous, messieurs, que les députés de ces généreuses provinces, qui ont toujours été comptés dans cette
assemblée parmi les plus fermes appuis des droits
de la nation, aient plus long-tems les yeux frappés d'un spectacle que les hommes libres ne peuvent supporter? Respectons les monumens des
arts, mais faisons disparaître ceux du despotisme
et de l'esclavage. Élevez des statues aux princes

_____
¹ Le duc de la Feuillade, gouverneur de Paris.

qui ont bien mérité de leur pays ; élevez-en une à ce roi qui rétablit en France la liberté, mais empressez-vous de détruire des emblêmes qui dégradent la dignité de l'homme, et qui doivent blesser des concitoyens que nous chérissons tous.

« Je fais la motion expresse, qu'on ne laisse subsister aucun monument d'esclavage ; qu'il n'en soit désormais élevé que dans la vue d'honorer des actions utiles à l'humanité, et qui rappellent les principaux événemens de notre heureuse révolution ; que l'assemblée nationale décrète, par respect pour la liberté et pour les nations étrangères, que tous les symboles de la servitude, et ces inscriptions orgueilleuses qui entourent les monumens publics, notamment, celui de la place des Victoires, soient supprimés avant le 14 juillet. »

Cette proposition causa un vif enthousiasme dans l'assemblée : il durait encore lorsque M. Lambel, député de Villefranche, inconnu à la plupart de ses collègues, demanda la parole. « C'est aujourd'hui, dit-il, le tombeau de la vanité, et de tous les monumens de l'orgueil. Il ne faut pas seulement abattre des statues, je demande encore qu'il soit fait défense à toutes personnes de prendre les titres de duc, comte, marquis, baron, etc.; et que l'assemblée décrète en outre l'abolition de la noblesse héréditaire. »

La motion de M. Lambel fut couverte d'applaudissemens par une partie de l'assemblée et par les tribunes; elle fut appuyée par Charles Lameth. « La noblesse héréditaire, s'écria-t-il, blesse la véritable liberté. Il n'est point d'égalité politique, il n'est point d'émulation pour la vertu, là, où des citoyens ont une autre dignité que celle attachée aux fonctions qui leur sont confiées, une autre gloire que celle qu'ils doivent à leurs propres actions.

« — Comment donc, dit M. de Foucauld, comment récompenser le mérite? Que ferait-on, par exemple, pour cet homme dont le titre de noblesse, accordé par Henri II, est conçu en ces termes : *Un tel, fait noble et comte pour avoir sauvé l'état un tel jour.*

« —On supprimera ces mots : *fait noble et comte*, répondit Lafayette, et l'on dira seulement : *Un tel a sauvé l'état un tel jour.* Je me joins, ajouta-t-il, à M. de Lameth; et j'appuie, comme lui, une proposition qui me paraît une conséquence indispensable des principes déjà posés par la constitution. Dans un pays libre, il ne peut y avoir que des citoyens et des fonctionnaires publics. »

M. Goupil de Préfeln, qui annonça avoir depuis long-tems conçu l'idée de la suppression des titres, donna lecture du projet de décret qu'il avait préparé. « Il me semble, dit ensuite le vicomte de Noailles, que vous ne pouvez vous arrêter long-tems à des dispositions qui dérivent de votre constitution même : anéantissons ces vains titres, enfans frivoles de l'orgueil et de la vanité; ne reconnaissons de distinctions que celles des vertus. Dit-on le marquis Franklin, le comte Washington, le baron Fox? On dit Benjamin Franklin, Fox, Washington. Ces noms n'ont pas besoin de qualification pour qu'on les retienne ; on ne les prononce jamais sans admiration. J'appuie donc les diverses motions qui ont été faites : je demande en outre que l'encens soit réservé à Dieu seul, et qu'il n'y ait plus de livrée. »

L'apparition de chaque orateur à la tribune est signalée par une proposition nouvelle. « Je ne viens point, dit M. de Saint-Fargeau, faire ici le sacrifice des titres des ci-devant comtés et marquisats dont je possède les terres; je ne les ai jamais pris, mais puisqu'il n'y a plus de *seigneurs de terres*, je demande que personne ne porte d'autre nom que le nom de sa famille. En conséquence, je signe ma proposition *Michel Lepelletier*. »

Jusque-là il ne s'était point élevé de contradicteur. Enfin, les propositions paraissant épuisées, l'abbé Maury se présenta le premier pour les combattre. Il faut lui rendre la justice, que dans cette discussion il se montra moins pas-

sionné que de coutume. Tout en paraissant défendre la noblesse, peut-être n'était-il point fâ-
ché de la voir livrée à des attaques qui devaient
resserrer les liens qui l'unissaient déjà au clergé.
Quoi qu'il en soit, ne se trouvant pas blessé dans
les intérêts de son ordre, s'il ne fut pas plus
exact qu'à son ordinaire dans ses citations historiques, il ne se livra point non plus à ses déclama-
tions habituelles. « Dans la multitude des questions
qui vous sont soumises, je ne sais, dit-il, sur quel
objet je dois d'abord fixer mes regards ; on a
proposé de détruire tous les emblèmes de la servitude consacrés sur la place des Victoires. D'autres ont demandé l'anéantissement des dignités
sociales et le retour à l'égalité la plus absolue.
Chacun de ces projets est digne d'un examen
particulier, et je ne refuserai d'en discuter aucun.

« On fait un crime à Louis XIV des inscriptions
fastueuses qui se lisent au pied de sa statue, mais
ce n'est pas lui qui a ordonné ce monument. Il
doit son existence à la basse adulation d'un de
ses courtisans. Puisqu'on veut détruire tout ce
qui sent l'esclavage, pourquoi les regards du patriotisme ne se portent-ils pas sur la statue de
Henri IV, chargée d'une inscription en l'honneur
du cardinal de Richelieu ? Ne voit-on pas aussi
des esclaves aux pieds de Henri IV ? Mais au lieu
de les enlever, il faut les y conserver soigneuse-

ment pour montrer à la postérité jusqu'où descendait alors la flatterie envers les rois. Quoi qu'on en dise, Louis XIV a agrandi la nation. S'il n'avait pas dans le génie autant de grandeur que dans le caractère, il n'en mérita pas moins le nom de grand. On propose d'élever une statue au restaurateur de la liberté; rien de mieux. Vous ferez voir alors la différence qu'il y a du dix-septième au dix-huitième siècle. Honorez vos rois, en dirigeant vers un but moral les monumens que vous éleverez à leur gloire; mais ne dégradez point leurs prédécesseurs aux yeux des peuples.

« Quant à la question du retour aux noms propres, elle est juste. Un savant moraliste, le duc de Larochefoucauld, disait qu'en France on ne reconnaissait plus ni les hommes à leur nom, ni les femmes à leur visage. Votre patriotisme s'élève contre ces abus de la vanité, et vous êtes dignes d'éloges; mais pour ce qui regarde la noblesse, la détruire, ce serait détruire la monarchie. *Sans noblesse, plus de monarchie*, a dit Montesquieu. Les Romains avaient des ordres de chevaliers et de sénateurs, et les Romains se connaissaient en liberté (1). Je sais bien qu'à l'a-

---

[1] A Rome, gouvernement aristocratique, les patriciens étaient libres, mais le peuple ne l'était point. Comment, d'ailleurs, parler de la liberté d'un pays dont la popula-

venir on ne s'informera plus de ce qu'auront été les hommes, mais de ce qu'ils auront fait. Un auteur avait bien raison quand il a dit, que la première question d'un peuple donnait une idée de la philosophie et du caractère de la nation. Parlez de quelqu'un en Allemagne, on vous demandera s'il entre dans un chapitre; en France, quelle place il occupe à la cour; en Espagne, s'il est grand de première classe; en Angleterre, on vous demande quel homme c'est. Nul doute que cette manière d'exister par soi-même ne soit la meilleure.

« En France, la noblesse est constitutionnelle. S'il n'y a plus de noblesse, il n'y a plus de monarchie. Cette question est donc assez importante pour être traitée dans une séance du matin. Je sais bien que dans la nuit du 4 août, plusieurs articles constitutionnels ont été arrêtés; les sacrifices patriotiques se sont multipliés à l'infini; mais ce n'est pas toujours au milieu de cet enthousiasme qu'on prend les meilleures délibérations. Ne pourrait-on pas dire à ceux qui demandent avec acharnement toutes ces innovations ce que quelqu'un répondit à un philosophe orgueilleux:

tion était, pour la plus grande partie, composée d'esclaves ou d'affranchis, qui ne jouissaient pas même des droits civils.

Tu foules à tes pieds le faste, mais avec plus de faste encore.

« Quant à la question des livrées, un domestique n'est ni plus malheureux, ni plus avili, pour avoir tel ou tel habit sur le corps. Personne n'ignore que cet usage remonte jusqu'à l'institution des armoiries et des croisades, et qu'excepté certaines familles, personne, pas même M. le maire de Paris, n'a le droit d'avoir une livrée; c'est donc l'institution de la noblesse que vous attaquez dans son principe. Je demande que si l'on veut traiter cette question, elle soit ajournée, comme toutes les autres, à une séance du matin. »

Enfin, Mathieu de Montmorency, qui venait d'arriver à la séance, proposa la suppression des armoiries, comme des attributs gothiques de la féodalité; répondant à l'abbé Maury : « Il me semble, dit-il, que j'ai un motif aussi vrai, plus étendu et plus déterminant, dans mon profond respect pour l'assemblée nationale, pour cette déclaration des droits qui l'a tant honorée, et qui, malgré toute l'éloquence de M. l'abbé Maury, efface de notre code constitutionnel toute institution de noblesse; c'est l'ardeur avec laquelle je m'associerai *toujours* à ces grands et éternels principes qu'elle n'a cessé de professer, de consacrer et de propager par ses exemples et par ses décrets....

« Si la vaine ostentation des livrées a excité le zèle d'un des préopinans, je demande que, dans ce jour de l'anéantissement général des distinctions anti-sociales, qui quelque vaines, quelque puériles qu'elles puissent être, contrarient vos principes, l'assemblée n'épargne pas une des marques qui rappellent le plus le système féodal et l'esprit chevaleresque. Que toutes les armes et armoiries soient donc abolies; que tous les Français ne portent plus à l'avenir que les mêmes enseignes, celles de la liberté, lesquelles désormais sont fondues avec celles de la France. »

Lechapelier ayant réuni en un seul projet les diverses propositions, M. d'Estourmel se lève pour présenter un amendement : « On ne compose point avec l'honneur, s'écrie M. de Digoine. Je connais les devoirs d'un gentilhomme, reprend M. d'Estourmel ; je ne crois point y manquer en demandant que le roi des Français conserve toujours le sceau aux trois fleurs de lis d'or en champ d'azur. »

Les motions, les amendemens qui se croisent, produisent la confusion. L'abbé Maury en profite : « On prétend, dit-il avec chaleur, que la noblesse est née de la féodalité; mais cette erreur est le fruit de la plus profonde ignorance. La noblesse existait deux siècles avant les fiefs.

« Avant la conquête des Francs, la noblesse était héréditaire chez les Gaulois. Lisez les commentaires de César, vous y verrez les noms des premiers Gaulois déjà célèbres dans la nation par leur noblesse. César dit qu'il a toujours battu l'infanterie des Gaulois, mais jamais leur cavalerie, parce que la noblesse ne servait que dans cette arme. L'ordre de la chevalerie existait dans les Gaules, et s'il n'eût pas existé, les Romains l'auraient établi... (*On demande à aller aux voix*) Tous ces faits se rapportent à la question. Je dis et je soutiens qu'il n'est peut-être pas sage de détruire, sans distinction, une institution aussi ancienne que la monarchie. »

Après une nouvelle discussion et une vive résistance de la part de MM. de Digoine, de Grosbois, de Faucigny et d'Ambly, l'assemblée décrète : « Que la noblesse héréditaire est pour toujours abolie en France ; qu'en conséquence les titres de *duc, prince, marquis, comte, vicomte, vidame, baron, chevalier, écuyer, messire, noble*, et tous autres titres semblables, ne seront ni pris par qui que ce soit, ni donnés à personne ; qu'aucun citoyen français ne pourra prendre que le vrai nom de sa famille ; qu'il ne pourra non plus porter ni faire porter de livrée, ni avoir d'armoiries; que l'encens ne sera brûlé dans les temples que pour honorer la divinité, et ne sera offert à qui que ce soit; que les titres de *monseigneur* et *messeigneurs*, ne seront donnés ni à aucun corps ni à aucun individu, ainsi que les titres d'*excellence*, d'*altesse*, d'*éminence*, de *grandeur*.

« Sans que, sous prétexte du présent décret, aucun citoyen puisse se permettre d'attenter aux monumens placés dans les temples, aux chartres, titres et autres renseignemens intéressant les familles ou les propriétés, ni aux décorations d'aucun lieu public ou particulier; et sans que l'exécution des dispositions relatives aux livrées, et aux armes placées sur les voitures, puisse être suivie ni exigée par qui que ce soit, avant le 14 juillet, pour les citoyens vivant à Paris, et avant trois mois pour ceux qui habitent les provinces (1).

« Ne sont pas compris dans les dispositions du présent décret tous les étrangers, qui pourront conserver leurs livrées et armoiries (2). »

La proposition d'Alexandre Lameth, qui déjà avait été adoptée, sauf rédaction, fut ensuite décrétée en ces termes : « L'assemblée nationale, considérant qu'à l'approche du grand jour qui va

---

1 Les observations prudentes et judicieuses de MM. de Virieu et Fréteau firent adopter ces modifications.

2 Amendement de M. Martineau.

réunir les citoyens de toutes les parties de la
France pour la fédération générale ; il importe à
la gloire de la nation de ne laisser subsister aucun monument qui rappelle des idées d'esclavage,
offensantes pour les provinces réunies au royaume ; qu'il est de la dignité d'un peuple libre de
ne consacrer que des actions qu'il ait lui-même
jugées et reconnues grandes et utiles, a décrété
et décrète que les quatre figures enchaînées au
pied de la statue de Louis XIV, à la place des
Victoires, seront enlevées avant le 14 juillet prochain, et que le présent décret, après avoir reçu
la sanction du roi, sera envoyé à la municipalité
de Paris pour en suivre l'exécution. »

Déjà, depuis quelque tems, l'idée de la suppression de la noblesse fermentait dans l'esprit,
non pas du peuple, mais de l'élite du tiers-état,
et surtout de celui de Bretagne, qui avait eu plus
à se plaindre des prétentions des nobles de cette
province. Privés pour la plupart des avantages
de la fortune, ils n'avaient point été à même de
recevoir cette éducation élevée et généreuse qui
adoucit l'âpreté des mœurs, lors même qu'elle
repousse le niveau de l'égalité. La première classe
du tiers avait bien obtenu déjà, par les immenses
changemens qu'avait opérés la révolution, tout
le bien-être matériel qu'elle pouvait désirer ;

mais , lorsqu'on est dans l'aisance , qu'on a reçu une bonne éducation , qu'on a acquis des connaissances, on sent des besoins d'un autre genre, et l'on supporte à regret des supériorités auxquelles on ne reconnaît point de motifs suffisans.

Ce sentiment naturel recevait une nouvelle force des événemens qui avaient eu lieu et des principes d'égalité qui , chaque jour, étaient professés à la tribune. Les ordres ayant été détruits, les distinctions qui les rappelaient, blessant les députés du tiers, leur paraissaient en contradiction avec le nouveau système, et l'on ne peut douter qu'ils ne fussent disposés à solliciter, tôt ou tard, leur suppression. On a vu que déjà M. Goupil de Préfeln en avait conçu l'idée, et il n'aurait pas manqué de présenter un projet de résolution à cet égard, s'il n'avait été prévenu par M. Lambel.

Cependant, le décret de l'assemblée, inspiré par des idées philosophiques, et qui, comme on voit, avait été le résultat d'un mouvement spontané et non d'un plan arrêté d'avance, ne fut pas jugé très-politique dans les circonstances où l'assemblée et la France se trouvaient placées : car jusqu'alors, la noblesse entière n'était point réunie sous un même étendard par des intérêts communs. La noblesse des provinces, indisposée

contre celle de la cour, et qui n'avait point autant perdu par la suppression du régime féodal,
hésitait encore sur le parti qu'elle avait à prendre
et se refusait à l'émigration, mais plus sensible
à la perte de ses titres qu'à celle de ses priviléges,
le décret adopté devait produire chez elle une
violente irritation et mettre fin à toutes ses incertitudes, en la poussant définitivement à une
résolution qu'elle ne devait adopter qu'à regret.
Il était, en outre, incontestable que le tems n'aurait pas tardé à opérer ce qu'il paraissait dangereux de vouloir réaliser tout-à-coup; et que la noblesse ayant, de fait, perdu tous ses avantages
réels, les titres et les distinctions, auxquels n'é-
taient plus attachés aucune prérogative ni aucun
genre de supériorité, seraient devenus bientôt
sans aucune importance.

Le moment d'enthousiasme passé, ces réflexions
partagèrent les opinions dans la capitale. Elles
avaient probablement frappé aussi l'esprit de
M. Necker, qui avait adressé des observations au
roi pour l'inviter à modifier le décret; mais, tandis
qu'un grand nombre des nobles de la cour, soit
qu'ils ne fussent point dans le secret, soit qu'ils
ressentissent une irritation, assez naturelle de leur
part, pressaient le roi de refuser sa sanction, les
chefs de l'aristocratie, sentant quel parti ils pouvaient tirer, pour leur cause, de ce triomphe

même des idées philosophiques, firent tous leurs efforts pour déterminer le roi à accorder sa sanction. Il paraît qu'ils trouvèrent d'abord de la résistance, mais que s'étant adressés à madame Adélaïde, tante du roi, ils parvinrent, à l'aide de son influence, à obtenir enfin le consentement du prince.

Quelle qu'ait pu être l'opinion d'un certain nombre de personnes sur le manque d'à-propos de la suppression des titres et de la noblesse héréditaire, à l'époque où elle fut prononcée, on ne peut nier que le rétablissement d'une nouvelle noblesse par Napoléon n'ait excité un blâme bien plus général. On assure même que l'empereur Alexandre manifesta à Erfurth, dans une conversation particulière avec un des ministres de l'empereur, une opinion très prononcée à cet égard. Instruit par l'expérience des embarras que lui suscitaient les grands de son empire, il s'étonnait qu'un homme, parvenu à se placer au faîte du pouvoir, et délivré de l'opposition d'une noblesse et d'une cour, eût voulu relever une puissance si redoutable, qui finirait par dominer ses successeurs, si elle n'était point assez forte pour l'opprimer lui-même.

Cette séance semblait entièrement consacrée au triomphe de l'ancien ordre du tiers-état. On était au 19 juin au soir; ainsi, l'on touchait à l'anniversaire du jour où les communes, réunies à Versailles, avaient prêté le serment de ne pas se séparer avant l'achèvement de la constitution. La suppression de la noblesse héréditaire venait à peine d'être décrétée, qu'on vit paraître au milieu de l'assemblée une députation de citoyens portant une table de bronze, ornée de couronnes de chêne et de laurier, et sur laquelle était gravé le serment mémorable du 20 juin 1789. L'orateur de.la députation annonça que le lendemain ce monument serait inauguré dans la salle même du jeu de paume. Il le fut, en effet, par la société qui s'était formée dans le but de perpétuer le souvenir de ce célèbre événement [1].

[1] Après la cérémonie de l'inauguration, la société vint dîner au bois de Boulogne, dans l'une des salles du Ranelagh. Elle avait invité au banquet quelques députés, et entre autres, Duport, Barnave, mon frère et moi. Parmi les convives se trouvaient plusieurs des *vainqueurs de la Bastille*, et quelques citoyennes choisies parmi les femmes qui montraient le plus d'exaltation révolutionnaire. Le citoyen Romme, ancien gouverneur des princes Strogonoff et depuis membre de la convention, présidait ce banquet, d'une frugalité remarquable. Les convives ayant pris place, Romme se lève et prononce, avec la plus grande solennité, le premier article de la déclaration des droits : *Les hommes naissent et demeurent libres et égaux en droits. Les distinctions sociales ne peuvent être fondées*

Le premier soin des commissaires de la commune de Paris, chargés des préparatifs de la fé-

que sur l'utilité commune. Ces paroles sont écoutées dans un religieux silence, et le recueillement continue à régner durant tout le repas. Sur la table était placé un vaste plateau, représentant la bastille en relief ; et, au dessert, les vainqueurs de la Bastille, revêtus de l'uniforme national, tirent leurs sabres, fondent sur la forteresse, et du milieu des débris sort un enfant couvert du bonnet, emblême de la liberté. Les dames, placées à côté des députés, posent sur leurs têtes des couronnes civiques, et le dîner finit par une oraison pareille à celle qui l'avait commencé. Le citoyen Romme prononce, avec la même gravité, le second article de la déclaration des droits : *Le but de toute association politique est la conservation des droits imprescriptibles de l'homme. Ces droits sont : la liberté, la propriété, la sûreté et la résistance à l'oppression.*

Le banquet fini, et le cortége s'étant remis en route pour Versailles, nous nous promenâmes dans le bois de Boulogne, Duport, Barnave, mon frère et moi. Le spectacle singulier, dont nous venions d'être témoins, était de nature à faire naître les plus sérieuses réflexions : nous étions tous également frappés de l'enthousiasme qui avait pu maintenir dans le silence une réunion de près de deux cents individus aussi ardens, aussi exaltés. Cette teinte de puritanisme, qui s'était fait remarquer dans leur contenance comme dans leurs idées, avait quelque chose d'effrayant, et nous inspira pour l'avenir des craintes que la plupart d'entr'eux n'ont que trop justifiées ; presque tous, en effet, se sont livrés, pendant la terreur, aux plus violens excès et ont péri victimes de leur propre délire.

dération, devait être de choisir un emplacement convenable pour cette imposante solennité. La proximité du Champ-de-Mars lui fit obtenir la préférence sur les plaines de Saint-Denis, de Grenelle et des Sablons. Il avait l'avantage d'offrir une vaste esplanade, propre à la réunion d'un grand nombre de citoyens ; mais il fallait d'abord pourvoir aux moyens de séparer les acteurs et les témoins de la fête, en laissant aux premiers tout l'intérieur de l'esplanade, et en offrant aux seconds une place d'où ils pourraient embrasser d'un coup-d'œil l'ensemble de la cérémonie. On n'avait point oublié les trop funestes événemens qui, à l'époque du mariage du dauphin et de Marie-Antoinette, étaient venus changer l'allégresse publique en un jour de deuil et de sinistre présage. La plupart des malheurs de cette fatale journée ayant été causés par la chute des échafauds, élevés sur plusieurs des places publiques ; la première pensée qui se présenta à l'esprit des commissaires fut de les remplacer par des gradins assez solides pour prévenir de pareils dangers. Ils se décidèrent alors à faire creuser l'intérieur du Champ-de-Mars, et à former tout autour, avec les terres extraites du sol et élevées en talus, un vaste amphithéâtre en forme de cirque. Vingt-cinq mille ouvriers furent employés à cette opération. Cependant, malgré leur activité, l'immen-

sité du travail était telle qu'il n'aurait pu être
terminé pour le 14 juillet, lorsqu'un garde national fit dans les journaux un appel à ses
frères d'armes, en les invitant à venir prendre
leur part de la tâche que les ouvriers ne pourraient achever à tems sans le secours des bons
citoyens.

A cette invitation, les habitans de la capitale
de tout sexe, de tout âge, de tout rang, accou-
rent au Champ-de-Mars. On voit arriver successivement les gardes nationales des quarante-huit
sections, les diverses corporations précédées de
tambours et de drapeaux, les Gardes-Suisses, les
communautés religieuses, les élèves des colléges
et des autres institutions. Les habitans des campagnes, ayant à leur tête le curé en soutane et le
maire décoré de son écharpe, abandonnent leurs
travaux personnels pour concourir à l'œuvre nationale. Les femmes les plus distinguées de la société se livraient à ce travail patriotique avec une
grace qui redoublait l'enthousiasme, et plusieurs
même de celles qui différaient d'opinion, se
voyaient entraînées par l'expansion des sentimens publics. A côté d'elles, la brillante jeunesse aurait rougi de ne point partager l'allégresse nationale. On évaluait le nombre de ces
travailleurs volontaires à plus de deux cent cinquante mille; et cependant, parmi tant d'indivi-

dus, de classes, de mœurs, d'habitudes si différentes, il ne s'éleva ni le moindre trouble ni
même l'apparence d'une querelle. Un même sentiment remplissait toutes les ames, une même
intention occupait tous les esprits, une même volonté dirigeait tous les bras.

Il serait aussi impossible à ceux qui n'ont pas
vu ces jours sans exemple de s'en faire une idée,
qu'à ceux qui en ont été les témoins d'en retracer le tableau. Au premier coup-d'œil, tout ce
peuple n'offrait qu'une masse confuse aussi mobile que les flots d'une mer agitée; mais, à mesure qu'on approchait du Champ-de-Mars, et dès
qu'on y avait pénétré, cette multitude, compacte
au premier abord, se partageait en un nombre
considérable de réunions partielles, diversement
groupées dans cette vaste enceinte. Les uns ache-
vaient de creuser le sol, les autres chargeaient
les brouettes, ceux-ci allaient porter la terre sur
les talus. La gaîté la plus franche, les saillies les
plus originales, les chansons patriotiques, les
conversations animées, le libre épanchement des
cœurs, la rapide communication des espérances,
l'attente du beau jour que l'on préparait à la
France, représentée par l'immense population de
la capitale, regardée par tous comme le berceau
de la liberté naissante, formaient un ensemble
qui n'avait jamais existé sur la terre avant cette

grande époque de régénération politique, avant
ces jours d'enthousiasme et de sublime espérance
où trente millions d'hommes croyaient préluder,
par leur propre bonheur, au bonheur du monde.
Réuni sous de si nobles auspices, et laissant éclater, pour la première fois, un sentiment vraiment national tant il était unanime, un sentiment
qui fait aujourd'hui le fond du caractère français, le peuple célébrait cette solennité avec une
joie d'autant plus vive que l'égalité s'y montrait
partout, et que le Champ-de-Mars présentait alors
le tableau d'une grande famille. Louis XVI sentit
combien sa présence, au milieu de ces joyeux
travaux, serait propre à lui concilier les suffrages
et l'amour des citoyens; il vint en effet au Champ-
de-Mars et se montra profondément touché d'un
spectacle si nouveau et qui restera à jamais sans
exemple dans les fastes de l'histoire.

Malgré les précautions déjà prises, on n'avait
point encore pourvu à tous les dangers, ni détruit toutes les inquiétudes. On fesait circuler des
projets d'arrêtés à présenter dans le Champ-de-
Mars, au milieu des cérémonies. Les émotions
inséparables d'une si grande solennité, l'enthousiasme qu'elle devait produire, ne paraissaient
pas sans péril pour la constitution. Barnave proposa, dans cette circonstance, une mesure qui
fut jugée sage et prudente: il fit décréter par

l'assemblée, que, pendant la durée de la fédération, elle ne recevrait aucune adresse, pétition
ou motion, et ne prendrait aucune délibération,
hors du lieu ordinaire de ses séances.

L'assemblée avait déterminé le mode à suivre
pour former les députations : elle crut aussi devoir prescrire plusieurs dispositions préliminaires
et régler l'ordre qui devrait être observé dans les
cérémonies. Elle chargea en conséquence son comité de constitution de lui présenter un projet
de décret : Target lui soumit plusieurs articles,
dont le plus important consistait à attribuer au
roi le commandement des gardes nationales et
des troupes envoyées à la fédération, ainsi que
le droit de nommer les officiers qui exerceraient
le commandement en son nom et sous ses
ordres.

Cette disposition provoqua dans le côté droit
quelques légers murmures, auxquels succéda
bientôt un profond silence, l'abbé Maury ayant
demandé la parole : « Il est de l'essence du gouvernement monarchique, dit l'orateur, que le
chef suprême de l'état soit le seul dépositaire de
la force publique. S'il existait en France une
armée indépendante du monarque, la France ne
serait pas une monarchie.

« J'ai donc dû être étonné, lorsque j'ai entendu
le comité de constitution vous proposer de *prier*

le roi de prendre le commandement des troupes
et des gardes nationales. Une pareille proposition
me paraît peu conforme à la majesté du roi des
Français. Cette formule semble indiquer qu'on
pouvait proposer à un autre citoyen, sous les
yeux mêmes du roi, de prendre le commandement de cinquante ou soixante mille hommes :
le jour où ce citoyen recevrait de vous ce commandement, vous auriez établi deux rois, comme
à Sparte, et ce manichéisme politique renverse-
rait la monarchie. Je demande donc, par amendement, que l'assemblée déclare que toutes les
troupes, réunies au Champ-de-Mars, n'auront pas
d'autre chef que le chef suprême de la nation,
déjà déclaré par la constitution chef suprême
de l'armée. »

Cet article ayant été mis aux voix, M. de Fol-
leville demanda la question préalable. Alexandre
Lameth la combattit par les considérations suivantes : « Votre comité a pensé, messieurs, qu'il
devait vous proposer un décret qui ne préjugeât
pas la question relative aux gardes nationales. Le
roi, comme dépositaire du pouvoir exécutif, est
sans doute le chef de toutes ces forces ; mais il ne
peut l'être, et ne doit l'être, qu'avec des précautions relatives. Vous avez décrété que le roi serait le chef suprême de l'armée, et qu'il lui donnerait immédiatement ses ordres. Pour les gardes

nationales, vous n'avez encore rien décidé; mais cependant, dans plusieurs décrets antérieurs, vous avez déjà indiqué que les ordres du roi ne pouvaient parvenir aux gardes nationales que par l'intermédiaire des municipalités; et, messieurs, s'il m'était permis d'expliquer mon opinion sur cette disposition, je dirais qu'elle est indispensable pour assurer le maintien de la constitution. Puisque vous avez pensé qu'il était nécessaire de borner le nombre des troupes qu'on remettrait dans les mains du roi, si l'on ne voulait pas compromettre la liberté, il est évident qu'il faut déterminer quelles seront les précautions que la constitution établira, pour la communication des ordres du roi aux gardes nationales. Ces précautions doivent être qu'il ne puisse les leur transmettre que par l'intermédiaire des municipalités : si cela est essentiel, il faut donc, pour que le roi puisse donner des ordres immédiats aux gardes nationales, dans cette circonstance particulière et unique, il faut, dis-je, un décret particulier, et j'adopte celui du comité [1]. »

[1] Les idées sur l'organisation de la garde nationale sont encore aujourd'hui assez peu précises, pour que, dans le sein des deux chambres, on avance, presque sans opposition, que la garde nationale, faisant partie de la force publique, doit être entièrement sous les ordres *immédiats* du

Cette opinion prévalut : les dispositions du projet, relatives au commandement de la fédération, furent adoptées. L'assemblée décréta, en outre, qu'à la fédération du 14 juillet le président de l'assemblée nationale serait placé à la droite

roi. Un pareil système dispenserait les publicistes de se livrer aux profondes méditations et aux pénibles travaux qu'exige l'organisation des pouvoirs, pour assurer à chacun d'eux une existence propre, et à tous une mutuelle indépendance.

Les hommes de toutes les opinions ont toujours été d'accord sur ce point, que le plus grand obstacle à l'établissement d'une constitution libre consiste, en France, dans la nécessité, que lui impose sa position géographique, d'entretenir une armée nombreuse et permanente; mais, puisque l'existence de deux cent mille hommes, sous les armes, effraie avec raison les amis de l'ordre légal, quelles ne devraient pas être leurs alarmes, si le roi avait, en outre, la faculté de disposer à sa volonté de toutes les gardes nationales, qui, d'après la population de la France, s'élèveraient à plus de trois millions !...

L'assemblée constituante a fondé l'institution de la garde nationale sur ce principe essentiel, que les hommes, appelés à la composer, ne font partie en aucune manière de la force publique considérée comme armée. Celle-ci, destinée à défendre l'indépendance du territoire et à combattre les ennemis extérieurs, est placée avec raison sous les ordres du roi; mais la garde nationale, qui représente la nation elle-même, armée pour le maintien de ses droits et de sa liberté, doit être organisée de manière à

du roi et sans intermédiaire entre le roi et lui ;
que les députés seraient placés immédiatement
tant à la gauche du roi qu'à la droite du président ;
et que le roi serait prié de donner ses ordres pour
que sa famille fût placée de la manière la plus
convenable.

servir de contre-poids aux troupes soldées, remises entièrement à la disposition du pouvoir exécutif.

Il résulte de ces principes, comme conséquences nécessaires, 1° que la garde nationale ne formant point un
corps, ses parties doivent toujours rester distinctes et sé-
parées ; 2° que, destinée spécialement à constituer une
garde municipale, elle ne peut agir que sur la réquisition des magistrats civils ; 3° que si les préfets et les sous-
préfets peuvent être investis du droit de la requérir, dans
l'étendue du ressort de leur administration, et pour le
cas seulement, où l'ordre public serait gravement troublé,
la décision du roi et des chambres, c'est-à-dire une loi, est
indispensable pour autoriser la réunion des gardes nationales de plusieurs départemens.

Une autre condition non moins essentielle au véritable
but de cette institution, c'est que les officiers soient choi-
sis et élus par leurs concitoyens, dans chacune des compagnies de la garde nationale d'une même ville ou d'une même
commune ; car si le pouvoir, qui nomme les officiers dans
l'armée de ligne, avait aussi le droit de nommer ceux des
gardes nationales, on ne saurait nier qu'il n'eût alors la
même autorité et la même influence sur celles-ci que sur
les troupes soldées.

Enfin, rien ne constate mieux l'obligation pour un

Cependant Paris se remplissait de députations, arrivant chaque jour de toutes les parties du royaume. Officiers, soldats, citoyens, tous les fédérés recevaient une noble et cordiale hospitalité : bien qu'on ne se fût jamais vu, on se traitait en ami, en frère ; c'était, en quelque sorte, le retour des mœurs antiques [1].

Si les habitans de la capitale prodiguaient un si tendre accueil aux fédérés, ceux-ci furent également les objets des prévenances et des caresses de la cour. Le roi témoigna le désir de les recevoir. Admis en sa présence, les députés de Touraine lui offrirent une bague qui avait appartenu

peuple qui veut être libre, de respecter religieusement ces principes, que cette réponse faite aux partisans des réformes, dans les premiers temps de la révolution, par les hommes qui s'en sont montrés les plus ardens adversaires : « Vos projets sont des chimères. Comment penser à établir la liberté dans un pays, où, de toute nécessité, le roi doit avoir à ses ordres une armée de deux cent mille hommes ? » C'est à cet avertissement hostile, mais salutaire, qu'on a dû le serment constitutionnel imposé aux troupes et surtout l'institution civique des gardes nationales.

[1] De toutes parts un nombre immense d'étrangers affluait dans la capitale. Les hôtels, les maisons garnies, tout était occupé ; et les casernes ne pouvant suffire au logement de tous les fédérés, les citoyens se fesaient inscrire à la municipalité, offrant non-seulement de les recevoir chez eux, mais de leur donner encore tout ce qui pourrait leur être nécessaire.

à son aïeul Henri IV. Les Bretons se distinguè-
rent par la vive expression des sentimens qui les
animaient. Leur chef présentant au roi son épée :
« Sire, lui dit-il, je remets dans vos mains pures
« et sacrées l'épée fidèle des braves Bretons. Elle
« ne se teindra jamais que du sang de vos enne-
« mis. » Louis XVI lui répondit, en lui rendant
son épée et en l'embrassant : « Je n'ai jamais
« douté de la tendresse et de la fidélité de mes
« chers Bretons. Dites-leur bien à tous que je
« suis leur père, leur frère et leur ami. »

Ces scènes touchantes étaient destinées à faire
naître l'enthousiasme en faveur du roi et à offrir le
moyen de s'emparer de l'esprit des fédérés : aussi
des alarmes se mêlaient à l'attente du grand jour qui
devait rassembler en un seul faisceau toutes les forces de la France ; car, tandis que les uns, accueillant
avec crédulité des bruits sinistres, s'imaginaient
que cette réunion populaire cachait quelque criminel complot, les autres craignaient, avec plus
de raison, que cette solennité, destinée à obtenir l'assentiment public aux travaux de l'assemblée, ne fournît au gouvernement l'occasion
d'employer auprès d'hommes, la plupart étrangers aux affaires publiques et surpris de se trouver jetés tout-à-coup au milieu du mouvement
extraordinaire de la capitale, tous ces moyens
de séduction et d'intrigues qui forment constam-

ment la base de la politique des cours. L'événement justifia, jusqu'à un certain point, ces craintes
de la prévoyance. Au milieu de la joie populaire,
il fut facile de s'apercevoir que des soins de diverse nature furent employés pour exalter l'enthousiasme, et lui donner une direction propre
à entraver et peut-être à détruire l'existence de
l'assemblée et l'accomplissement de la révolution.

Le 14 juillet, dès les premiers rayons du jour,
le peuple se dirigea vers le Champ-de-Mars,
tandis que les députations des gardes nationales
du royaume, et des armées de terre et de mer,
se portaient sur les boulevards du faubourg Saint-
Antoine et de l'Opéra, où des écriteaux indi-
quaient à chaque corps la place qu'il devait occuper. A sept heures du matin, le plus majestueux
cortége, ayant à sa tête toutes les autorités civiles
et militaires, quitta les boulevards pour parcourir la ville, dans sa plus grande étendue, par les
rues Saint-Denis et Saint-Honoré jusqu'à la place
Louis XV. Vers les dix heures du matin, les drapeaux des gardes-nationales et des troupes de
ligne furent placés en haie sur la route que l'assemblée nationale devait parcourir : précédée du
bataillon des jeunes élèves, et suivie de celui des
vétérans, elle traversa les Tuileries au milieu de
ces deux rangs de drapeaux, et arriva ainsi,
par la grande allée, au Pont-Tournant, où l'at-

tendait la municipalité de Paris. La pluie avait
souvent ralenti la marche du cortége, mais
sans altérer la gaîté des fédérés. Encouragé
par les cris de joie, par les bénédictions, par
les nombreux témoignages de l'assentiment général, le cortége, s'avançant toujours dans le
même ordre, arriva en face du Champ-de-Mars
et passa la rivière sur un magnifique pont de ba-
teaux, établi à la place même qu'occupe aujour-
d'hui le pont d'Iéna.

Là, le plus imposant spectacle vient frapper
les regards des fédérés! le Champ-de-Mars trans-
formé, comme par enchantement, en un cirque
d'une lieue de tour creusé dans toute sa lon-
gueur, est couronné de plus de trois cent mille
spectateurs, les uns debout, les autres assis sur
des banquettes. A l'entrée du Champ-de-Mars,
un arc de triomphe, percé de trois portiques,
orné de trophées au-dessus desquels on lisait des
inscriptions analogues à cette première fête de la
liberté; ouvre un triple passage à la foule des fédérés; au centre du cirque s'élève l'autel de la
patrie, d'une forme antique et simple. On y
monte par quatre escaliers, terminés chacun par
une esplanade, où sont placés quatre grands can-
délabres, portant des cassolettes d'où l'encens
s'élève vers le ciel. Devant l'École-Militaire
règne une vaste galerie, magnifiquement dé-

corée, destinée à recevoir le roi, les membres
de l'assemblée et de la municipalité de Paris, qui
bientôt prennent place aux acclamations uni-
verselles, tandis que les fédérés achèvent de se
ranger sous la bannière de leur corps, ou sous
celle de leur département. Deux cents prêtres, vê-
tus d'aubes blanches et décorés de ceintures
tricolores, couvrent les marches de l'autel. Après
la célébration de l'office divin par M. l'évêque
d'Autun, le prélat bénit l'oriflamme et les quatre-
vingt-trois bannières des départemens, qui, durant le sacrifice, avaient formé sur quatre rangs
un cordon demi-circulaire sur le devant de l'autel
de la patrie.

En ce moment, M. de Lafayette, ayant pris les
ordres du roi, s'avance vers l'autel, et, au milieu
des fédérés, il prête, l'épée nue à la main, le serment de fidélité à la patrie, à la constitution et
au roi [1]. Ce serment est répété par tous les

---

[1] Voici le texte du serment prêté par Lafayette, au
nom de tous les fédérés : « Nous jurons d'être à jamais
fidèles à la nation, à la loi et au roi ; de maintenir, de
tout notre pouvoir, la constitution décrétée par l'assemblée nationale et acceptée par le roi ; de protéger, conformément aux lois, la sûreté des personnes et des propriétés, la circulation des grains et subsistances dans l'intérieur du royaume, la perception des contributions publiques, enfin, de demeurer unis à tous les Français par
les liens indissolubles de la fraternité.

gardes nationaux, par tous les militaires, par tout le peuple : les drapeaux s'agitent, les armes étincèlent; les cris de *vive la nation! vive le roi!* retentissent dans l'enceinte, se prolongent autour du cirque, et des salves d'artillerie, se mêlant au bruit d'une musique guerrière, impriment à cette cérémonie un caractère imposant et solennel.

Tous les regards se fixaient sur les représentans de la nation, qui devaient proclamer, en son nom, les bases du nouveau pacte social, objet de tous les vœux, de toutes les espérances. Le président de l'assemblée se lève, ainsi que tous les députés, et prononce la formule du serment décrété : *Je jure d'être fidèle à la nation, à la loi et au roi, et de maintenir, de tout mon pouvoir, la constitution, décrétée par l'assemblée et acceptée par le roi.*

Les mêmes acclamations et le même enthousiasme accueillent le serment prononcé par l'assemblée nationale. Le roi se lève à son tour, et, étendant la main vers l'autel de la patrie, éclairé dans ce moment par les rayons d'un soleil pur, qui semble triompher des nuages dont il était naguère obscurci, il prononce d'une voix forte ces paroles solennelles : *Moi, roi des Français, je jure d'employer tout le pouvoir qui m'est délégué par la loi constitutionnelle de l'état, à maintenir la constitution, décrétée par l'assemblée nationale, et acceptée par moi, et à faire exécuter les lois.*

Ce serment, porté de bouche en bouche jusqu'aux extrémités du Champ-de-Mars, excite des transports universels et une ivresse dont rien ne saurait retracer le caractère. L'enthousiasme est partagé par la foule immense, qui, n'ayant pu pénétrer dans le cirque, en occupe les issues et couronne les hauteurs de Passy et de Chaillot. Partout, et au même instant, des cris de joie s'élèvent vers le ciel; le cliquetis des armes, les sons de mille instrumens guerriers, le bruit majestueux de cent pièces de canon, retentissent au loin, et annoncent que l'union vient d'être solennellement jurée entre tous les citoyens de la France, entre la France et son roi.

NOTES.

NOTE I.

LETTRE TROUVÉE SUR M. DE VOISIN.

Depuis mon passage à Valence, mon cher vicomte, j'ai fait peu de chemin; je suis resté six semaines à Avignon, où j'ai laissé mon compagnon de voyage; de là, je suis parti pour l'Italie: j'ai vu Gênes et Milan, et me voici fixé ici, jusqu'à ce qu'il plaise à la Providence de ramener un autre ordre de choses dans notre malheureuse France. J'avais grande impatience de joindre nos princes; ils sont bien intéressans, et par leur conduite, et par les dangers qu'ils ont courus. Ils reçoivent ici des témoignages de loyauté de ceux qui sont encore restés bons Français. Je leur ai parlé de vous avec les sentimens que vous méritez; et comme vous ne leur étiez pas inconnu, j'ai vu que je leur avais fait plaisir. Il faut, mon cher vicomte, que vous m'adressiez un petit détail que je mettrai sous leurs yeux: 1° *Quelle est la disposition du moment des esprits du pays que vous habitez et de ses environs, et ce qu'on pourrait en espérer; la disposition des troupes que vous commandez, et de celles qui sont à quelques lieues de vous;* les noms des différens régimens, et quel est l'esprit qui les anime dans ce pays; *vous sentez qu'il pourrait arriver telle chose qui rendrait tous ces détails intéressans,* qu'il nous les faut exacts. Pour ce qui regarde votre per-

3o.

sonne, je vous ai rendu la justice que vous méritez, en assurant que votre façon de penser était telle qu'on pouvait la désirer, et que j'osais la garantir. *Si par la suite il était nécessaire que nous conférassions ensemble, je me rapprocherais de vous ;* la distance qui nous sépare n'est pas immense ; mais, auparavant, donnez-moi les détails que je vous demande, donnez-les moi promptement et circonstanciés. N'avez-vous pas des *magasins d'armes et d'autres fournitures ?* à quoi les estimez-vous? de quoi sont-ils composés? *surtout l'opinion des différens ordres en particulier et les dispositions de la noblesse.*

Adieu, mon cher vicomte, donnez-moi de vos nouvelles, et satisfaites à ce que je vous demande d'une manière ostensible, *pour que je puisse le communiquer aux princes.* Adieu, je n'ai pas besoin de vous recommander la discrétion, vous en sentez la *conséquence.* Adieu, soyez assuré de toute mon amitié.

Je ne crois pas avoir besoin de signer : j'imagine que vous n'avez pas oublié la *rue Poissonnière.*

NOTE II.

L'immense importance qu'a eue, dans le tems, la discussion du droit de paix et de guerre, l'ardente opposition qu'elle a fait naître entre la cour et le parti populaire, les conséquences graves qu'elle a été sur le point d'amener, sous le rapport du maintien de l'ordre public dans la capitale, ont dû engager l'historien à donner quelque étendue aux détails qui se rattachent à cette question.

Je n'ignore pas qu'on pourra dire que cette même question a été définitivement résolue pour nous par la proclamation et l'adoption de la Charte française ; mais je ne pense pas que cette objection soit de nature à imposer le silence sur un objet d'une telle gravité, qu'il peut compromettre l'existence politique d'une nation. Sans doute, on doit respect et obéissance à la constitution et aux lois de son pays; on peut même leur porter une sincère affection et être prêt à exposer sa vie pour les défendre, sans être tenu par cette fidélité patriotique, à renoncer au droit d'examiner si l'organisation politique du pays ne présente pas des chances de danger; et, si elle ne peut pas offrir aussi l'espoir d'utiles améliorations.

Ce qui vient de se passer, sous nos yeux, à une époque si près de nous, a suffisamment démontré quelle influence peut avoir, sur les destinées de son pays, un homme doué de grands talens, si, placé à la tête de la force militaire, il se trouve encore le maître d'entreprendre la guerre et de la continuer au gré de ses passions et de ses intérêts. L'excès de l'enthousiasme guerrier n'a-t-il pas été porté presque aussi loin sous Napoléon que sous César, et n'a-t-on pas entendu, dans les camps français, les expressions de dévouement exalté du soldat de la Pharsale?

Qu'il advienne un monarque ayant les hautes qualités de l'empereur, et demandez-vous quelle résistance opposeront les garanties morales de la Charte à l'enthousiasme, pour leur chef, de soldats accoutumés à ne reconnaître aucune opposition, à mépriser les obstacles pour les vaincre, se fesant gloire de regarder la voix de leur général comme un oracle, et se persuadant que les lois ne sauraient atteindre ceux qui en imposent en tout lieu par la force des armes; quelle ressource restera-t-il à des citoyens épars et sans cohésion, à des magistrats, à des chambres même, pour s'opposer à une pareille invasion, lorsque le chef des troupes est en même tems le chef de l'état, et qu'il tient exclusivement dans ses mains la distribution de tous les emplois, de toutes les graces, de toutes les faveurs?

En vain voudrait-on objecter un exemple, toujours imposant lorsqu'il s'agit d'une organisation politique, celui de l'Angleterre. D'abord, ce pays n'entretient pas comme le nôtre de nombreuses troupes soldées; il est obligé, lorsqu'il veut jouer un rôle de quelque importance sur le continent, de s'assurer, par des subsides, des auxiliaires étrangers, et une fois la paix signée, l'armée est dissoute avant que les troupes anglaises elles-mêmes aient touché les rivages de la Grande-Bretagne. D'ailleurs, le roi d'Angleterre n'a *réellement* pas le droit de commander des armées nationales, puisqu'il ne peut quitter le territoire des trois royaumes sans une autorisation du parlement, précaution qui conserve à la nation le moyen de s'opposer aux vues ambitieuses des princes, qui tenteraient de détruire la constitution et de s'emparer d'un pouvoir sans limites.

Quant à mon opinion personnelle sur cette question, elle est aujourd'hui ce qu'elle était en 1790; elle ne portera aucune atteinte à mon fidèle attachement à la Charte, mais je me garderais bien de donner à une nation, occupée d'organiser ses pouvoirs politiques, le conseil de livrer au chef du pouvoir exécutif le droit de la paix et de la guerre.

EXAMEN DU DISCOURS DU COMTE DE MIRABEAU, SUR LA QUESTION DU DROIT DE PAIX ET DE GUERRE, PAR ALEXANDRE LAMETH, DÉPUTÉ A L'ASSEMBLÉE NATIONALE, JUIN 1790.

M. de Mirabeau vient de publier son discours et sa réplique à l'assemblée nationale, sur l'exercice du droit de guerre et de paix; il y a joint une lettre d'envoi aux administrateurs des départemens.

Si M. de Mirabeau se fût borné à défendre ses opinions,

si même il eût seulement entrepris de donner le change au public sur le système qu'il avait adopté, s'il s'en était tenu à changer dans son discours toutes les phrases, toutes les expressions qui caractérisent sa doctrine, on aurait dû lui laisser cette consolation, et ceux qui l'ont combattu, auraient dû se trouver satisfaits, en voyant, dans sa nouvelle version, l'aveu formel de l'erreur qu'il avait commise, et le retour aux principes qu'on avait opposés à ceux qu'il avait d'abord soutenus.

Ils auraient dû le faire, ils l'auraient fait ; car, forts des principes qu'ils ont professés, et des occasions qui s'offrent chaque jour de les manifester encore, ils ont vu sans inquiétude tous les artifices pratiqués pour égarer ou pour embarrasser l'opinion publique ; des libelles multipliés et répandus avec profusion ; le changement subit qu'on a remarqué dans le langage de plusieurs journaux, ne leur ont jamais paru mériter une réponse, et devoir arrêter leur attention. Persuadés que, dans un pays libre, au milieu des assemblées publiques, on ne peut être perdu que par ses fautes, on n'est jugé que sur ses actions, ils ont mis toute leur sécurité dans la persévérance de leurs principes ; ils ont cru que toute défense à des attaques obscures, altérerait plus ou moins leur caractère, et partagerait, sans utilité, des momens qu'ils doivent tout entiers aux fonctions qui leur sont confiées.

Ils se seraient tus, surtout en cette occasion, parce qu'ils ont toujours soigneusement cultivé l'union qui, pour le salut du peuple, ne doit jamais cesser d'exister entre ceux qui défendent ses droits. On les a vus lui consacrer tous leurs efforts, quand des orages passagers ont fait craindre qu'elle ne fût troublée : jamais ils ne refuseront pour la conserver un sacrifice personnel. Mais pourquoi M. de Mirabeau tente-t-il aujourd'hui de l'altérer ou de l'obscurcir? Pourquoi se permet-il de publier, d'adresser aux départemens un manifeste contre des hommes auxquels il ne peut reprocher que d'avoir pensé, que d'avoir soutenu qu'il présentait un mauvais système? Pourquoi mêle-t-il à la défense de son opinion, des inculpations qui, quelque absurdes qu'elles soient, ne sauraient être tolérées. Si l'on ne veut les avouer, ou paraître dédaigner le jugement de ses concitoyens, il est impossible de laisser sans réponse une dénonciation publique, signée, adressée à tous les départemens du royaume. Dans de telles circonstances, on doit la vérité au caractère public dont on est revêtu; on la doit au respect de l'opinion publique qu'il n'est pas permis de négliger; on la doit à la nation, pour qui c'est un intérêt pressant de savoir en qui sa confiance est justement placée.

Dans l'ouvrage qu'il vient de publier, M. de Mirabeau s'efforce d'établir, comme on l'avait fait dans plusieurs libelles et dans quelques-uns des papiers qui l'ont défendu, que le dissentiment, élevé entre les membres du parti populaire, portait sur ce point de la question : *Le roi peut-il participer à l'acte du pouvoir législatif, par lequel la guerre sera décidée?* Selon lui c'était un principe universellement convenu, que la décision de la guerre appartenait au pouvoir législatif; mais, à l'entendre, il demandait que le roi prît part à l'acte par lequel elle serait décidée, et ses adversaires voulaient qu'il en fût exclus. Il est faux, il est absolument faux, que ce fût là le point de la dissension.

Les adversaires de M. de Mirabeau soutenaient tous que la guerre ne pouvait être décidée que par un acte du pouvoir législatif, et plusieurs avaient explicitement dcmandé le concours du roi pour cet acte; mais M. de Mirabeau, dans son premier discours, donnait exclusivement au roi le droit de décider la guerre; il le lui donnait dans son décret, sans qu'il y fût clairement énoncé : c'était là vraiment le point qui nous divisait.

Il est tellement faux que M. de Mirabeau ait eu besoin de combattre, pour obtenir au roi la participation dans la décision de la guerre, que M. Pétion de Villeneuve, ayant parlé l'un des premiers, avait établi et développé la nécessité de son initiative, et que la plupart de ceux qui avaient parlé après lui s'étaient référés à son décret.

Mais il est tellement vrai que M. de Mirabeau voulait priver le corps législatif de délibérer sur la décision de la guerre, qu'aucun article de son décret ne porte cette délibération; que l'ensemble des dispositions, et surtout l'article 5, le réduisait évidemment à délibérer sur l'impôt; que tout ce qu'on y trouve de plus, se borne à la faculté dérisoire de *témoigner* son improbation sur une guerre déjà commencée; que son discours, qui sert d'interprète à l'obscurité de son décret, et sur lequel on a dû juger ses véritables intentions, énonçait et développait clairement le même système; que pour le déguiser il est obligé aujourd'hui d'y faire des changemens, qui sont l'aveu le plus formel de la doctrine qu'il défendait alors; qu'enfin, c'est pour avoir voulu exclure le corps législatif, et nullement sur l'initiative ou sur la sanction du roi, qu'il a été attaqué dans l'assemblée; que c'est à raison de cette exclusion que son projet de décret a été amendé par M. Lechapelier, et que ces amendemens ne suffisant pas pour établir le droit du corps législatif, l'assemblée, par un nouvel amendement, a consacré le principe dans le premier article, devenu ainsi la base du décret, en ce qui concerne la guerre.

Puisque M. de Mirabeau prétend que la difficulté consistait dans la participation du roi à l'acte du corps législatif, qu'il cite donc, dans toutes ces discussions, le moment où ses adversaires ont combattu l'initiative ou la sanction du roi.

Quant à son projet d'exclure le corps législatif du droit de décider la guerre, on lui citera tout ce qu'il a dit avant la séance du 22.

Dans la séance du 20, il lut à l'assemblée son discours et son décret.

Le même jour, la question fut discutée dans le club des jacobins. M. Barnave posa en fait que M. de Mirabeau excluait le corps législatif du droit de décider la guerre, en la confondant avec les hostilités; que par là ce droit se trouvait exclusivement et absolument conféré, dans son système, au pouvoir exécutif; que le point de la question était de savoir si de simples hostilités constituaient ou non l'état de guerre : il ajouta des considérations sur les dangers attachés à l'exercice de ce droit par le pouvoir exécutif.

M. de Mirabeau reconnut franchement que M. Barnave avait établi le vrai point de la difficulté; mais il persista à soutenir que les hostilités ne pouvaient être clairement distinguées de la guerre; il ajouta qu'en balançant les inconvéniens, ils lui paraissaient plus grands encore du côté du corps législatif.

Ainsi, le point de la difficulté fut parfaitement reconnu, et M. de Mirabeau termina en disant : *c'est sur ce terrain-là que nous nous battrons demain*. Plus de trois cents personnes étaient présentes, et peuvent attester ces faits.

C'est en effet sur ce terrain que M. de Mirabeau fut combattu à la séance du 21. M. Barnave attaqua son projet de décret, comme accordant de fait au pouvoir exécutif le droit exclusif et absolu de décider la guerre ; il ne discuta nullement sur les formes de l'acte du pouvoir législatif, auquel ce droit devait être délégué, parce que le point de la difficulté n'avait point été placé là.

Les discussions de cette séance parurent faire une grande impression sur la majorité de l'assemblée. M. de Mirabeau ne put se le dissimuler : l'opinion publique se prononça de la manière la moins équivoque. Il est peut-être permis de penser que ces circonstances eurent part à la révolution qui se manifesta dans ses idées à la séance du 22.

M. Lechapelier ayant proposé des amendemens qui tendaient à rapprocher le décret de M. de Mirabeau de l'opinion qui paraissait prévaloir dans le parti populaire, M. de Mirabeau les adopta ; et c'est alors que dans sa réplique, il commença à employer le système de défense dont il se sert aujourd'hui. Il s'efforça de déplacer le point de la discussion ; il ne s'attacha pas à soutenir, dans leur entier, ses premières opinions, mais à donner le change sur celles qu'il avait soutenues ; sa réplique ne fut plus la défense de son système, mais la défense de sa personne, et l'assemblée, dont les apostrophes déplacées auxquelles il se livra excitèrent plusieurs fois les murmures, donna aussi de vifs applaudissemens aux traits éloquens par lesquels il se défendit. Le libelle qui avait été répandu contre lui, l'excès auquel la fermentation populaire avait porté les inculpations, produisirent pour lui l'effet qu'ils produisent toujours : ils réveillèrent le souvenir de ses ser-

vices passés, et intéressèrent en sa faveur la justice et la
générosité de l'assemblée.

Il n'est personne qui n'eût pleinement accueilli son retour, si ce retour avait été entier, s'il avait consenti à
consacrer, clairement, le droit du corps législatif ; mais ceux
qui refusèrent la priorité à son décret, amendé par M. Lechapelier, et qui, quoique plus nombreux que M. de Mirabeau ne le suppose, ne formaient réellement qu'une
faible minorité, ceux-là, ne le pensaient point ainsi : les
amendemens proposés leur paraissaient décidément in-
suffisans, et l'assemblée nationale les a justifiés, lorsqu'a-
près avoir admis la priorité, elle a, sur ma proposition,
appuyée par M. Fréteau, consacré le principe dans le premier article, et adopté ainsi ce qui formait presque entièrement l'essence du décret de MM. Pétion de Villeneuve et
de Menou.

· Inutilement M. de Mirabeau voudrait-il soutenir que
ce principe résultait clairement de son décret, amendé par
M. Lechapelier. La simple lecture prouve le contraire ; et
il serait difficile de faire croire que l'assemblée eût été occupée pendant trois heures de cette discussion ; que, pendant trois heures, deux partis se fussent combattus avec
une extrême chaleur ; que la question préalable eût été
demandée, appuyée et adoptée par toute la partie droite
de l'assemblée ; qu'elle eût été rejetée enfin, à la presqu'u-
nanimité de la partie gauche, sur un amendement qui
n'eût rien ajouté au décret, pour lequel il était proposé.
Par quel prestige, en un mot, aurait-on fait croire au public que la base du décret, que la consécration claire et
précise du droit national, exercé par le pouvoir législatif,
n'existait que dans l'amendement, si cet amendement
n'eût rien ajouté au sens primitif du décret, car M. de

Mirabeau sait bien que, malgré tout ce qu'on a fait pour embarrasser l'opinion publique, elle en est encore entièrement là?

Que M. de Mirabeau ait fait à la fin , pour cet amendement, ce qu'il avait déjà fait pour ceux de M. Lechapelier ; qu'il se soit rendu , lorsqu'il a vu la majorité absolument décidée, c'est ce qui pourra bien jeter de la lumière sur sa conduite dans toute cette discussion , mais c'est ce qui certainement ne peut changer le sens de son premier discours , de ses premières propositions.

Voilà le récit exact de ce qui s'est passé sous les yeux de près de trois mille personnes; voilà ce que, depuis le 22 mai, on ne cesse de vouloir changer ou obscurcir, mais aucun artifice ne détruit l'autorité de trois mille témoins impartiaux , c'est là l'influence sur laquelle on peut tranquillement se reposer; aussi n'aurais-je jamais écrit sans l'inconcevable agression par laquelle M. de Mirabeau vient de provoquer, de nécessiter une réponse.

Et qu'oppose-t-il à ces faits publics? un misérable artifice qu'auraient dû également repousser sa prudence et sa bonne foi, le travestissement de son premier discours et ces imputations puériles, dirigées si vainement, depuis le commencement de la révolution, contre les défenseurs de la liberté, et que M. de Mirabeau lui-même a essuyées tant de fois de la part de ceux dont il ne rougit pas d'emprunter aujourd'hui les armes.

Pour attaquer l'opinion qu'on s'était formée des principes, professés par lui à la séance du 20 mai, le moyen , non le plus loyal sans doute, mais le plus efficace, eût été de changer son discours à l'impression , s'il n'en eût pas existé un monument authentique ; mais, lorsque chacun a dans la main la pièce de comparaison , lorsque le journal le Moniteur offre la transcription exacte et littérale du discours prononcé par M. de Mirabeau, lorsqu'il sait que ce discours a été transcrit sur son propre manuscrit *, altérer aujourd'hui ce discours, y changer, précisément et seulement, les phrases où sa doctrine était clairement enseignée, y substituer celles qui sont propres à caractériser une autre doctrine ! Je ne m'expliquerai pas sur la nature de ce procédé ; mais je dirai que c'est prononcer soi-même l'aveu de sa propre condamnation, que c'est donner la preuve la plus évidente que l'opinion qu'on avait soutenue, n'était pas celle qu'on avoue ; que c'est fournir à ceux qu'on attaque une réponse que rien ne peut affaiblir, parce qu'elle gît dans les faits et dans l'opinion même de l'auteur.

Le rapprochement du discours, *effectivement* prononcé par M. de Mirabeau à l'assemblée nationale, et de celui qu'il envoie aujourd'hui, comme *authentique*, aux quatre-vingt-trois départemens, est à la suite de cette réponse, et lui servira de pièces justificatives. On verra, dans l'un, M. de Mirabeau priver nettement le corps législatif du droit de délibérer sur la décision de la guerre, et le réduire à *témoigner* son improbation sur une guerre déjà

---

* Lettre de M. Hippolyte de Marcilly, rédacteur du journal *le Moniteur*, à M. Théodore Lameth.

« Je renouvelle à M. Théodore de Lameth l'assurance que M. Mirabeau l'aîné nous a envoyé son discours, et que c'est sur le manuscrit qu'il nous a fourni, qu'on l'a imprimé *littéralement* dans le *Moniteur*; il est également vrai que M. de Mirabeau nous a envoyé directement sa réplique, imprimée aussi littéralement dans le *Moniteur*. »

Signé HIPPOLYTE DE MARCILLY.

Paris, le 14 juin 1790.

commencée; on le verra, dans l'autre, faire tous ses efforts pour se rapprocher des principes, et persuader qu'il avait seulemeut demandé la participation du roi à l'acte du pouvoir législatif qui devait décider la guerre.

Est-ce bien en usant de pareils moyens, que M. de Mirabeau ose imputer à ses adversaires d'avoir fait de cette discussion, une querelle de parti, une affaire d'amour-propre? Quoi! c'était une chose combinée que la réunion de toutes ces personnes, qui, sans liaison de société, n'ont entre elles d'autres points de rapprochement que leur ardent amour du bien public! C'était par un mouve-'ment d'amour-propre que ce grand nombre de députés, qui n'avaient pas parlé dans la question, qui n'avaient présenté aucun décret, se sont réunis pour demander, avec un courage infatigable, que celui de M. de Mirabeau fût amendé! Quoi! la persévérance courageuse de M. Fréteau, pour la consécration du principe! quoi! l'indignation patriotique de M. le Camus, lorsqu'on a voulu l'écarter par la question préalable! quoi! le mouvement de la majorité, les applaudissemens de tous les patriotes et de toutes les galeries, quand la question préalable a été rejetée, quand l'amendement du principe a été définitivement admis! quoi! cette ivresse avec laquelle nous disions en sortant : la patrie est sauvée, la guerre ne peut être décidée que par un décret du corps législatif! cette émotion que nous sentions encore du danger que nous avions couru, ce n'était là, selon M. de Mirabeau que des mouvemens d'amour-propre! ah! puissions-nous en éprouver souvent de pareils, et puisse, pour le bien commun, M. de Mirabeau n'en connaître jamais d'autres!

Mais M. de Mirabeau *sait bien* que l'amour-propre n'a jamais été mêlé dans cette belle cause; il sait qu'on a désiré que les vrais principes fussent proposés, fussent défendus par lui. Il sait qu'entièrement, qu'exclusivement attachés au succès de la délibération, ceux qu'il accuse d'amour-propre l'ont supplié d'en être le patron, d'en être le chef. Il sait qu'ils se seraient bornés à défendre sa proposition, à rester dans le silence, si leur concours eût été sans utilité; il sait qu'ils l'ont prévenu que s'il proposait son décret, il serait combattu loyalement, mais avec énergie; il sait enfin qu'en résistant à leurs instances, il n'a cessé de louer leur franchise et leur générosité.

Et c'est d'après une telle conduite, c'est envers des hommes qui n'ont jamais contracté avec lui de liaisons, mais que, dans le cours des travaux communs, il a toujours connus par des procédés francs et nobles, que M. de Mirabeau se permet de publier une sorte de dénonciation. Il parle de faction, d'intrigue, de parti; il sait bien que ceux qu'il accuse n'ont d'autre parti que celui de la constitution. Il sait bien que le trait qui les caractérise, c'est que toutes leurs liaisons sont à découvert; il sait bien qu'ils n'ont jamais soutenu leurs opinions par un autre motif que celui d'y croire la vérité; il sait bien que s'il avait existé des factions, on n'aurait pas osé les en instruire.

Par quel étrange changement M. de Mirabeau a-t-il aujourd'hui dans la bouche toutes ces expressions, toutes ces accusations ridicules et décriées, que les ennemis de la révolution étaient en possession de diriger contre lui? Quoi! c'est M. de Mirabeau qui croit que l'enthousiasme public, que l'indignation ou l'amour du peuple, que le bruit général d'une grande cité, que les applaudissemens, la joie de trente à quarante mille personnes rassemblées, peuvent être le prix de l'intrigue ou de l'argent ; c'est lui qui croit que ce nombre immense de sectateurs ardens de la liberté, qui, dans toutes les parties de la capitale, parlent, lisent, s'occupent sans cesse du mouvement de la chose publique, sont aveuglement mûs et dirigés par quelques personnes? Les avait-il donc achetés ces applaudissemens du peuple, qu'il a plusieurs fois si justement obtenus? N'a-t-il pas vu souvent, sous ses yeux, que ceux qui par leur dignité ont le plus d'intérêt et le plus de moyens pour capter cet intéressant suffrage, n'en obtiennent absolument rien, quand le mouvement naturel de l'opinion ne le leur décerne pas? Lorsque plusieurs fois, sur des questions bien moins importantes, le peuple s'est transporté en foule autour de l'assemblée nationale; lorsqu'on l'a vu former des vœux ardens pour l'opinion de M. de Mirabeau; lorsque, dans un excès de chaleur, il mêlait aux éloges de ses héros l'expression de sa haine contre ceux qui soutenaient un avis contraire; M. de Mirabeau l'avait-il amené? l'avait-il inspiré? l'avait-il acheté? ah! que ceux-là méconnaissent et travestissent l'enthousiasme du peuple, qui ne conçoivent pas encore notre auguste révolution! que ceux-là se trompent sur le peuple, qui n'ont point en eux le germe de ces sentimens impétueux, mais naturels et purs, qui le conduisent et qui l'animent; mais ce n'est point à M. de Mirabeau à dédaigner une opinion qui fait encore toute sa force et toute sa renommée : qu'il laisse calomnier ces mouvemens à ceux qui ont eu moins à s'en louer que lui, et qu'il ne dégrade point aujourd'hui un triomphe que demain il sera peut-être jaloux d'obtenir.

Mais enfin, si M. de Mirabeau pense sérieusement qu'il existe des hommes assez vils pour vouloir acheter les si-

gnes de l'opinion publique, assez coupables pour chercher, dans des mouvemens populaires, des moyens de
gêner la liberté des délibérations, qu'il nomme les personnes, qu'il articule les faits, qu'il rapporte les preuves,
il n'est certainement aucun de ceux qu'il attaque qui ne
désire sincèrement l'éclaircissement de la vérité.

Discours de Mirabeau tel qu'il a été prononcé à la tribune et inséré dans le Moniteur.	*Discours que Mirabeau envoya, comme authentique, à tous les départemens.*
« Est-ce au roi ou au corps législatif à entretenir des relations extérieures, à veiller à la sûreté de l'empire, à faire, à ordonner les préparatifs nécessaires pour le défendre? Si vous décidez cette dernière question en faveur du roi, et je ne sais comment vous pourriez la décider autrement, sans créer dans le même royaume deux pouvoirs exécutifs, vous êtes contraints de reconnaître, par cela seul, *que la force publique peut être dans le cas de repousser une première hostilité,* avant que le corps législatif ait eu le tems de manifester aucun vœu, ni d'approbation, ni d'improbation. *Qu'est-ce que repousser une première hostilité, si ce n'est commencer la guerre* ?*	« Est-ce au roi ou au corps législatif à entretenir des relations extérieures, à veiller à la sûreté de l'empire, à faire, à ordonner les préparatifs nécessaires pour le défendre? Si vous décidez cette première question en faveur du roi, et je ne sais comment vous pourriez la décider autrement, sans créer dans le même royaume deux pouvoirs exécutifs, vous êtes contraints de reconnaître, par cela seul, *que souvent une première hostilité sera repoussée,* avant que le corps législatif ait eu le tems de manifester aucun vœu, ni d'approbation, ni d'improbation. *Or, qu'est-ce qu'une première hostilité reçue et repoussée, si ce n'est un état de guerre, non dans la volonté, mais dans le fait*?*

* Ici commencent les changemens, pour déguiser le système par
lequel M. de Mirabeau avait attribué au pouvoir exécutif le droit de

décider la guerre, en la confondant avec les hostilités. Déjà, l'on voit qu'au moyen de cette confusion, il lui attribuait le pouvoir de commencer la guerre : la suite ne pourra laisser aucun doute sur ce système.

« Des vaisseaux sont envoyés pour garantir nos colonies, des soldats sont placés sur nos frontières; vous convenez que ces préparatifs, que ces moyens de défense appartiennent au roi : or, si ces vaisseaux sont attaqués, si ces soldats sont menacés, attendront-ils pour se défendre que le corps législatif ait approuvé ou improuvé la guerre? non sans doute. Eh bien! par cela seul la guerre existe, et la necessité en a donné le signal. *De là je conclus* que, presque dans tous les cas, il ne ne peut y avoir de délibération à prendre que pour savoir *si la guerre doit être continuée* *. Je dis presque dans tous les cas; en effet, messieurs, il ne sera jamais question pour des Français, dont la constitution vient d'épurer les idées de justice, de faire, de concerter une guerre offensive, c'est-à-dire, d'attaquer les peuples voisins lorsqu'ils ne nous attaquent point. *Dans*

« Des vaisseaux sont envoyés pour garantir nos colonies, des soldats sont placés sur nos frontières; vous convenez que ces préparatifs, que ces moyens de défense appartiennent au roi : or, si ces vaisseaux sont attaqués, si ces soldats sont menacés, attendront-ils pour se défendre que le corps législatif ait approuvé ou improuvé la guerre? non sans doute. Eh bien! par cela seul la guerre existe, et la nécessité en a donné le signal. *De là il résulte que, dans presque tous les cas, il ne peut y avoir de délibération à prendre que pour savoir si l'on donnera suite à une première hostilité, c'est-à-dire, si l'état de guerre devra être constitué* *. Je dis presque dans tous les cas; en effet, messieurs, il ne sera jamais question pour des Français, dont la constitution vient d'épurer les idées de justice, de faire, de concerter une guerre offensive, c'est-à-*

* Dans le premier discours, le droit du corps législatif, se bornait à délibérer sur la continuation de la guerre; aujourd'hui, c'est lui qui la constitue.

31.

ce cas, *sans doute, une dé-*
libération serait nécessaire*;
mais une telle guerre doit
être regardée comme un crime, et j'en ferai l'objet d'un
article de décret.

dire, d'attaquer les peuples
voisins lorsqu'ils ne nous attaquent point. *Dans cette*
supposition, sans doute, la
délibération devrait précé-
der les préparatifs *. Mais
une telle guerre doit être
regardée comme un crime,
et j'en ferai l'objet d'un article de décret.

* Donc vous pensiez alors qu'elle n'était pas nécessaire dans les
autres cas ; tandis qu'aujourd'hui vous voulez seulement que les préparatifs puissent la précéder.

« Ne s'agit-il donc que d'une
guerre défensive où l'ennemi
a commis des hostilités? *Voi-*
là la guerre; ou sans qu'il y
ait encore des hostilités, les
préparatifs de l'ennemi en
annoncent le dessein : *déjà,*
par cela seul, la paix
n'existe plus; la guerre est
commencée *.

« Ne s'agit-il donc que
d'une guerre défensive, où
l'ennemi a commis des hostilités? *Et nous voilà dans*
un état passif de guerre; ou,
sans qu'il y ait encore des
hostilités, les préparatifs de
l'ennemi en annoncent le
dessein : *Déjà, par cela*
seul, la paix étant trou-
blée, nos préparatifs de dé-
fense deviennent indispen-
sables.

* Ici le système est clairement énoncé, *la guerre est commencée*
sans qu'il y ait eu aucune délibération du corps législatif.

« Mais quoi ! direz-vous, le
corps législatif n'aura-t-il pas
toujours le moyen d'empê-
cher le commencement *de*
la guerre*? Non, car, c'est

« Mais quoi ! direz-vous,
le corps législatif n'aura-t-il
pas toujours le pouvoir d'empêcher le commencement *de*
l'état de guerre *? Non, car

* Il est à remarquer que M. de Mirabeau, en changeant de système, a partout changé ces mots ; *la guerre,* en ceux-ci, *l'état de*
guerre, qui, dans le sens qu'il leur donne, ne signifient autre chose
que les hostilités.

comme si vous demandiez s'il est un moyen d'empêcher qu'une nation voisine ne nous attaque : et quel moyen prendriez-vous?

« Borneriez-vous l'étendue des préparatifs? Mais le pouvez-vous avec tous les points de contact qui vous lient avec l'Europe, à l'Inde, à l'Amérique, à tout le globe? Mais ne faut-il pas que vos préparatifs soient dans la proportion de ceux des états voisins? Mais les hostilités commencent-elles moins entre deux vaisseaux qu'entre deux escadres? *L'état permanent de la marine et de l'armée ne suffirait-il pas au besoin, pour commencer la guerre*?* Mais ne seriez-vous pas forcés d'accorder, chaque année, une certaine somme pour des armemens imprévus?

c'est comme si vous demandiez s'il est un moyen d'empêcher qu'une nation voisine ne nous attaque : et quel moyen prendriez-vous?

« Borneriez-vous l'étendue des préparatifs? Mais le pouvez-vous avec tous les points de contact qui vous lient avec l'Europe, à l'Inde, à l'Amérique, à tout le globe? Mais ne faut-il pas que vos préparatifs soient dans la proportion de ceux des états voisins? Mais les hostilités commencent-elles moins entre deux vaisseaux qu'entre deux escadres? Mais ne serez-vous pas forcés d'accorder, chaque année, une certaine somme pour des armemens imprévus?

* Donc, dans votre premier système, le pouvoir exécutif pouvait commencer la guerre; et n'avait besoin du corps législatif que lorsqu'il fallait des fonds pour augmenter ou soutenir l'état de ces forces.

« La seconde mesure est *d'improuver la guerre**, si elle est inutile ou injuste;

« La seconde mesure est *d'approuver, de décider la guerre**, *si elle est néces-*

* Dans l'ancien système, la guerre est commencée, le pouvoir législatif n'a que le droit, presque toujours illusoire, de la faire cesser. Dans le nouveau système, il juge si la guerre est nécessaire, il la *décide.*

de requérir le roi de négocier la paix, et de l'y forcer
en refusant les fonds. Voilà,
messieurs, le véritable droit
du corps législatif. Les pouvoirs alors ne sont pas confondus; les formes des divers
gouvernemens ne sont pas
violées, *et, sans tomber dans
l'inconvénient de faire délibérer sept cents personnes
sur la paix ou sur la guerre,
ce qui, certainement, n'est
pas sans dangers, ainsi que
je le démontrerai bientôt* *,
l'intérêt national est également conservé.

*saire; de l'improuver, si elle
est inutile ou injuste, de
requérir le roi de négocier
la paix, et de l'y forcer en
refusant les fonds. Voilà,
messieurs, le véritable droit
du corps législatif.* Les pouvoirs alors ne sont pas confondus; les formes des divers gouvernemens ne sont
pas violées, et l'intérêt national est conservé *.

* Ici, il ne peut rester aucun doute, il faut que M. de Mirabeau
nie avoir prononcé ces paroles, ou qu'il avoue qu'il ne voulait pas
que le corps législatif délibérât sur la guerre. Il a si bien senti que
ce passage présentait contre lui un argument sans réplique, qu'il n'a
trouvé d'autre moyen que de le supprimer.

« Au reste, messieurs, lorsque je propose de faire *improuver* la guerre par le corps
législatif, tandis que je lui
refuse le droit de *faire* la
paix ou la guerre, ne croyez
pas que j'élude en cela la
question, ni que je propose
la même délibération sous
une forme différente. *Il est
une nuance très-sensible entre improuver la guerre et
délibérer la guerre* * : vous
allez l'apercevoir. L'exercice
du droit, etc.

« Au reste, messieurs,
lorsque je propose de faire
approuver ou *improuver* la
guerre par le corps législatif,
tandis que je lui refuse le
droit *exclusif de délibérer*
la paix ou la guerre, ne
croyez pas que j'élude en
cela la question, ni que je
propose la même délibéra-
tion sous une forme différente. L'exercice du droit, etc.

* Certes, il existe une nuance très-sensible entre ces deux choses; vous vouliez la première, et nous voulions la seconde. Vous

vouliez borner le pouvoir législatif au droit illusoire d'improuver la guerre déjà commencée, comme vous l'avez répété plusieurs fois : et nous, nous voulions qu'elle ne pût être commencée sans un décret du corps législatif, comme l'assemblée nationale l'a décrété.

« Faire délibérer *directement**le corps législatif sur la paix et sur la guerre, comme autrefois en délibérait le sénat de Rome, comme en délibèrent les états de Suède, la diète de Pologne, la confédération de Hollande, ce serait faire d'un roi de France un stathouder ou un consul, ce serait choisir, entre deux délégués de la nation, celui qui, quoiqu'épuré sans cesse par le choix du peuple, par le renouvellement des élections, *est cependant le moins propre, sur une telle matière, à prendre des délibérations utiles***. Donner au contraire au pouvoir législatif le droit d'examen, d'improbation, de réquisition de la paix, de poursuite contre un ministre cou-

« Faire délibérer *exclusivement** le corps législatif sur la paix et sur la guerre, comme autrefois en délibérait le sénat de Rome, comme en délibèrent les états de Suède, la diète de Pologne, la confédération de Hollande, ce serait faire d'un roi de France un stathouder, ou un consul; ce serait choisir, entre les deux délégués de la nation, celui qui, quoiqu'épuré sans cesse par le choix du peuple, par le renouvellement continuel des élections, *ne peut cependant prendre seul et exclusivement de l'autre, des délibérations utiles sur cette matière***. Donner au contraire au pouvoir législatif le droit *de délibérer par forme d'approbation*, d'improbation,

* Vous ne disiez pas au 20 mai, *exclusivement*, mais *directement*. Vous saviez bien alors que la question n'était pas de savoir si le corps législatif délibérerait *exclusivement* sur la guerre, mais s'il en délibérerait *directement*; c'est-à-dire, si, comme nous le voulions, il délibérerait sur la décision de la guerre ; ou si, comme vous le vouliez, il délibérerait seulement sur l'octroi de l'impôt, et pour *témoigner son improbation* sur une guerre déjà commencée.

** Il ne s'agissait pas alors de savoir si le corps législatif délibérerait seul et exclusivement sur la guerre, mais lequel des deux délégués était le plus propre à délibérer, et M. de Mirabeau ne pensait pas que ce fût le corps législatif.

pable, de refuser des fonds, c'est le faire concourir à l'exercice d'un droit national par les moyens qui sont propres à la nature d'un tel corps ; *c'est-à-dire par le poids de son influence, par ses soins, par sa surveillance, par son droit exclusif de disposer* des forces et des revenus de l'état *.

de réquisition de la paix, de poursuite contre un ministre coupable, de refus de contribution, c'est le faire concourir à l'exercice d'un droit national, par les moyens qui appartiennent à la nature d'un tel corps.

* Ici, M. de Mirabeau explique clairement en quoi consistait le concours tardif, illusoire, inutile, qu'il accordait au corps législatif, dans les déterminations sur la guerre : nulle délibération directe, nulle part à la première décision.

« Découvrirez-vous par des discussions solennelles, les motifs secrets qui vous porteront à faire la paix? *Donnerez-vous ainsi la mesure de votre force et de votre faiblesse* * ; et votre loyauté vous fit-elle une loi de ne rien dissimuler, forcerez-vous aussi les envoyés des puissances ennemies à l'éclat d'une discussion?

« Découvrirez-vous dans des discussions solennelles, *provoquées par un membre du corps législatif**, les motifs secrets qui vous porteront à faire la paix, *ce qui souvent serait le moyen le plus assuré de ne pas l'obtenir, et lors même que nos ennemis désireront la paix comme nous*, votre loyauté vous fit-elle une loi de ne rien dissimuler, forcerez-vous aussi les envoyés des puissances ennemies à l'éclat d'une discussion?

* Ici, M. de Mirabeau cherche clairement à donner le change sur son système; il refusait au corps législatif le droit de délibérer, dans la crainte de donner publiquement la mesure de sa force et de sa faiblesse : aujourd'hui, il se borne à lui refuser l'initiative, parce que, dit-il, ce serait souvent le moyen le plus assuré de ne pas obtenir la paix. Donc, il déplace le point de la question ; il feint de n'avoir demandé que l'initiative pour le roi, tandis qu'il excluait le corps législatif du droit de délibérer.

« Je distingue donc le droit de requérir le pouvoir exécutif de faire la paix, d'un ordre donné pour la conclure, et de *l'exercice même* du droit de faire la paix, etc.

« D'un autre côté, quoique tous les préparatifs et toute la direction de la guerre et de la paix, tiennent à l'action du pouvoir exécutif, on ne peut pas se dissimuler que la déclaration de la guerre et de la paix est en quelque sorte traductible par ces mots : *Moi, nation, je fais la guerre, je fais la paix* : et dès-lors, comment un seul homme, comment un roi, un ministre pourra-t-il être l'organe de la volonté de tous ? Comment l'exécuteur de la volonté générale pourra-t-il être en même tems l'organe de cette volonté ? *Voilà sans doute des objections bien fortes ; eh bien! ces objections, ces principes m'ont paru devoir céder à des considérations beaucoup plus fortes* *.

« Je distingue donc le droit de requérir le pouvoir exécutif de faire la paix, d'un ordre donné pour la conclure, et de *l'exercice exclusif* du droit de faire la paix, etc.

« D'un autre côté, quoique tous les préparatifs et toute la direction de la guerre et de la paix tiennent à l'action du pouvoir exécutif, on ne peut pas se dissimuler que la déclaration de la guerre et de la paix est en quelque sorte traductible par ces mots : *Moi, nation, je fais la guerre, je fais la paix* : et dès-lors, comment un seul homme, comment un roi, un ministre pourra-t-il être l'organe de la volonté de tous? Comment l'exécuteur de la volonté générale pourra-t-il être en même tems l'organe de cette volonté?

* Il y avait, disiez-vous, des objections bien fortes contre la délégation au pouvoir exécutif, et cependant elles vous paraissaient devoir céder à des considérations beaucoup plus fortes, et qui vous décidaient contre le pouvoir législatif; cette phrase était décisive pour expliquer votre premier système, aussi l'avez-vous supprimée.

« Examinons si les moyens qu'on propose pour écarter ces dangers, n'en feront pas

« *Eh bien ! messieurs, discutons ces objections*, examinons si les moyens naître d'autres non moins funestes, non moins redoutables à la liberté publique.

qu'on propose pour écarter ces dangers, n'en feront pas naître d'autres non moins funestes, non moins redoutables pour la liberté publique.

« *Je ne dirai qu'un mot sur les principes. Sans doute, le roi n'est pas l'organe de la volonté publique, mais il n'est point étranger non plus à l'expression de cette volonté. Ainsi, lorsque je me borne à demander le concours des deux délégués de la nation, je suis parfaitement dans les principes constitutionnels.*

« *Remarquez, d'ailleurs, que ce point de vue est étranger à mon système ; ceux-là doivent répondre à l'objection d'incompatibilité, qui veulent attribuer exclusivement au roi l'exercice du droit de la paix et de la guerre ; mais ce système, je le combats avec tous les bons citoyens. On parle d'un droit exclusif, et je ne parle que d'un concours* ★.

★ Cette addition et la précédente ont pour objet de changer le sens du concours que M. de Mirabeau attribuait au corps législatif: c'était, comme on l'a vu dans plusieurs passages, la *surveillance*, *l'octroi de l'impôt*, la faculté de *témoigner* son improbation ; il voudrait persuader, aujourd'hui, que c'était le droit de délibérer sur la décision de la guerre.

« Nous avons entendu un de nos orateurs vous proposer, si l'Angleterre fesait à l'Espagne une guerre injuste, de franchir sur-le-champ les mers, de renverser une nation sur l'autre, de jouer dans Londres même, avec ces fiers Anglais, au dernier écu, au dernier homme, et nous avons tous applaudi, et je me suis surpris moi-même applaudissant, et un mouvement oratoire a suffi pour tromper un instant votre sagesse. Croyez-vous que de pareils mouvemens, si jamais *vous délibérez de la guerre**, ne vous porteront pas à des guerres désastreuses, et que vous ne confondrez pas le conseil du courage avec celui de l'expérience? *Pendant que vous délibérerez***, on demandera la guerre à grands cris; vous verrez autour de vous une armée de citoyens, vous ne serez jamais trompés par des ministres : ne le serez-vous jamais par vous-mêmes?

« Nous avons entendu un de nos orateurs vous proposer, si l'Angleterre fesait à l'Espagne une guerre injuste, de franchir sur-le-champ les mers, de renverser une nation sur l'autre, de jouer dans Londres même, avec ces fiers Anglais, au dernier écu, au dernier homme, et nous avons tous applaudi, et je me suis surpris moi-même applaudissant, et un mouvement oratoire a suffi pour tromper votre sagesse. Croyez-vous que de pareils mouvemens, si jamais *le corps législatif délibère directement et exclusivement**, ne vous porteront pas à des guerres désastreuses, et que vous ne confondrez pas le conseil du courage avec celui de l'expérience. *Pendant qu'un des membres proposera de délibérer***, on demandera la guerre à grands cris ; vous verrez autour de vous une armée de citoyens; vous ne serez jamais trompés par des ministres : ne le serez-vous jamais par vous-mêmes?

* Donc vous ne vouliez pas, au 20 mai, que le corps législatif délibérât sur la guerre.

** Nouvelle tentative pour déplacer le point de la question en fesant croire qu'il ne refusait au corps législatif que l'initiative, lorsqu'il lui refusait la délibération.

« Voici des considérations *bien* plus importantes. Comment ne redoutez-vous pas, messieurs, les discussions intérieures qu'une délibération sur la guerre, prise par le corps législatif, pourra faire naître et dans son sein et dans tout le royaume ?

« Voici des considérations plus importantes. Comment ne redoutez-vous pas, messieurs, les discussions intérieures qu'une délibération *inopinée* sur la guerre, prise *sans le concours du roi* *, par le corps législatif, pourra faire naître et dans son sein, et dans tout le royaume ?

* Le premier discours condamne indistinctement toute délibération sur la guerre, prise par le corps législatif : le nouveau n'improuve qu'une délibération *inopinée*, *prise sans le concours du roi*. Ici se trouve, dans le rapprochement le plus sensible, la différence entre l'ancien et le nouveau système de M. de Mirabeau.

« On prouvera très-bien, dans la théorie, que le pouvoir exécutif conservera sa force, si tous les préparatifs, toute la direction, toute l'action, appartiennent au roi, et si le corps législatif *se borne à dire : Je veux la guerre ou la paix* * ; mais montrez-moi comment le corps représentatif, tenant de si près à l'action du pouvoir exécutif, ne franchira pas les limites presque insensibles qui les sépareront ? Je

« On prouvera très-bien, dans la théorie, que le pouvoir exécutif conservera toute sa force, si tous les préparatifs, toute la direction, toute l'action, appartiennent au roi, et si le corps législatif *a seul le droit exclusif de dire : Je veux la guerre ou la paix* * ; mais montrez-moi comment le corps représentatif, tenant de si près à l'action du pouvoir exécutif, ne franchira pas les limites presque insensibles qui les

* Nouvelle preuve du changement de système. Dans le premier discours, M. de Mirabeau refuse au corps législatif la *simple faculté* de dire : *Je veux la guerre ou la paix* ; dans le nouveau discours, il lui refuse seulement le *droit exclusif* de dire : *Je veux* la guerre ou la paix. Dans le second discours, il s'appuie sur les principes déjà consacrés par la constitution ; dans le premier, il paraissait convenir que la théorie pure était contre lui.

le sais, la séparation existe encore : l'action n'est pas la volonté; mais cette ligne de démarcation est bien plus facile à démontrer qu'à conserver, et n'est-ce pas s'exposer à confondre les pouvoirs, ou plutôt n'est-ce pas déjà les confondre en véritable pratique sociale, que de les rapprocher de si près?

sépareront. Je le sais, la séparation existe encore; l'action n'est pas la volonté; mais cette ligne de démarcation est bien plus facile à démontrer qu'à conserver; et n'est-ce pas s'exposer à confondre les pouvoirs, ou plutôt n'est-ce pas déjà les confondre en véritable pratique sociale, que de les rapprocher de si près? *N'est-ce pas d'ailleurs nous écarter des principes que notre constitution a déjà consacrés* *?

* Ici, comme sur les hostilités, M. de Mirabeau cherchait à persuader que le droit de faire des préparatifs (qui, comme on le sait, ne peuvent excéder la masse de force qui a été déterminée par la législature) était le véritable exercice du droit de faire la guerre et la paix, afin que l'assemblée se déterminât sans répugnance à donner, soit à la majesté royale, soit au désir d'attacher le monarque à la constitution, un droit que, par la nature des choses, il ne pouvait, disait-il, manquer d'exercer : le retranchement de cette phrase, dans le nouveau discours et l'addition du mot *exclusivement*, quelques lignes plus haut, sont donc encore des moyens employés par M. de Mirabeau pour déguiser son premier système.

« Enfin, par rapport au roi, par rapport à ses successeurs, quel sera l'effet inévitable d'une loi qui concentrerait dans le corps législatif le droit de faire la paix ou la guerre? Pour les rois faibles, la privation de l'autorité ne sera qu'une cause de découragement et d'inertie, mais la dignité royale n'est-elle donc plus au nombre des

« Enfin, par rapport au roi, par rapport à ses successeurs, quel sera l'effet inévitable d'une loi qui concentrerait *exclusivement* dans le corps législatif le droit de faire la paix ou la guerre?

propriétés nationales ? Un roi, environné de perfides conseils, ne se voyant plus l'égal des autres rois, se croira détrôné ; il n'aura rien perdu, *car le droit de faire les préparatifs de la guerre est le véritable exercice du droit de la guerre* ★. Mais on lui persuadera le contraire, et les choses n'ont de prix, et, jusqu'à un certain point, de réalité, que par l'opinion.

« Un roi, environné de perfides conseils, ne se voyant plus l'égal des autres rois, se croira détrôné ; *il n'aurait rien perdu, qu'on lui persuaderait le contraire* ★ ; et les choses n'ont de prix, et, jusqu'à un certain point, de réalité, que par l'opinion.

★ Les deux systèmes de M. de Mirabeau sont ici l'un à côté de l'autre on peut les comparer. Dans le premier, le corps législatif *témoigne son improbation*, sur une guerre déjà commencée. Dans le second, il *l'approuve*, c'est-à-dire, il la *décide*, sur la proposition du roi. Pourquoi tous ces changemens, si M. de Mirabeau avait réellement soutenu, le 20 mai, le système qu'il s'attribue aujourd'hui.

« Là, le roi ne se borne pas à faire la guerre, il la déclare par une simple proclamation en son nom, et une telle proclamation étant un acte véritablement national, je suis bien éloigné de croire qu'elle doive être faite, au nom du roi, chez une nation libre.

« Là, le roi n'éprouve d'autre obstacle que celui des fonds publics ; et l'énorme dette nationale prouve assez que cette barrière est

« Là, le roi déclare la guerre par une simple proclamation en son nom, et une telle proclamation étant un acte véritablement national, je suis bien éloigné de croire, ni qu'elle doive être faite au nom du roi chez une nation libre, *ni qu'il puisse y avoir une déclaration de guerre, sans le concours du corps législatif.*

« Là, le roi n'éprouve d'autre obstacle que celui

insuffisante, et que l'art d'appauvrir les nations est un moyen de despotisme non moins redoutable que tout autre : je vous propose, au contraire, d'attribuer au corps législatif, d'improuver la guerre et de requérir le droit de négocier la paix.

« *Là, le roi n'est pas obligé de faire connaître au parlement les pactes secrets des traités d'alliance; et la nation anglaise se trouve ainsi engagée dans des guerres, dans des livraisons d'hommes, d'argent, de vaisseaux, sans qu'elle y ait consenti; et je vous propose, au contraire, d'abolir tous les pactes secrets des rois, parce que les rois ne peuvent avoir de secret pour les peuples.*

« Le roi, dit-on, pourra donc faire des guerres injustes, des guerres anti-nationales; et comment le pourrait-il, je vous le demande à vous-mêmes? Est-ce de bonne foi qu'on dissimule, etc.

des fonds publics, et l'énorme dette nationale prouve assez que cette barrière est insuffisante, et que l'art d'appauvrir les nations est un moyen de despotisme non moins redoutable que tout autre : je vous propose, au contraire, d'attribuer au corps législatif le droit *d'approuver* et d'improuver la guerre, *d'empêcher qu'on ne recoure à la voie des armes, lorsqu'il n'y a point encore d'hostilité, et même, lorsque la guerre a été approuvée,* de requérir le roi de négocier la paix.

« Le roi, dit-on, pourra donc faire des guerres injustes, des guerres anti-nationales. *Mais une telle objection ne saurait s'adresser à moi, qui ne veux accorder au roi qu'un simple concours dans l'exercice du droit de la guerre; et comment, dans mon système, pourrait-il y avoir des guerres anti-nationoles?* Je vous le demande à vous-mêmes, est-ce de bonne foi qu'on dissimule, etc.

« Il faut, continue-t-on, restreindre l'usage de la force publique dans les mains du roi ; je le pense comme vous, et nous ne différons que dans les moyens : mais prenez garde encore qu'en voulant la restreindre, vous ne l'empêchiez d'agir, *et qu'elle ne devienne nulle dans ses mains.*

. « Mais, dans la rigueur *des principes, la guerre peut-elle* jamais commencer sans que la nation ait décidé si la guerre doit être faite ?

« Je réponds : l'intérêt de la nation est que toute hostilité soit repoussée par celui qui a la direction de la force publique : *Voilà la guerre commencée *.* L'intérêt de la nation est que les préparatifs de guerre des nations voisines soient balancés par les nôtres : *Voilà la guerre*.* Nulle délibération ne peut précéder ces événemens, ces préparatifs. C'est lorsque l'hostilité ou la nécessité de la défense, de la voie des armes, ce qui comprend tous les cas, sera notifiée au corps législatif, qu'il prendra les mesures que j'indique ; il improuvera, il requerra de

« Il faut, continue-t-on, restreindre l'usage de la force publique dans les mains du roi : je le pense, comme vous, et nous ne différons que dans les moyens. Prenez garde qu'en voulant la restreindre, vous ne l'empêchiez d'agir.

« Mais, dans la rigueur du principe, *l'état de guerre, peut-il* jamais commencer sans que la nation ait décidé si la guerre doit être faite ?

« Je réponds : l'intérêt de la nation est que toute hostilité soit repoussée par celui qui a la direction de la force publique : *Voilà ce que j'entends par un état de guerre *.* L'intérêt de la nation est que les préparatifs de guerre des nations voisines soient balancés par les nôtres : *Voilà sous un autre rapport un état de guerre*.* Nulle délibération ne peut précéder ces événemens, ces préparatifs. C'est lorsque l'hostilité, ou la nécessité de la défense, de la voie des armes, ce qui comprend tous les cas, sera notifiée au corps législatif, qu'il prendra les

---

* Ici l'on voit clairement comment M. de Mirabeau, confondant la guerre avec les hostilités, même avec les préparatifs, avait su, par un abus de mots, en remettre entièrement la décision à la volonté du pouvoir exécutif.

négocier la paix : *il accordera ou refusera les fonds de la guerre; il poursuivra les ministres; il disposera de la force intérieure, il confirmera la paix, ou refusera de la sanctionner.*

mesures que j'indique : il *approuvera* ou improuvera la guerre; il requerra de négocier la paix; *il confirmera le traité de paix, ou refusera de le ratifier.*

NOTE III.

Suite de l'examen.

PROJET DE MIRABEAU.

« Je propose de décréter comme articles constitutionnels :

« 1° Que le droit de faire la guerre et la paix appartient à la nation; *que l'exercice de ce droit sera délégué concurremment* au pouvoir législatif, et au pouvoir exécutif, de la manière suivante ...., etc.*

DÉCRET DE L'ASSEMBLÉE.

«L'assemblée décrète, comme articles constitutionnels, ce qui suit :

« ART. 1ᵉʳ. Le droit de la paix et de la guerre appartient à la nation.

« *La guerre ne peut être décidée que par un décret du corps législatif, qui sera rendu, sur la proposition formelle et nécessaire du roi, et ensuite sanctionné par S. M.* **.

* Ce concours, dans le décret comme dans le discours, se réduisait à accorder au corps législatif la faculté de refuser l'impôt et celle de *témoigner* son improbation sur une guerre déjà commencée.

** Cet article est évidemment la base du décret : il est le seul qui exprime l'exercice du droit de décider la guerre par le corps législatif; il est le seul qui établisse le principe que M. de Mirabeau n'avait jamais voulu énoncer, et qui n'existe dans aucune partie de son décret.

« 2° Que dans le cas d'hostilités, imminentes ou commencées, d'un allié à soutenir, d'un droit à conserver par la force des armes, le

« ART. 2. Dans le cas d'hostilités, imminentes ou commencées, d'un allié à soutenir, d'un droit à conserver par la force des armes, le

II.

roi sera tenu d'en donner, sans aucun délai, la notification au corps législatif, d'en faire connaître les causes et les motifs, *et de demander les fonds nécessaires* *; et, si le corps législatif est en vacance, il se rassemblera sur-le-champ.

« 5° Que sur la même notification, si le corps législatif *refuse les fonds nécessaires, et témoigne son improbation* ** *de la guerre*, le pouvoir exécutif sera tenu de prendre, sur-le-champ, des mesures pour faire cesser ou prévenir toute hostilité, les ministres demeurant responsables des délais.

« 7° Que dans le cours de la guerre, le corps législatif pourra requérir le pouvoir

pouvoir exécutif sera tenu d'en donner sans aucun délai la notification au corps législatif, d'en faire connaître les causes et les motifs ; et, si le corps législatif est en vacance, il se rassemblera sur-le-champ.....

« ART. 5. Sur la même notification, si le corps législatif *décide que la guerre ne doit pas être faite* **, le pouvoir exécutif sera tenu de prendre, sur-le-champ, des mesures pour faire cesser ou prévenir toute hostilité, les ministres demeurant responsables des délais.

« ART. 7. Pendant tout le cours de la guerre, le corps législatif pourra requérir le

---

* Ces mots qui ont été retranchés par l'assemblée, prouvaient que, dans le système de M. de Mirabeau, le pouvoir exécutif, en fesant connaître au corps législatif les causes et les motifs de la guerre, n'avait besoin de son concours que pour en obtenir les fonds nécessaires.

** Dans le système de M. de Mirabeau, les fonctions du corps législatif étaient toujours, pour ainsi dire, consultatives ; il *témoignait* son improbation, il requérait le pouvoir exécutif de négocier la paix, sans que rien annonçât que celui-ci fût obligé de déférer à cette réquisition. Il est vrai que pour le dédommager de ses fonctions administratives, de ses droits qui lui étaient enlevés, M. de Mirabeau lui donnait une armée à opposer à celle d'un roi victorieux ; mais l'assemblée n'a point accepté ce dédommagement. Elle a mieux aimé donner au corps législatif le genre de pouvoir qu'il est dans sa nature d'exercer, soit en l'appelant à délibérer sur la décision de la guerre, soit en obligeant le pouvoir exécutif de déférer à ses réquisitions, sur la négociation de la paix.

exécutif de négocier la paix*. pouvoir exécutif de négocier la paix ; *et le pouvoir exécutif sera tenu de déférer à cette réquisition.* »

* La différence des deux articles est frappante, elle le devient encore plus si l'on se rappelle que, dans le système de M. de Mirabeau, la guerre presque toujours était commencée, était constituée, avant la notification dont il s'agit ici ; tandis qu'après l'admission du principe, porté dans le premier article, elle ne peut exister, si le corps législatif ne l'a décidée ; et tout ce qui aurait pu être fait sans son décret, serait désavoué.

FIN DES NOTES ET DU TOME SECOND.

𝕳istoire

DE

L'ASSEMBLÉE CONSTITUANTE,

Par M. Alex. LAMETH,

LIEUTENANT-GÉNÉRAL, MEMBRE DE LA CHAMBRE DES DÉPUTÉS.

TOME SECOND.

PARIS,

MOUTARDIER, LIBRAIRE,

RUE GIT–LE–COEUR, N° 4.

1829.

Paris, Imprimerie de Gaultier-Laguionie.

MÉMOIRES

DE

FAUCHE-BOREL,

4 VOL. IN-8,

ORNÉS DU PORTRAIT DE L'AUTEUR.

Chaque volume sera orné d'une collection de gravures au burin,
exécutées par des artistes distingués.

EN TURQUIE ET A CONSTANTINOPLE,

PAR WALSH,

ATTACHÉ A L'AMBASSADE DE LORD STANDFORD;

Traduit de l'anglais par H. Vilmain et E. Rives, attachés au ministère
des affaires étrangères;

OUVRAGE ORNÉ DE CARTES ET DE LITHOGRAPHIES.

Prix : 8 fr., et 9 fr. 5o c. par la poste.

LE BON SENS D'UN HOMME DE RIEN,

OU

LA VRAIE POLITIQUE A L'USAGE DES SIMPLES,

PAR J. BERNARD.

Prix : 6 fr., et 7 fr. 5o c. par la poste.

HISTOIRE

DE

L'ASSEMBLÉE CONSTITUANTE,

PAR ALEX. LAMETH.

Quatre vol. in-8; prix de chaque vol., 7 fr.

RÉVÉLATIONS SUR LA FIN DU MINISTÈRE

DE M. LE Cte. DE VILLÈLE,

OU DÉTAILS D'UNE NÉGOCIATION

POUR FORMER, AU NOM DU ROI, UN MINISTÈRE CONSTITUTIONNEL;

Ouvrage contenant les entretiens du négociateur avec l'ex-pré-
sident du conseil, MM. Laffitte, Casimir Périer, Royer-Col-
lard, etc., et appuyé de notes et pièces justificatives,

PAR J.-B. FLANDIN.

Un vol. in-8. Prix : 6 fr. et 7 fr. par la poste.

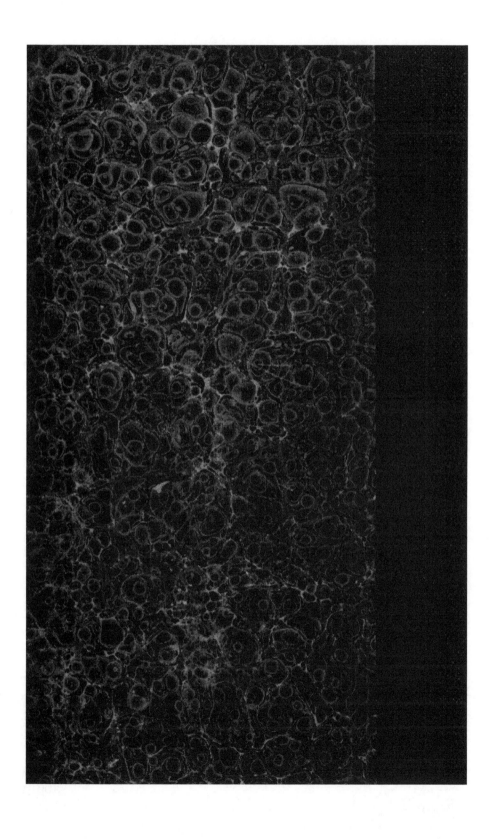

CPSIA information can be obtained
at www.ICGtesting.com
Printed in the USA
BVHW091528300119
539040BV00011B/192/P